KB266857

미국의 해운정책
1789~2025년

- 해양패권국, 미국해운은 다시 일어설 수 있는가? -

지은이 한 종 길

1984년 한국해양대학교 항해학과 졸업, 7년간의 항해사 생활을 현대상선에서 1등항해사로 마친 후, 1992년 일본 유학, 1997년 메이지대학 대학원에서 상학 박사학위를 취득하였으며, 대한통운 물류연구소 선임연구원, 1998년 성결대학교 글로벌물류학과 교수로 임용되어 현재까지 근무 중이다.

2004년부터 2006년 일본해양정책연구재단의 연구원으로 2년간 근무하였으며 싱가포르 난양공과대학 방문연구원, 한국해운물류학회 학회장, 한국해운항만학술단체협의회 회장, 국제해양경찰학회 학회장, Asian journal of Shipping and Logistics 편집장, 경제사회노동위원회 해운산업위원회 위원장, 해양수산부, 충청남도, 당진시 등의 정책자문위원, 일본해사신문 명예지국장 등을 역임하였다.

현재는 사단법인 바다의 품 이사, 한국건조법금융정책학회 감사, 일본해사진흥연맹 회원, 한국해운물류학회 및 한국해운항만학술단체협의회 고문으로 봉사하고 있다.

해운정책을 중심으로 50편 이상의 학술논문을 국내외에 발표하였고, 『물류관리론』(청목, 2000), 『한진해운 파산백서』(고려대 해상법연구센터, 2019), 「일본의 해사클러스터정책과 국내적 시사점 연구」(해양 통합클러스터, 2016) 등의 저서가 있으며 『월간 한국해양』 원탁 컬럼 기고, 국내외 해운전문지와 일간지 기고, 그리고 다수의 방송출연을 통해 해운의 국가적 중요성을 알리고 있다.

미국의 해운정책
1789~2025년

2025년 12월 23일 초판인쇄
2025년 12월 30일 초판발행

지은이   한 종 길
펴낸이   한 신 규
펴낸곳   **문현**출판
디자인   노 은 경
주 소   05827 서울특별시 송파구 동남로 11길 19(가락동)
전 화   Tel.02-433-0211 Fax.02-443-0212
E-mail   mun2009@naver.com
출판등록 2009년 2월 24일(제2009-000014호)
출력 GS테크 인쇄·후가공 수이북스 제본 보경문화사 용지 종이나무

ⓒ 한종길, 2025
ⓒ 문현출판, 2025, printed in Korea

ISBN 979-11-94313-13-7 93300   정가 32,000원

미국의 해운정책
1789~2025년

– 해양패권국, 미국해운은 다시 일어설 수 있는가? –

미국의 해운정책

미국 해운정책을 성립에서 오늘날에 이르기까지
종합적으로 분석

미국의 해운정책을 이해하는 일은 곧 세계 해양질서의 형성과 변화를 읽어내는 작업과도 같다. 건국 초기부터 미국은 해운산업을 국가 발전의 핵심 기반으로 인식해 왔으며, 해운과 조선, 항만과 물류는 미국의 경제적 팽창과 군사적 영향력을 떠받치는 필수적인 축이었다. 18세기 말 연방정부의 첫 번째 입법(1789년)에서부터 제1차 세계대전 이후 세계 해상 패권을 둘러싼 경쟁, 그리고 냉전기 전략시대와 글로벌 공급망 시대를 거쳐 현재에 이르기까지, 해운은 미국이라는 국가의 기반을 구축하고 세계 패권국가로 자리매김하는 과정에 결정적인 역할을 수행해 왔다. 미국 해운의 역사는 곧 국제정치와 세계경제의 변화 속에서 미국이 어떻게 힘을 행사해 왔는지를 보여주는 살아 있는 기록이다.

그러나 강대국 미국의 해운산업은 아이러니하게도 지난 한 세기 동안 구조적 침체를 경험하였다. 상선대의 국제 경쟁력은 지속적으로 약화되었고, 선원 인력 공급체계는 축소되었으며, 조선업 기반은 경쟁국에 비해 현저히 뒤처졌다. 화물 우선적취 제도는 일관된 정책효과를 내지 못했고, 정부 보조금 프로그램은 재정 부담과 운영 한계라는 이중의 제약에 직면하였다. 미국의 해상운송 능력은 경제규모나 군사력과 비교할 때 뚜렷한 불균형을 보였으며, 특히 전시·비상시 해상수송(sealift)

능력은 현대적 기준에서 심각한 취약성을 지니게 되었다. 오늘날 미국이 마주한 해운정책의 문제는 단순한 산업경쟁력의 문제가 아니라, 국가전략·국가안보·공급망 안정성과 직결되는 구조적 도전이다.

이를 극복하기 위해 미국은 다양한 정책적 실험과 제도적 개혁을 시도해 왔다. 전통적인 보조금과 화물 우선 적취, 정부 직접조달과 같은 역사적 정책수단뿐 아니라, 존스법(The Jones Act)의 유지·개편 논쟁, 해상수송 및 해양안보의 통합정책, 고령화된 상선대의 현대화, 선원 인력 양성체계 복원, 조선산업 재생을 위한 공공투자와 민관협력 모델, 그리고 미·중 전략경쟁 환경 속에서 새롭게 등장하는 산업·안보 연계 정책까지 그 범위는 넓고 복합적이다. 특히 최근에는 SHIPS for America Act를 포함한 일련의 입법논의, 동맹국과의 조선·해운 협력, 국제 공급망 재편 대응 등 새로운 정책방향이 제시되고 있다. 변화하는 지정학과 국제해운 시장 속에서 미국의 해운정책은 다시금 전략적 산업정책의 실험장이 되고 있다.

한국이 미국의 해운정책을 연구해야 하는 이유는 명확하다. 첫째, 미국 해운정책은 국제해운 질서와 규범의 중요한 기준을 제공하며, 이는 한국 해운·조선·물류산업의 전략적 방향 설정에 직접적인 영향을 미친다. 둘째, 미·중 경쟁 심화에 따라 공급망과 해양안보가 국가정책의 중심으로 이동하고 있으며, 미국의 선택은 한국의 해운·조선 생태계, 항로 전략, 동맹 협력 구조에 실질적 변화를 가져오고 있다. 셋째, 과거 한진해운 파산과 같은 구조적 위기를 겪은 만큼, 미국의 장기적 정책 실패와 재생 노력은 중요한 비교·교훈의 대상이 된다. 넷째, 조선·해운 강국으로서 한국은 미국의 해상수송 및 조선 역량 재건 과정에서 협력·공동투자·정책연계의 기회를 마주하고 있으며, 이를 위해 미국 정책을 정확히 이해하는 것이 필수적이다.

이 책은 미국 해운정책이 어떠한 역사적 경로를 거쳐 오늘날의 구조적 정체에 이르게 되었는지, 그 과정에서 어떠한 제도적 시도와 정책적 실험이 이루어졌는지를 체계적으로 분석하고자 한다. 제1부에서는 1789년 이후 230여 년간 미국 해운정책의 역사적 변천을 구체적 시기별로 제1장 독립전쟁시기부터 제1차세계대전 이전까지, 제2장 제1차세계대전과 제2차세계대전까지, 제3장 제2차세계대전 종전 이후부터 1980년대까지, 그리고 제4장 1990년대부터 오늘날까지로 구분하여 분석하였다. 그리고 제5장에서 미국 해운정책의 핵심 3대 수단인 보조금, 화물 우선 적취, 직접조달의 실효성과 산업적 영향을 분석하였다.., 제2부에서는 미국이 직면한 현재의 정책과제와 최신 동향을 심층적으로 다룬다. 특히 존스법, 전략적 해상수송, 선원 인력 부족, 상선대 노후화, 미·중 해양갈등 등 현재적 이슈와 더불어 핵심 정책수단의 법적·제도적 구조까지 종합적으로 분석하였다.

저자는 지난 40여 년간 해운·물류·해사정책 연구와 산업 현장을 아우르며, 한국적 관점에서 국제해운과 주요국 정책의 의미를 끊임없이 탐구해 왔다. 본서는 미국 해운정책 연구의 공백을 메우고, 한국이 직면한 해운산업과 그 정책적 과제를 세계적 흐름 속에서 재조명하는 데 하나의 기여가 되기를 기대한다. 이 책이 연구자, 정책입안자, 산업 종사자에게 미국 해운정책을 이해하는 새로운 기준과 시각을 제공한다면 그것으로 저자의 오랜 연구 여정은 충분한 의미를 갖게 될 것이다.

2025년 11월 26일

미국의 실패를 반면교사 삼아, 대한민국 해운의 백년대계를 세우다!

오늘날 세계는 미중 패권 경쟁이라는 거대한 소용돌이 속에 있으며, 그 충돌의 최전선은 다름 아닌 '바다'입니다. 그러나 아이러니하게도 세계 최고의 해양 패권국가인 미국은 정작 자국의 상선대를 제대로 지켜내지 못했습니다. 안보 논리에만 치중하여 해운의 지속가능한 경쟁력 확보를 간과했고, 존스법(Jones Act)과 같은 경직된 정책에만 의지한 결과, 오늘날 미국은 자국 화물을 실어 나를 배도, 유사시 국가 안보를 지탱할 해기사도 턱없이 부족한 '해운 빈국'이 되고 말았습니다.

한종길 교수의 신간《미국의 해운정책》은 그동안 우리 학계가 간과해왔던 '미국 해운의 실패'를 정면으로 응시하고 있습니다. 미국이 왜 막강한 국력에도 불구하고 해양국가의 기본이 되는 해운 산업의 유지, 발전에 실패했는지, 그 정책적 실기가 언제부터 무엇에서 비롯되었는지를 정책사적 관점에서 선원, 선박, 화물, 안보 등 다양한 분야를 날카롭게 파헤친 이 책의 출간은 매우 시의적절합니다.

지금 대한민국 해운도 중대한 위기 앞에 서 있습니다. 경쟁국들의 도전은 날로 거세지고, 글로벌 공급망은 급변하고 있습니다. 고령화 저출산, 인공지능의 확산이라는 시대적 흐름에 맞서 해운산업은 변화해

야 합니다. 우리가 미국의 전철을 밟지 않으려면, 그들의 실패에서 뼈
아픈 교훈을 얻어내야 합니다.

저자인 한종길 교수는 젊은 시절 거친 파도를 넘었던 해기사였으며,
학계에 입문한 뒤에는 평생을 해운정책 연구에 매진해 왔습니다. 해운
산업 현장에 대한 깊은 이해와 냉철한 정책적 식견을 겸비한 저자만이
던질 수 있는 통찰이 이 책 곳곳에 배어 있습니다.

이 책은 단순한 정책 분석서를 넘어, 한국 해운이 나아가야 할 길을
비추는 등대와도 같습니다. 해양 강국 대한민국의 위상을 지키고, 나아
가 해운업계의 미래를 고민하는 정책 일선에 있는 이들과 해운업계의
모든 이들에게, 이 책의 일독을 강력히 권합니다. 미국의 실패를 거울
삼아 우리 해운의 새로운 도약을 준비해야 할 때입니다.

재단법인 바다의 품 이사장 정 태 순

● 제1부 미국의 해운정책의 역사적 변천

제1장

1. 초기 보호주의의 성공과 자연적 비교 우위 (1789~1850)

건국 초기 미국의 해운 정책은 풍부한 목재 자원과 뛰어난 범선 건조 기술이라는 자연적 비교 우위와 결합하여 시너지 효과를 발휘함. 1817년의 연안 무역 독점(Cabotage)과 차별적 톤세 등은 당시 이미 국제적 경쟁력을 갖춘 미국 해운업의 '황금시대'를 견인하는 데 기여.

2. 기술 전환의 지체와 정책적 경직성 (1850~1914)

해운 산업의 패러다임이 목재 범선에서 철제 증기선으로 전환되는 시점에, 미국은 국내 조선업 보호를 위해 고비용의 국산 선박 사용을 강제하는 경직된 규제를 고수함. 이는 선사들이 효율적인 외국산 선박을 확보하는 것을 가로막아 구조적인 고비용 체계를 고착했으며, 결국 국제 시장에서의 경쟁력 상실로 이어짐.

3. 상충하는 정책 목표와 비효율성의 고착

해운업을 사적인 이윤 추구 산업으로 보면서 동시에 국가 안보(해군 보조 전력)를 위한 공공재로 활용하려는 정책 목표의 혼선이 발생함. 이러한 이중적 목표는 시장 논리에 어긋나는 비효율적인 보조금 정책을 양산하였으며, 제1차 세계대전 직전까지 외항 상선대의 쇠퇴를 막지 못한 근본적인 원인으로 작용함.

제2장

1. 전략적 취약성 자각과 국가 주도 개입의 시작 (1914~1920)

제1차 세계대전은 미국 해운의 대외 의존도가 국가 안보에 치명적 위협임을 각인시키며, 자유방임에서 국가 개입으로의 정책 전환을 가져옴. 1916년 해운법과 긴급 선단 공사(EFC)를 통한 전시 동원은 단기간에 선복량을 급증시켰으나, 장기적 운용 계획 부재로 인한 전후 잉여 선박 문제와 해운 시장의 불황을 초래함.

2. 보호주의의 고착화와 간접 지원 정책의 한계 (1920~1936)

전간기 정책은 1920년 상선법(일명 존스법)을 통해 연안 무역 독점이라는 강력한 보호주의를 제도화하였으나, 고비용 구조를 해결하지 못함. 1928년 도입된 우편 계약 방식의 간접 보조금은 상선대의 실질적 현대화에 실패하고 부패를 유발하여, 국제 경쟁력 확보를 위해서는 더욱 투명하고 직접적인 지원책이 필요함을 역설적으로 증명함.

3. 직접 보조금 체계 확립과 전시 동원 체제의 완성 (1936~1945)

1936년 상선법은 상업적 비효율성을 국가 안보 비용으로 인정하고 직접 보조금(CDS/ODS)을 지급하는 현대적 정책 프레임워크를 수립함. 이를 바탕으로 제2차 세계대전 중 USMC(건조)와 WSA(운영)의 이원화된 동원 체제는 전례 없는 생산성을 발휘하여, 종전 시점 미국이 전 세계 선복량의 70%를 장악하는 압도적 해상 패권을 달성하게 함.

제3장

1. 전략적 목표와 경제적 현실의 구조적 모순 (1945~1970)

전후 미국 해운 정책은 상업적 이익 추구와 국가 안보(국방 보조 전력) 유지라는 상충하는 '이중 의무'를 1936년 상선법 체제 안에서 동시에 달성하려 했으나, 이는 산업 전반의 고비용 구조를 고착하는 결과를 초래함. 화물 우선 적취(Cargo Preference) 정책과 운영·건조 차액 보조금(ODS/CDS) 시스템은 산업의 근본적 자생력을 키우기보다는 정부 지원에 대한 의존도를 심화시키며 비효율성을 제도화하였음.

2. 기술 혁명에 대한 부적절한 대응과 정책적 지체 (1960~1975)

1960년대 컨테이너화(Containerization)라는 해운 물류의 혁명적 변화가 도래했으나, 미국의 정책은 항만 인프라와 통합 물류 시스템의 혁신을 유도하기보다는 선박 건조 보조에만 집중하는 한계를 노출함. 1970년 상선법을 통해 상선대 재건을 시도했으나, 석유 위기 등 경제적 악재와 기술적 변화에 대한 유연성 부족으로 인해 산업 경쟁력 회복에 실패함.

3. 보호주의의 철폐와 상업 조선업의 붕괴 (1980s)

1980년대 레이건 행정부의 시장 중심주의와 규제 완화 기조로 해운 산업을 지탱하던 정치적 합의가 붕괴함. 1981년 건조 차액 보조금(CDS)의 전격적인 폐지는 자생력을 상실한 미국 상업 조선업의 즉각적인 소멸(수주량 '0')을 불러왔으며, 정책의 우선순위는 자국 선대 보호에서 화주를 위한 운송 효율성 제고(1984년 해운법)로 완전히 이동함.

제4장

1. 안보와 상업의 딜레마 속 구조적 정체 (1990s~Present)

1990년대 이후 미국 해운 정책은 해사 안보법(MSP 도입)과 대양해운개혁법(규제 완화)을 통해 시장 지향적 변화를 모색했으나, 상업적 경쟁력 확보와 국방 보조 전력 유지라는 상충하는 목표 사이에서 균형을 찾지 못하고 정체됨. 존스법 등 강력한 보호주의 기조는 유지되었으나, 이는 오히려 상선대의 지속적인 축소와 노후화를 막지 못하는 한계를 노출함.

2. 9/11 이후 안보 패러다임의 전환과 지정학적 위기

2001년 9/11 테러는 해운 정책의 최우선 순위를 상업 육성에서 국토안보(정보·감시 중심의 소프트 안보)로 급격히 이동시킴. 그러나 최근 중국의 해양 굴기와 공급망 불안정성이 대두되면서, 지난 20년간 방치된 하드웨어적 해상수송(Sealift) 역량의 쇠퇴와 산업 기반 붕괴가 국가 안보의 치명적 결함으로 재조명되고 있음.

3. '철의 삼각관계'와 정책적 이중 구속 (Double Bind)

이익집단(노조·업계), 행정부(MARAD), 의회로 공고화된 '철의 삼각관계(Iron Triangle)'는 존스법 중심의 현상 유지를 지속시키는 정치적 기제로 작동함. 이러한 경직된 보호주의는 고비용 구조를 고착하여 해운 산업의 상업적 자생력을 파괴하고, 역설적으로 국방이 의존해야 할 인적·물적 기반을 잠식하는 '정책적 이중 구속' 상태를 초래함.

제5장

1. 정책 패러다임의 전환: 상업적 동등성에서 군사적 가용성으로

미국 해운 정책은 1936년 상선법 체제가 추구했던 외국 선박과의 '상업적 비용 동등성(Parity)' 확보 목표를 사실상 포기하고, 1996년 해사 보안법 체제를 통해 비상시 활용할 수 있는 '군사적 가용성(Availability)' 확보로 정책 기조를 전환함. 이에 따라 보조금 정책 또한 비용 차액을 보전하던 방식(ODS/CDS)에서 국방 서비스를 외주하는 개념의 정액 지원 방식(MSP)으로 재편됨.

2. 인위적 수요 창출과 산업의 갈라파고스화

화물 우선 적취(Cargo Preference)와 정부 직접 조달(Direct Procurement)은 시장 원리에 반하는 인위적 수요를 창출하여 붕괴 직전의 산업 생태계를 지탱하는 '최후의 보루' 임무를 수행함. 그러나 존스법(Jones Act) 등 강력한 법적 진입 장벽은 외부 경쟁을 차단하여 국제 표준과 괴리된 고비용 구조를 고착화, 이는 미국 해운·조선업의 기술적 고립(Galapagos Syndrome)과 상업적 자생력 상실을 초래함.

3. 안보와 경제의 트레이드오프 및 한국에의 시사점

현행 미국 해운 정책은 막대한 경제적 비효율성을 '안보 보험료'로 지급하며 최소한의 전략 자산을 유지하는 '전략적 생명 유지 장치'로 기능하고 있음. 이러한 미국의 정책적 한계와 산업적 쇠퇴는 한국에 미 해군 함정 MRO 시장 진출 및 물류 안보 파트너로서의 기회를 제공하는 동시에, 과도한 보호무역이 산업 경쟁력을 저해한다는 반면교사의 교훈을 줌.

제6장

1. 강력한 보호무역 장벽의 구축과 4대 요건 (1920~Present)

1920년 제정된 존스법은 미국 해운·조선업의 보호와 국가 안보를 목적으로, 미국 내 항구 간 운송(Cabotage)에 투입되는 선박에 대해 ①미국 내 건조, ②미국인 소유, ③미국인 선원 승선, ④미국 국적 보유라는 엄격한 4대 요건을 부과하여 외국 선박의 진입을 원천적으로 차단하는 배타적 법적 독점 체제를 형성함.

2. 경제적 비효율과 안보적 목표의 괴리

존스법은 의도와 달리 경쟁 부재로 인한 미국 조선업의 고비용 구조와 기술적 낙후를 초래하여, 미국산 선박 가격이 국제 시세 대비 4~6배 폭등하는 등 심각한 경제적 비효율을 낳음. 이러한 산업적 쇠퇴는 상선대의 노후화와 규모 축소로 이어져, 전시 전략 물자 수송이라는 국가 안보적 목표 달성조차 저해하는 구조적 모순에 직면함.

3. 개혁 압력의 비등과 대안적 접근의 모색 (2024~2025)

하와이, 푸에르토리코 등 비연속 지역의 물류비 부담 가중과 공급망 위기로 인해 폐지 및 개정 요구가 정치적으로 재점화됨. 이에 따라 동맹국(한국, 일본 등) 건조 선박의 한시적 허용, 특정 지역 예외 적용, 친환경 선박 도입을 위한 규제 완화 등 기존의 경직된 보호주의를 탈피하려는 입법적 논의가 구체화하고 있음.

제7장

1. 민관 협력 기반의 비용 효율적 안보 태세 확립 (MSP & VISA)

미국은 해사보안프로그램(MSP)과 자발적 복합해상운송계약(VISA)을 통해 민간 상선대와 글로벌 물류 네트워크를 국가 안보 자산으로 통합 운용함. 이는 평시에는 민간의 상업적 활동을 보장하고, 비상시에는 국방부가 필요한 수송 역량을 즉각 확보할 수 있게 하는 비용 효율적인 전략적 아웃소싱 모델임.

2. 공공 예비 전력의 노후화와 전략적 취약성 (RRF & NDRF)

정부 소유의 비상예비물자수송선대(RRF)과 국방예비선대(NDRF)는 초기 급증하는 군수 수요를 감당하는 핵심 전력이지만, 평균 선령이 45년을 초과하는 심각한 노후화 문제에 직면해 있음. 이러한 물리적 자산의 낙후성은 현대전 수행을 위한 신속 기동성과 지속 가능한 유지보수 역량에 중대한 전략적 리스크로 작용함.

3. 프로그램 간 상호 의존성과 새로운 안보 위협의 대두

화물 우선 적취, 선박 폐기, 해상고속도로 등 다양한 프로그램이 상호 연계되어 선원 일자리와 해운 산업 생태계를 지탱하는 유기적 구조를 형성함. 최근에는 미·중 전략 경쟁과 해저 통신망 위협에 대응하기 위해 케이블보안선대(CSF)와 같은 신규 프로그램이 도입되는 등, 전통적 수송 안보를 넘어선 포괄적 해양 안보로의 태세 전환이 요구됨.

제8장

1. 구조적 쇠퇴와 인력 기반의 붕괴

제2차 세계대전 이후 미국 상선 선원(Merchant Mariner)의 수는 편의치적(Flag of Convenience) 확산, 선박 자동화, 그리고 국제 경쟁력 상실로 인해 지속해서 감소해 옴. 이러한 감소세는 단순한 경기순환적 현상이 아니라, 고비용 구조와 노후화된 산업 생태계가 빚어낸 되돌리기 힘든 구조적 붕괴임이 확인됨.

2. 양성 체계의 병목과 질적 불일치

해기사 양성 기관은 제한된 정원, 실습선 부족, 과도한 비용과 자격요건 강화(STCW)라는 삼중고에 시달리며 신규 인력 공급의 동맥경화 현상을 겪고 있음. 더욱이 교육 과정이 현대 선박이 요구하는 디지털 및 첨단 기술 역량을 따라가지 못하는 질적 괴리(Skill Gap)가 발생하여, 인력의 양적 부족과 질적 저하가 동시에 진행되는 복합 위기에 직면함.

3. 전략적 해상수송의 실존적 위협

상업적 자생력을 잃은 해운 시장과 축소된 선원 풀(Pool)은 국가 비상사태 시 즉각적인 전력 투사를 뒷받침해야 할 비상예비물자수송선대(RRF)과 해사보안프로그램(MSP)의 가동 능력을 치명적으로 약화함. 이는 안보를 위해 필요한 인력을 시장이 유지해 주지 못하는 '정책적 이중 구속' 상태를 초래하여, 국가 안보의 핵심 축인 전략적 해상수송 역량을 위태롭게 하고 있음.

제9장

1. 선대의 극심한 노후화와 구조적 한계

미국 상선대는 내항 운송을 전담하는 존스법(Jones Act) 선대와 국제 무역에 종사하는 MSP(해사보안프로그램) 선대로 이원화되어 있으나, 두 부문 모두 심각한 노후화 문제에 직면해 있음. 특히 존스법 선대의 평균 선령은 32년에 달해 세계 평균(약 11.4년)을 3배 가까이 웃돌며, 이는 안전사고 위험 증대와 운영 효율성 저하라는 구조적 한계를 노출하고 있음.

2. 환경 규제의 역습과 좌초 자산화(Stranded Assets) 위기

IMO 2020(황산화물 규제) 및 온실가스 감축 전략(EEXI/CII) 등 강화되는 국제 환경 규제는 연료 효율이 낮고 구형 엔진을 장착한 미국 노후 상선단에 치명적인 타격을 입히고 있음. 막대한 개조(Retrofit) 비용과 기술적 제약으로 인해 기존 선박들이 물리적 수명이 남았음에도 불구하고 경제적 가치를 상실하는 '좌초 자산'으로 전락할 위험이 급격히 고조됨.

3. 조선업의 고비용 구조와 갈라파고스화

존스법의 '미국 내 건조' 의무는 미국 조선업을 보호하기보다 국제 선가 대비 4~5배 높은 건조 비용을 유발하는 '비용의 덫'으로 작용하여 신조 선박 발주를 억제하고 있음. 이러한 폐쇄적 보호주의는 미국 조선업을 글로벌 기술 흐름과 단절된 '갈라파고스' 상태로 고립시켰으며, 자력에 의한 산업 생태계 복원을 사실상 불가능하게 만듦.

제10장

1. 해양 패권 경쟁의 심화와 미국의 전략적 취약성 자각

비중 해양 갈등은 남중국해의 '자유항행'을 둘러싼 지정학적 충돌과 중국의 '군민 융합(Civ-Mil Fusion)' 전략에 의한 해양 통제권 확장이 결합한 복합 위기임. 미국은 자국 해운·조선업의 붕괴가 전시 보급 능력(Sealift) 상실과 경제적 강압(Economic Coercion)에 대한 취약성으로 직결됨을 인식하고, 이를 안보 차원의 최우선 과제로 격상함.

2. 해양력 재건을 위한 입법적 공세: 'SHIPS for America Act'

헤리티지 재단의 전략적 제언을 토대로 추진 중인 'SHIPS for America Act'는 쇠퇴한 미국 조선업 재건을 위한 입법적 시도임. 이는 투자세액공제와 같은 강력한 재정적 인센티브를 제공하는 동시에, 중국 연관 선박에 대한 고율의 항만세 부과 등 배타적 보호주의 조치를 통해 자국 산업 생태계를 인위적으로라도 복원하려는 의지를 투영함.

3. 동맹 기반의 산업 안보 전략: 'MASGA'와 'MGN'

독자적인 역량만으로는 중국의 압도적 조선 패권에 대응할 수 없음을 인정한 미국은 '해양 국가 그룹(MGN)' 구상을 구체화한 'MASGA(Make American Shipbuilding Great Again)' 이니셔티브를 추진함. 이는 한국과 일본 등 동맹국의 자본과 기술을 유치하여 조선 인프라와 MRO(유지·보수) 역량을 강화하려는 시도로, 전통적 군사 동맹을 '산업 안보 동맹'으로 확장하려는 전략적 전환을 의미함.

● 제1부

미국의 해운정책의
역사적 변천

제1장

1789~1914년:

보호주의, 기술전환 실패, 그리고 장기적 쇠퇴—
미국 건국에서 제1차 세계대전 직전까지

1. 미국 초기 해운정책의 기초: 차별적 제도와 재정적 현실 (1789 - 1817)

1.1 식민지 시기의 미국해운

독립 이전의 식민지 시기 미국에서는 해양 무역이 일찍부터 발전하였고 해운은 식민지의 경제적 주요 요소였다. 영국 상인들이 미국내 경쟁자들과의 경쟁을 제한해 줄 것을 의회에 요청하기도 했기에 식민지의 해양 활동에 일부 제한이 있었지만, 의회는 식민지 주민들이 무역과 해운을 발전시키도록 허락하였다. 이러한 결정은 상업적 이유와 국방상 목적의 결합에 의해 동기부여가 되었기 때문이다.

식민지의 해양 무역을 억압하게 되면 식민지 경제를 약화시키고, 그로 인해 영국에서 제조된 상품을 구매할 수 있는 능력 또한 감소함을 의미했다. 식민지로의 높은 수출량은 영국 제조업체에게 큰 이익을 주었고 영국 전체에 경제적으로 도움이 되었다. 또 미국 독립전쟁 당시 식민지 조선업은 영국 국적 등록선박의 약 3분의 1을 공급할 정도로 중요한 선박공급지였다. 당시 영국 해군은 선원 양성을 교육기관이 아닌 상선에서의 승선실습을 통한 양성에 의존했기 때문에, 식민지 해운의 쇠퇴는 전시에 영국해군이 활용할 수 있는 훈련된 선원의 풀이 감소하는 결과를 초래하였다. 식민지에서 해양 무역의 감소는 선원들을 다른 직업으로 내몰게 되는 결과를 유발하게 되고 젊은 남자들이 선원이 될 수 없도록 만들었다. 따라서 상업적 및 안보적인 고려에 따라서 실시되는 지금까지 미국 해사정책의 기초가 되는 요소들은 식민지 시기에 유래한 것이었다. 즉 국방과 상업 양면을 고려하여 영국이 식민지 무역과 해운, 조선업에 간섭하지 않아야 할 합리적인 이유가 되었다.

아이러니하게도 식민지 해운 및 조선 산업의 발전을 허용했던 정책들은 결국 식민지가 반란을 일으켰을 때 영국에 불리하게 작용했다. 식민지 경제의 번영은 독립군에게 자금을 제공하였고, 식민지 조선소는 전쟁에 필요한 상선과 군함 모두를 생산했다. 식민지의 무역 활동은 영국과의 해상 전투를 위한 해군과 민간 전투선으로 함대를 형성할 수 있는 선박과 선원 풀을 제공했다.

미국 상선대가 조직되고 최초로 참여한 전쟁은 1775년부터 1783년까지 계속된 미국 독립전쟁이었다. 1775년 6월 12일 메인주 마키아스에서 시민들이 영국의 스쿠너군함인 HMS Margaretta를 습격하여 이를 나포했다. 필요한 보급품이 절실한 상황에서 해당 군함을 보스턴으로 가져가 영국 병영을 만들 목재를 수송하고 필요한 물품을 받거나, 그렇지 않으면 굶는 것 중 선택하라는 것이었다. 그들은 독립이라는 대의를 선택하고 영국군의 명령을 무시하고 싸우기로 하였다. 이 소식이 보스턴에 전해진 후, 대륙회의와 여러 식민지는 사략선(privateers)이라 불리는 민간 소유 무장 상선에 포획권(Letters of Marque)을 발행했으며, 이들은 적의 상선을 약탈하기 위해 전함으로 장비를 갖추었다. 이러한 무장 민간 상선은 미국 동해안 전역과 대서양 건너편에서 영국의 보급망을 교란시켰고, 미국 상선대의 전시 역할은 여기에서 시작되었다고 할 수 있다. 이는 미국 정부기관인 해안경비대(1790)와 미 해군(1797) 두 기관보다 앞선 일로 민간 상선대(Merchant Marine)가 해군이나 해안경비대와 같은 공적인 역할을 수행하게 된 이유를 설명하는 데 역사적 근거가 되고 있다. 따라서 해사산업은 미국의 탄생에 전략적인 역할을 하였으며, 이 역할의 본질은 오늘날까지 변하지 않고 있다.

1.2 연방 헌법과 상업 규제 권한의 확보

미국 헌법 제정 이전인 연합 규약(Articles of Confederation) 체제 하에서 중앙 정부는 수입 관세를 부과하거나 외국과의 상업을 규제할 권한이 없었다. 이러한 재정적 취약성과 상업 규제의 부재를 극복하는 것이 1787년 헌법 제정의 주요 동기 중 하나였다. 연방 의회가 새로운 권한을 획득하자, 무역 정책을 단순히 세수 확보 수단으로 사용할 것인지, 아니면 대외적 호혜(reciprocity)를 달성하기 위한 외교적 도구로 사용할 것인지에 대한 논쟁이 즉각적으로 발생했다. 1789년에 수립된 헌법하에서 국제 및 주간 무역의 규제가 국가 정부의 기능이 되었다. 건국 초기 미국 의회가 통과시킨 법률에는 1790년 선원에 관한 연방법, 1796년의 선원보호증명서(Seaman's Protection Certificates)에 관한 추가적인 연방법이 있다.

1.3 1789년 톤세법 및 관세법: 보호주의의 시작과 논쟁

미국 상인과 조선업자들은 독립전쟁이 시작되자 급격하게 변화 암울한 무역 환경에 처하게 되었다. 영국 시민권을 상실하게 되면서 한때 수익성이 높았던 영국 서인도 제도 및 영국 본토와의 무역 접근을 못하게 되었다. 또한 영국 시장에 미국 조선업자가 접근할 수도 없게 되었다. 미국의 독립은 미국 해운업체에 대한 영국 해군의 전 세계적인 보호막을 제거했다. 이러한 어려움을 극복하고 무역 구조를 재편성해야 하기 때문에 정부가 해운 조선산업에 대한 강력한 관여를 해야할 명분이 되었다. 미국 의회는 건국 직후인 1789년에 외국 선박에 대해 차별적인 톤세(Tonnage Duties)를 부과하는 법률을 통과시켰다. 이는 신생 국가의 해운업을 보호하기 위한 정책적 의지의 표명이었다.

제1회 의회(1789-1791)의 가장 초기에 성립된 법안 중 하나는 미국 조선업과 해운업을 촉진하기 위해 고안된 조치였다. 여기에는 미국 선박으로 미국 항구에 도착하는 상품에 대해 낮은 관세를 적용하는 법률,

미국 선박에 대해 추가적인 우대 세금 및 관세를 제공하는 법률, 그리고 외국 선박에 대해 미국에서 건조 및 운영되는 선박보다 상당히 높은 톤세를 부과하는 법률이 포함되었다. 후자는 외국 선박이 미국의 내항 무역을 할 수 없도록 사실상 문을 닫아버렸다.

게다가 제1회 의회는 미국 국기를 단 선박 등록을 위한 법률을 통과시켰고, 이는 미국 선박이 미국 조선소에서 건조되도록 요구하여 건국 초기 미국 조선업에 활력을 불어넣었다. 이러한 조치와 함께 유럽이 나폴레옹 전쟁에 몰두함에 따라 미국 해운 조선산업은 급속하게 성장했다. 1795년까지 미국 수입의 92%와 수출의 86%가 미국 국적 선박에 의해 수송되었다. 매사추세츠주 세일럼은 미국 해운의 급성장 사례를 잘 보여준다. 예를 들어 1791년, 세일럼 주민들은 9,031 총톤의 선박을 소유했는데, 1800년에는 24,682톤으로 증가했고, 1807년에는 43,570톤으로 성장했다.

이 초기 정책의 방향을 두고 조지 워싱턴 행정부 내에서 격렬한 논쟁이 벌어졌다. 알렉산더 해밀턴(Alexander Hamilton) 재무장관은 정부 지출과 공채 자금 조달을 위한 안정적인 세수 확보를 최우선으로 여겼다. 그는 수입을 핵심 세금 기반으로 보고, 영국과의 안정적인 상업 관계가 이 수입을 방해하지 않도록 온건하고 비차별적인 수입 관세를 옹호했다.

반면, 토머스 제퍼슨(Thomas Jefferson) 국무장관과 그의 의회 동지 제임스 매디슨(James Madison)은 무역 정책을 호혜 달성을 위한 수단, 즉 영국이 미국 상업에 가하는 불공정한 차별에 맞서는 '무기'로 보았다. 그들은 영국 본국 및 식민지 시장에서 미국 상품과 선박에 대한 대우를 개선하도록 강제하기 위해 상계적 제한 조치를 부과해야 한다고 주장했다. 1807년에 토머스 제퍼슨 대통령은 외국 무역에 미국 항구를 폐쇄함으로써 유럽의 전쟁 당사자들로부터 경제적, 정치적 양보를 이끌어 낼 수 있다고 판단했다. 이 조치가 미국 경제, 특히 선주, 선원 및 조선업자에게 미친 영향은 즉각적이고 극단적이었다. 약 55,000개의 해운조선 관련 일자리와 100,000개의 관련 분야의 일자리가 순식간에 사라졌다.

토머스 제퍼슨 대통령의 조치는 일시적인 것이었지만 해사산업 성장의 모멘텀은 줄어들었고, 투자는 조선업에서 특히 국산 대체산업이라고 할 수 있는 뉴잉글랜드의 면직물 산업으로 전환되면서 해당산업이 발전하는 계기를 만들었다. 투자와 주요한 부의 원천이 유럽과의 무역에서 미국내 제조업으로 이동함에 따라, 국가 경제 정책의 우선순위도 자유무역에서 보호주의로 이동했다. 원래 해상 무역에서 부를 얻었던 이들조차도 육상 제조업에 투자한 후에는 보호주의를 수용하게 되었다.

이 논쟁의 초기 결과는 안정적인 세수확보를 중시하는 해밀턴의 재정적 논리가 채택되었다. 차별적인 톤세의 재정적 영향은 상대적으로 작았는데, 예를 들어 1791년 재무부가 톤세로 징수한 금액은 $145,347에 불과했던 반면, 수입 상품에 대한 관세는 $3,171,474에 달했다. 따라서 차별 정책의 직접적인 재정적 비용은 작았지만, 영국의 보복 위험을 회피하고 안정적인 관세 수입 흐름을 유지하려는 해밀턴의 전략적 판단이 초기 미국의 보호주의 정책이 공격적으로 전개되는 것을 막는 주요 제약 조건으로 작용했다.

1.4 연안 무역(Cabotage) 보호주의의 완성 (1789 - 1817)

외항해운에 대한 조심스러운 접근 방식과 달리, 연안 무역에 대해서는 건국 초부터 강력한 보호주의인 카보타지가 시행되었다. 1789년 법률은 연안 무역에 참여하는 외국 선박에 차별적인 세금을 부과하는 것에서 시작되었다.

이 보호주의는 1817년 법률을 통해 정점에 달했다. 이 법은 외국 선박이 미국 항구 간의 화물 운송을 완전히 금지했다. 이는 훗날 1920년 상선법(Merchant Marine Act, 일명 존스법)의 핵심 선례가 되었으며, 미국 해운 정책사에서 가장 오래 지속되고 가장 강력한 독점 정책의 기반을 마련했다. 초기 미국은 풍부한 목재 자원과 우수한 조선 기술 덕분에 범선 건조 및 운영에 국제적인 경쟁력을 갖추고 있었으므로, 당시에는 이러한 국내 시장 독점 조치가 경제에 미치는 부담이 거의 없었다는 평가가 지배적이다.

2. 19세기 전반: 범선 시대의 번영과 초기 보조금 정책 (1817 – 1850)

2.1 초기 보호 정책 하의 성공 배경

19세기 전반은 미국의 외항 상선대가 클리퍼선(Clipper Ship)을 중심으로 전성기를 구가하며 국제 무역에서 중요한 역할을 했던 시기이다. 1830년에서 1860년 사이의 30년은 미국 해운의 "황금시대"라고 불린다. 미국 상인과 선원들은 새로운 무역 경로를 개발하기 위해 상업적 기회를 신중하게 포착하고, 세계 무역에서 중요한 요소가 된 상선대를 구축했다.

이 시기의 초기 보호주의 법제는 미국의 자연스러운 경쟁 우위에 힘입어 성공적으로 기능했다. 당시 미국은 우수한 조선 기술과 함께 풍부한 목재 자원, 숙련된 선원들을 보유하고 있었으며, 이는 범선 건조 및 운영 비용을 국제적으로 경쟁력 있는 수준으로 유지할 수 있게 했다. 학술적으로 볼 때, 초기 보호주의는 관련 산업 내에 이미 충분한 경쟁력이 존재했기 때문에 경제적 비용이 최소화되거나 거의 없었다는 주장이 제기된다.

이 국내 시장 보호의 성공은 장기적인 정책 경로에 중요한 영향을 미쳤다. 즉, 정책 입안자들은 보호 장벽이 국제 경쟁력 약화라는 구조적 문제를 해결할 수 있는 만능 도구라는 오해를 가지게 되었으며, 이는

19세기 후반, 기술 변화에 직면했을 때 혁신을 방해하는 정책의 경직성으로 이어지는 토대를 마련했다.

2.2 클리퍼선의 전성시대

이 시기는 미국 조선업도 황금기였다. 가볍고 단단한 클리퍼선 건조에 적합한 풍부한 목재 공급과 기업가 정신에 힘입어, 미국 조선업은 해운과 함께 크게 성장했다. 1855년까지 미국의 대외 무역의 72%가 미국에서 건조된 선박으로 운송되었다. 동 시기의 미국 조선 기술은 뛰어난 클리퍼선으로 대표된다. 우편 꾸러미인 '패킷(packet)'을 전달한다는 의미에서 '패킷선(packet ships)'으로 불린 이 범선들은 우편물, 무역 상품 및 승객을 정기적으로 대서양을 건너 왕복 운송했다. 클리퍼선은 곧 더 빠른 서비스를 제공했다.

18세기 동안 유럽과 미국 간에는 화물, 승객 및 우편을 운반하는 선박들은 가득 찼을 때만 출항하곤 했다. 그러나 19세기 초에 미국과의 무역이 더 일반화되면서 일정한 규칙성 있는 서비스가 매우 중요해졌다. 1818년부터 블랙 볼 라인(Black Ball Line)이 영국과 미국 간 정기선 운항서비스를 시작했다. 패킷 선박(packet ships)으로 명명된(우편 "패킷"의 전달(delivery of mail packets), 이 선박들은 규칙적인 일정 준수로 명성을 얻었다. 이때 주로 사용된 선박들은 클리퍼선이었다.

미국에서 "클리퍼"라는 용어는 통상적으로 볼티모어 지역에서 건조된 볼티모어 클리퍼(Baltimore clipper)를 가리켰는데, 이는 미국 독립전쟁 이전 체서피크 만에서 개발된 탑세일 스쿠너로 빠른 속도, 가벼운 선체를 특징으로 한다. 1812년 미영전쟁에서 경무장선으로 운용되었다. 볼티모어에서 1814년에 진수된 차세르(Chasseur)로 대표되는 이 유형의 클리퍼선은 믿을 수 없는 속도로 명성을 얻었는데 깊은 흘수는 볼티모어 클리퍼가 바람을 거스르며 항해할 수 있게 했다. 클리퍼선들은 볼티모어의 봉쇄를 뚫을 수 있는 쾌속선으로 인정받게 되었고 화물 공간보다는 속도를 중시했다. 전통적인 상선들이 평균 속도 5노트(9 km/h) 이하가 대부분이었던 반면, 클리퍼는 9노트(17 km/h) 이상을 목표로 했다. 때때로 이 선박들은 20노트(37 km/h)로 항해할 수도 있었다.

클리퍼선들은 차와 같이 일찍 수확한 화물일수록 더 가치가 있는 계절 무역이나 여객 노선에 맞춰 건조되었다. 작고 빠른 이 배들은 향신료, 차, 사람, 우편물 같은 소량 고수익 화물에 적합했다. 화물의 가치는 시차에 따라서 극단적으로 차이가 날 수 있었다. 클리퍼선들 사이의 경쟁은 공개적이고 치열했으며 그들의 항해 시간은 신문에 보도되었다. 이 배들은 속도와 기동성 때문에 클리퍼선은 자주 대포나 포탑을 장착했고 종종 해적선, 사략선, 밀수선 및 차단 임무에 고용되었다. 후술하는 증기기관의 등장과 함께 클리퍼선에 가해진 최후의 타격은 1869년에 개통된 수에즈 운하였는데, 이는 유럽과 아시아 사이에서 증기선에는 엄청난 지름길을 제공했지만 범선들이 운하를 사용하기는 어려웠기 때문이다.

2.3 영국 항해법 폐지의 충격 (1849)과 국제 환경의 변화

19세기 중반은 국제 해운 환경이 급변한 시기였다. 특히 1849년 영국의 항해법(Navigation Acts) 폐지는 해운업계에서 가장 상징적인 보호주의 장벽의 제거를 의미했으며, 이는 국제 해운 시장을 자유 경쟁 체제로 급격히 전환시키는 외부 충격으로 작용했다. 이러한 변화는 미국에게도 정책의 근본적인 재조정을 요구하는 중요한 전환점이었다. 1849년 이전의 영국 항해 법령은 외국에서 건조된 배에 영국 등록을 금지했다. 그러나 나폴레옹 전쟁 이후 영국의 조선 비용이 급격히 상승하여 영국 국적선은 항해 법령으로 보호되지 않는 무역로에서 비용 경쟁력을 상실하게 되었다.

이러한 항해법령으로 보호받지 않는 항로는 저비용 미국 선박이 빠르게 차지했으며, 이는 오늘날 높은 비용의 미국 상선대가 직면하고 있는 상황과 정반대의 유사점을 가지고 있다. 외국 선박이 미국 내항해운에서 퇴출되면서 남북전쟁 이전에는 미국 남부에서 생산되는 면화를 중심으로 한 수익성 높은 삼각무역에서 미국 해운의 지배력을 높였다. 이 삼각무역은 미국 북동부에서 제조된 상품을 남부 항구로 운송한 다음, 면화를 유럽으로 운반하고, 마지막으로 유럽에서 제조된 상품을 미국 북동부로 다시 운송하는 것이었다. 이 삼각무역의 한쪽 구간에서 화물을 획득하지 못한 외국 선박들은 경쟁할 수 없었다. 따라서 우연한 경제적 상황과 정부 정책에 의해, 미국 상선대는 영국에 이어 세계에서 두 번째가 되었다. 1861년에 미국 상선단은 규모가 약 550만 톤으로 세계에서 두 번째로 컸는데, 대영제국은 미국보다 약간 더 많은 580만 톤이었고 전 세계의 나머지는 580만 톤이었다.

2.4 해운 보조금 정책의 기원: 1840년대 우편 운송 계약

국제 경쟁 심화와 새로운 기술 도입의 필요성이 대두되자, 미국 정부는 상선대를 육성하기 위한 최초의 명시적인 지원 정책을 도입했다. 1840년대에 도입된 우편 운송 계약(Mail Subsidies)은 외항 상선 육성을 위한 정부 보조금의 기원이 되었다. 이 보조금은 단순한 상업적 목적뿐만 아니라, 유사시에 해군 보조선 역할을 수행할 수 있는 선박을 확보하려는 전략적 목표를 가지고 있었다. 이는 미국 상선 정책이 처음으로 상업적 효율성 외에 군사적 동원력 확보라는 국가 안보 목표와 직접적으로 결합되었음을 의미하며, 이러한 이중 목표는 향후 정책 실패의 근본적인 원인이 되었다.

3. 구조적 위기와 기술 전환의 실패
(1850 - 1865)

3.1 증기선 및 철선 기술 혁명의 영향

1840년에서 1850년 사이의 10년은 미국 해군과 상선 모두에게 가장 혁명적인 변화가 일어난 시기였다. 이 시기에는 최초의 해상 증기 군함, 최초의 철제 군함, 스크루 추진 방식, 그리고 다양한 기관 기술의 발전이 이루어졌다.

그러나 더욱 중요한 것은 해운 기술의 근본적인 구조 변화였다. 전 세계 해운업은 목재 범선에서 철제 증기선으로 전환되었다. 범선에 의존했던 미국은 철강 생산 및 증기 기관 기술에서 우위를 점한 영국과 유럽 경쟁국들에 뒤처지기 시작했다. 대서양 횡단 노선에서 증기선 운임이 범선 운임 수준으로 떨어지는 시점(1850년대 후반)에 이르자, 속도가 빠르고 안전하며 편안한 증기선은 승객의 총 기회비용을 줄여주면서 주된 운송 수단으로 자리 잡기 시작했다.

미국 서해안과 동해안 간의 첫 정기 증기선 서비스는 1849년 2월 28일 SS 캘리포니아(SS California)가 샌프란시스코 만에 도착하면서 시작되었다. 캘리포니아는 1848년 10월 6일 뉴욕 항을 떠나 남아메리카 끝의 케이프 혼을 돌아 4개월 21일의 항해 끝에 캘리포니아 샌프란시스코에 도착했다. 클리퍼선은 1857년 공황에 따른 경기 침체와 점진적인 증기선 도입으로 계속 감소했다. 비록 클리퍼선이 초기 증기선보다는 훨씬 빠를 수 있었지만, 클리퍼선은 결국 바람의 변덕에 의존한 반면 증기선들은 일정을 신뢰성 있게 지킬 수 있었다. 증기기관을 보조기관으로 사용한 클리퍼선이 도입되면서 항해에 적절한 바람이 없을 때 사용할 수 있도록, 증기기관을 보조 동력으로 장착한 클리퍼선도 도입되었다. 그리고, 본격적인 증기기관선을 이용한 정기선 서비스도 1860년대에는 본격적으로 시작되었다.

3.2 보호주의 정책의 무력화 및 외항 상선의 쇠퇴

미국의 전통적인 경쟁 우위였던 목재와 범선 기술이 무력화되면서, 미국 상선대는 국제 경쟁력을 급속히 상실했다.

미국 해운정책의 장기적인 실패는 이 기술 전환기에 대한 부적절한 정책 대응에서 기인한다. 국제 시장에서 효율적인 운항을 위해서는 철제 증기선이 필수적이었으나, 미국 정책은 선사들이 효율적인 선박을 확보하는 것을 방해하는 구조를 고착시켰다. 정책 입안자들은 국제 경쟁력 확보를 위해 선사들이 비용 효율적인 외국산 선박을 구매하도록 허용하기보다는 국내 조선 산업을 보호하기 위해 국내 건조 선박 사용을 강제하는 보호주의적 규제를 고수했다. 국내 조선업의 경쟁력은 19세기 후반에 접어들면서 심각하게 약화되어 세계 최고 품질과 최저 운임을 제공하던 19세기 초와는 상황이 완전히 달라졌다.

이러한 정책적 경직성, 즉 고비용의 국내 조선업을 옹호하는 규제는 미국 해운기업들이 국제 시장에서 생존할 수 없는 고비용 구조를 제도적으로 고착화하는 결과를 낳았다. 이 구조적 충돌로 인해 미국의 외항 상선 부문은 상업적으로 생존 불가능한 상태에 빠졌고, 남북전쟁(Civil War) 기간 동안 발생한 물리적 피해와 정부의 집중력 분산은 이러한 쇠퇴를 더욱 가속화시켰다.

4. 남북전쟁 이후의 정책적 정체와 논쟁 (1865 - 1914)

4.1 경제적 민족주의 (American System)의 지배

남북전쟁 종전부터 제1차 세계대전 발발 직전까지, 미국의 외교 무역 정책은 '경제적 민족주의(Economic Nationalism)'가 지배하였다. 이 시기 정치인들은 보호관세와 보조금을 통해 연방 재정을 확보하고, 국내 유아 산업을 보호하며, 외국 무역 위협에 보복하는 '미국 시스템'을 만병통치약으로 간주했다.

19세기 후반의 세계적인 경기 변동(Boom-and-Bust Cycle)은 미국이 자국의 잉여 상품과 자본을 배출할 더 많은 해외 시장을 필요로 한다는 인식을 확산시켰다. 그러나 이 시장을 자유무역을 통해 얻을 것인지, 아니면 보호주의적 조치나 제국주의적 확장을 통해 얻을 것인지에 대한 논쟁이 심화되었다. 결국, 1898년 스페인으로부터 식민지를 획득했을 무렵, 확장주의적 성향을 가진 경제적 민족주의자들이 정책 결정에서 우위를 점했다.

4.2 외항 상선 재건 노력과 지속적인 정책적 실패

남북전쟁은 미국 해운에 재앙을 가져왔다. 북군은 상선을 군함으로 징발하였고, 남부 연합은 상업 무역에 종사하는 상선을 습격하였다. 예를 들어 1862년 8월 24일 취역한 남부 연합의 순양함 CSS 앨러배마는 몇 달 동안 북대서양에서 상선을 나포하거나 불사르고 유럽으로 향하는 곡물선들을 차단했다.

이 때문에 선주들이 남군의 공격을 피해 중립국으로 선적을 바꾸면서 결과적으로, 미국적 선박의 총톤수는 남북전쟁 기간 동안 약 250만 총톤에서 150만 톤으로 줄어들었다. 이러한 감소는 전쟁 중 및 전후 년 동안 수익성이 높았던 면화 무역의 상실로 인해 더욱 악화되었다.

남북전쟁이 끝났지만 미국 해운의 회복은 비생산적인 해운정책의 대표적인 사례로 불리는 여러 입법적 제한조치로 인해 더딜 수밖에 없었다. 가장 대표적인 반해운 입법 사례는 남북전쟁 중에 해외에 등록된 선박의 미국선적으로의 재등록을 금지한 조치였다. 이 조치는 결과적으로 남북전쟁으로 황폐화된 미국 상선대의 재건을 저해하였다.

이 시기 동안 정부는 상선대를 재건하기 위해 반복적으로 보조금 정책을 시도했지만, 정책 목표의 혼란으로 인해 그 효과는 제한적이었다. 연구에 따르면, 19세기 중반 이후 미국 해운정책이 실패한 핵심적인 이유 중 하나는 상선이 사적인 이윤 추구 산업과 국가 안보를 지원하는 중요한 요소라는 혼란스러운 이중 역할을 수행하도록 요구되었기 때문이다. 예를 들어 철 및 기계를 포함한 수입 조선 재료에 대한 과세는 더 효율적인 철제 증기선으로의 전환을 지연시켰다. 이러한 과세조치는 미국산 선박의 가격을 높이고 미국 조선소를 영국 조선소와 경쟁할 수 없게 만들었다.

재건 노력은 주로 우편 계약 형태의 보조금으로 나타났으나, 비판론자들은 이러한 보조금이 막대한 비용을 초래했음에도 불구하고 개선 효과가 미미했으며, 오히려 높은 운영 비용, 노동 비용, 그리고 과도한 정부 규제가 산업 쇠퇴의 근본적인 원인이라고 지적했다.

미국 의회 내 정책 논쟁의 구조를 살펴보면, 1890년대의 선박 보조금 관련 논쟁에서 수입 상품과 경쟁하는 산업이 많은 지역의 의원들은 보호주의와 보조금 프로그램을 지지했던 반면, 수출 지향적인 지역의 의원들은 이에 반대하는 경향을 보였다. 이는 해운정책이 순수한 경제 효율성보다는 국내 산업 보호와 정치적 이해관계에 의해 좌우되었음을 시사한다.

4.3 보호주의 법제의 강화와 정책 경직성의 심화 (1912년 선박 건조 의무)

미국 건국 초기에 강력한 카보타지가 성공적이었던 경험은 정책 입안자들에게 국제 무역에서의 구조적 실패에도 불구하고 보호주의 장벽을 강화하는 것이 해결책이라는 확신을 주었다.

1912년, 의회는 연안 무역에 참여하는 선박이 반드시 미국 내에서 건조되어야 한다는 의무를 명시했다. 이 조치는 해외에서 건조된 선박이 미국 국적으로 등록되어 미국 항만에 기항하는 것에 대한 제한을 강화함으로써, 이미 경쟁력을 상실한 국내 조선업을 보호하기 위한 것이었다. 이는 1920년의 존스법(Jones Act)으로 이어지는 중요한 선구적 규정이었다.

이러한 조치들은 연안 무역에서는 독점을 보장했지만, 외항 선대에 대해서는 고비용의 국내 건조 선박을 이용해야 하는 규제적 부담을 가중시켰다. 결과적으로, 이는 국제 시장에서 미국 선사들의 비경쟁적 지위를 더욱 심화시키고, 장기적인 쇠퇴를 가속화하는 제도적 경직성을 고착화시켰다. 그 결과, 미국인들은 해외에서 선박을 구매하고 외국 국적으로 운항하기 시작했다. 이는 해운사에서 새로운 현상이었지만, 1901년까지 미국 선주들은 672,000총톤, 136척을 해외에 등록하였으며, 이는 미국적 국제 무역 선대와 비슷한 선복량으로 영국, 프랑스, 독일, 노르웨이를 제외한 모든 국가보다 더 많은 선복량이었다.

오랜 기간 동안 자유무역 옹호자들은 이러한 상태를 초래한 법률에 대해 반대하였다. 40년 간의 투쟁은 1910년에 첫 번째 파나마 운하 법안에 대한 부속법률이 미국인들에게 국제 무역에 사용하기 위해 해외에서 건조된 선박을 미국적으로 등록할 권리를 부여하고, 미국적 선박에 사용되는 모든 조선 자재에 대한 세금을 면제함으로써 끝났다. 그러나 자유무역 옹호론자의 승리는 무의미했다. 미국적으로 선박을 등록할 강력한 유인책이 동반되지 않았기 때문이다. 결과적으로 미국의 상선 척수는 제1차 세계 대전으로 인해 해운시장이 반전하기 전까지는 성장하지 않았다.

다음 표는 이 시기에 걸친 미국의 주요 해운정책 이정표와 그 특성을 요약한 것이다.

표 1. 시기별 미국 해운정책의 목표, 도구, 및 성과 비교 (1789 – 1914)

시기 (대략)	주요 정책 목표	주요 정책 도구	외항 상선 경쟁력	정책적 결과 및 논쟁
1789 – 1817 (초기 공화국)	재정 확보, 호혜주의 압박, 국내 산업 보호	차별적 관세 및 톤세, 연안 무역 독점 시작 (1817)	국제적 우위 확보	Hamilton vs. Jefferson/Madison 재정-호혜 논쟁. 국내 시장 독점 성공.
1850 – 1865 (기술 전환기)	기술 변화 적응, 해군 지원	우편 운송 보조금 (Mail Subsidies)	급격한 쇠퇴 시작	범선에서 증기선/철선으로의 전환 실패. 영국과의 기술 격차 심화.
1865 – 1914 (보호주의 정체기)	외항 선대 재건, 국가 안보 유지	보호관세, 반복된 보조금 시도, 국내 조선 의무 강화 (1912)	심각한 쇠퇴 및 정체	정책 목표(상업 vs. 안보)의 혼선으로 인한 실패 고착.1 윌슨 대통령의 정책 오류 인정.

4.4 증기선으로의 전환 실패

미국 조선업은 목재 범선시대에는 최상의 발전을 이루었지만, 프로펠러로 움직이는 철선의 새로운 시대에 뒤처졌다. 1870년까지 스크류 프로펠러와 삼축 팽창기관(triple expansion engine) 같은 여러 발명들이 대양 횡단 선박 운항을 경제적으로 실현 가능하게 만들었다. 그 결과 세계적으로 저렴하고 안전한 해상 여행과 무역의 시대가 시작되었다.

조선업의 주도권은 새로운 철선과 프로펠러 추진선을 더 좋은 기술

력으로 저렴하게 건조하는 영국 조선업계로 넘어갔고, 영국 상선은 해상운송의 효율성 기준을 만들었다. 이 시기에 미국의 해운과 조선업의 문제는 광범위한 논쟁을 촉발했다. 많은 아이디어가 제안되었고, 반드시 가장 좋은 것은 아니지만 일부는 법률로 제정되었다. 그러나 시도된 조치 중 어떤 것도 경쟁력을 상실한 해운조선산업을 재건하는 데 실패했다.

같은 기간 중 미국의 해운조선계는 압도적인 영향력을 가진 영국이 해운조선업에 지급하는 보조금에 대하여 불만을 제기했다. 실제로 그런 보조금이 있었던 것도 사실이지만 영국의 지배력은 보조금과는 거의 관련이 없었다. 경쟁의 중심이 목재 범선에서 철강 증기선으로 옮겨가면서 우수한 목재로 만든 범선에 의지하던 미국 조선업계는 기술 전환에 뒤처졌다. 오히려 영국해운 조선이 성공할 수 있었던 이유는 보조금보다는 효율적인 해운조선 시스템의 구성 요소가 조화를 이루었기 때문이다. 영국의 시스템은 저렴한 철강 증기선의 지속적인 건조, 상업 정보를 수집하고 배포하기 위한 전신 시스템, 효과적인 보험 산업, 잘 발달된 금융 기관 등의 요소들이 경쟁력을 강화시키는 산업구조를 구축하였다. 보조금이 아닌, 이러한 요소들의 융합이 빅토리아 시대 영국을 세계의 바다를 지배하도록 만들었다. 다시 말해, 오늘날 미국의 해사산업은 보조금을 받는 외국기업의 불공정 경쟁을 지적하고, 그러한 보조금이 지난 세기와 마찬가지로 미국의 해사산업의 근본 문제의 원인이라고 하지만, 과거의 경험은 이에 대해 근본적인 의문을 제기한다.

4.5 1914년 직전의 상황과 정책적 인식

1차 세계대전 발발 직전, 미국의 외항 상선대는 국제 무역에서 미미한 수준으로 축소되었으며, 이는 정책 실패의 명확한 증거로 인식되었다. 우드로 윌슨(Woodrow Wilson) 대통령은 의회 연설을 통해 미국이 상선대 발전을 방해하는 "중대한 실수"를 저질렀음을 인정하고, "국가

효율성과 발전을 위해 위대한 상선대를 가져야 한다"고 역설하며 상업적 독립을 회복할 때가 되었음을 선언했다. 1914년은 장기간의 쇠퇴를 정책적으로 인정하고, 곧 닥칠 세계 대전의 위협 속에서 대규모 정부 개입을 모색해야 하는 시발점이 되었다.

5. 정책사적 함의

5.1 1789 - 1914년 해운정책의 요약

미합중국 건국에서 제1차 세계대전 발발 이전까지의 해운정책은 두 시기로 나뉘어 분석된다. 초기(1789 - 1850)에는 재정적 안정 확보, 연안 무역의 성공적인 독점, 그리고 범선 건조에서의 국제적 우위에 힘입어 보호주의가 성공적인 결과를 낳았다. 그러나 후기(1850 - 1914)에는 철제 증기선으로의 기술적 전환이라는 구조적 변화에 직면했음에도 불구하고, 정책이 경직성을 벗어나지 못하고 고비용의 국내 조선 산업 보호에 집착함으로써 외항 상선 부문의 국제 경쟁력을 구조적으로 상실하게 했다.

표 2. 1790년부터 1900년까지 미국 상선선복량 변화와 주요 특징

연도	총톤수 (천 톤)	주요 특징
1790년	124	미국 헌법 제정 직후, 독립 신생국으로서 해운업 성장의 시작.
1800년대 초 (1807년)	667	프랑스-영국 전쟁 시기, 중립국 지위를 이용해 막대한 성장.
1815년	854	영국과의 전쟁으로 인한 피해 후 재건 시작.
1850년대 (1855년)	2,284	클리퍼(clipper) 범선 기술의 발전과 캘리포니아 골드러시 덕분에 해운업 황금기를 맞음.

연도	총톤수 (천 톤)	주요 특징
1860년	2,546	남북 전쟁 직전, 역사상 가장 큰 규모의 상선대를 보유.
1865년	1,222	남북 전쟁 동안 남부의 통상 파괴 작전으로 인해 선박 톤수 급감.
1870년	1,448	남북 전쟁 이후 재건을 시도했지만 회복은 더딤.
1890년	926	19세기 말, 선진 기술(강철 선체, 증기 엔진)의 도입에 실패하며 상선대 규모가 급격히 축소.
1900년	827	19세기 말 기준, 외국과의 경쟁에서 밀려 쇠퇴 절정.

5.2 장기적 해운정책 실패의 원인 분석

이 기간 동안 외항 상선 부문이 쇠퇴한 주요 원인은 정책 목표의 혼란과 기술 혁신에 역행하는 보호주의 법제의 제도화에서 찾을 수 있다.

기술 변화에 대한 정책적 둔감성과 고비용 구조의 제도화: 19세기 중반, 해운업의 패러다임이 목재 범선에서 철제 증기선으로 이동하면서 미국의 기술적 우위는 소멸했다. 그러나 정책 결정자들은 외국 선박의 구매를 제한하고 국내 건조를 의무화하는 정책 기조를 고수했다. 이는 미국 선사들이 국제 경쟁자들에 비해 비효율적이고 높은 비용의 선박을 사용하도록 강제하여, 상업적 생존력(Commercial Viability)을 근본적으로 훼손하는 제도적 틀을 고착화시켰다.

국가 안보 및 상업적 목표의 내재적 갈등: 미국의 해운정책은 상선대를 사적 이윤을 추구하는 기업으로 보면서도 동시에 국가 안보를 위한 보조 수단으로 활용하려 했다. 이 상충되는 목표는 보조금 정책을 포함한 모든 지원책이 시장 효율성 대신 정치적 논리에 의해 결정되도록 만들었다. 보조금은 막대한 비용이 투입되었음에도 불구하고, 산업의 구조적 비효율성을 해소하지 못하고 상업적 자립을 달성하는 데 실패했다.

5.3 제1차 세계대전 직전의 유산

제1차 세계대전이 시작된 1914년은 미국 해운정책이 오랜 정책적 실패를 인정하고 새로운 시대에 대비해야 했던 시점이었다. 이 시기까지 누적된 정책 유산은, 연안 무역은 강력한 독점 보호(카보타지)를 받았지만, 외항 무역은 비효율적인 보호주의와 실패한 보조금으로 인해 국제 시장에서 거의 영향력을 상실한 상태였다. 제1차 세계대전은 미국의 해운정책에 대규모 정부 개입과 전략적 전환을 강제하는 계기가 되었으며, 이는 1920년 존스법(Jones Act)과 그 후속 법안들의 기초를 형성하게 되었다.

표 3. 초기 미국 해운 법규 및 연안 무역 보호의 진화 (1789 – 1914년 주요 법제)

법률/조치	연도	핵심 내용	정책적 의미
톤세법 및 관세법	1789	외국 선박에 대한 차별적 톤세 및 수입 관세 부과	연방 정부의 권한 행사를 통한 최초의 보호주의 시도. 재정 수입이 우선적 목표.
연안 무역 독점 법률	1817	외국 선박의 미국 항구 간 운송(Cabotage) 완전 금지	국내 해운 시장에 대한 완전한 외국 선박 배제 정책 확립.
우편 운송 보조금법	1840s	일부 대형 증기선 노선에 정부 재정 지원 시작	상선대를 군사 보조 수단으로 활용하려는 최초의 명시적 시도.
선박 건조 의무 강화	1912	연안 무역 참여 선박의 미국 내 건조 의무 명시	국내 조선 산업 보호를 위한 규제 강화; 고비용 구조를 국제 시장에 전가하는 선례.

제 2 장

1914년~1945년:

전쟁이 빚어낸 해상 패권 –
세계대전과 해운정책

1. 정책적 당위성: 전략적 취약성과 제1차 세계대전 (1914년~1920년)

1.1 전전(戰前) 상황: 쇠퇴, 보호무역주의, 그리고 개입의 필요성

제1차 세계대전 발발 직전, 미국의 해운 산업은 심각한 쇠퇴기에 접어들어 있었다. 1830년부터 1860년까지 '황금기'로 불리며 패킷선(Packet)과 클리퍼(Clipper)선의 활약으로 대서양을 정기적으로 운항했던 시기가 있었으나, 이후 반세기 동안 미국의 해운 산업은 정책 실패와 여러 경제적 요인으로 인해 꾸준히 쇠퇴했다. 그 결과 1914년경에는 미국 국적 상선이 전 세계 해양 무역량의 불과 10%만을 운송하는 수준에 머물렀다.

이러한 해운력의 취약성은 제1차 세계대전의 발발과 함께 즉각적인 국가 안보 문제로 부각되었다. 전쟁이 시작되자 유럽 국가들은 국제 노선에서 자국 선박을 소환했고, 독일 해군의 무제한 잠수함 공격은 국제 무역을 더욱 심각하게 교란하며 미국 내에 극심한 선박 부족 사태를 야기했다. 미국의 거대한 경제력이 사실상 외국 선박에 의존하고 있었음이 명확해진 것이다. 이러한 위기는 해운 정책의 성격이 순수한 경제적 논쟁을 넘어 국가 안보의 필수 요소로 전환되는 결정적인 외인성 충격으로 작용했다.

제1차 세계대전에서 섬나라인 영국은 해외 무역과 수입 자원에 크게 의존했다. 독일은 잠수함, 즉 U-보트가 수상 전투함에 대해 제한된 효과만 보이는 반면 상선에 대해서는 매우 효과적임을 발견했고, 심지어 연합국 해군이 수면을 장악하더라도 잠수함은 대서양을 쉽게 순항할 수 있었다.

독일의 적대 행위가 시작되자, 대부분의 외국 선박이 미국 항로에서 철수하였고, 이는 미국의 대외 무역을 위한 해상 운송을 마비시켰다. 남아 있는 미미한 운송조차도 천문학적인 운임이 청구되었고, 보험료는 감당할 수 없을 정도로 상승했다. 이는 유럽 시장을 잃고 국내 시장밖에 남지 않게 된 미국 농업에 특히 큰 위기를 불러왔는데 제1차 세계대전이 발발한 1914년은 기록적인 농업 수확량과 동시에 세계대전 발발로 농산물 가격이 폭락하였다. 농업뿐 아니라, 무역에 관련된 모든 이해관계자들이 재앙적인 상황에 직면했다. 이러한 어려움 속에서, 미국해운업은 유럽의 교전국들이 철수해 버린 시장에서 역사적인 기회를 잡을 가능성도 있었지만, 이용가능한 선박이 없어서 이 기회를 활용할 수 없었다. 또, 해운 조선업을 지원하는 포괄적 실행 법안이 제정된 것은 전쟁이 발발한 지 2년이 지난 1916년이었기에 정책 실행의 시기를 놓쳤다고 할 수 있다.

1.2 미국 해운위원회(USSB)와 1916년 해운법: 근간 확립

전쟁으로 인한 심각한 상선 부족 사태에 대응하고 국내 해운 산업을 개혁하기 위해, 미 의회는 1916년 해운법을 제정하고 미국 해운위원회(United States Shipping Board, USSB)를 설립했다. USSB는 미국 상선을 육성하고 상업 해운을 규제하는 최초의 연방 기관이었다. USSB는 미국 및 영토의 항구에서 세계 및 국내 시장으로 이어지는 증기선 노선을 조사하고 확립하도록 지시받았다. 이는 미국 대외 및 연안 무역의 촉진, 개발, 확장, 유지, 그리고 적절한 우편 서비스를 제공하기 위함이었으며, 선박의 유형, 크기, 속도, 항해 빈도와 규칙성까지 결정하여 "적절하고, 정기적이며, 확실하고, 영구적인 서비스"를 제공하는 것을 목표로 했다. 해운위원회는 광범위한 권한을 가진 독립 기관으로서 5명의 위원으로 구성, 정부 소유의 선박을 구매, 건조 및 운영하는 프로그램을 실행하기 위해 기업을 조직하고 그 기업의 다수 지분을 보유하도록 승인받았다.

의회가 이 법을 제정한 이유 중 하나는 미국의 해운산업을 개혁하고 제1차 세계대전으로 인한 심각한 선박 부족에 대응하기 위함이었다. 구체적으로는 의회는 해운위원회를 설립하여 해군 보조 및 예비함대와 민간 해운을 장려하고 상선을 건조하며, 해운기업을 설립하여 미국의 영토 및 외국과의 상업 요구 사항을 충족하기 위해 미국과 외국 및 미국의 주(州) 간 상업 해운을 규제하도록 하였다.

그러나 USSB는 "평화의 수단"으로 구상되었으나 곧바로 전쟁의 수단으로 변모했다. 평시의 규제 및 진흥 기능은 미국의 참전과 동시에 선박 획득과 운영이라는 군수 물류의 최우선 목표에 밀려났다. 이는 해운력이 국가적 비상사태 앞에서 얼마나 취약하며, 상업적 목표가 전략적 목표에 얼마나 쉽게 종속될 수 있는지를 보여주었다.

1.3 전시 긴급 건조와 긴급 선단 공사 (EFC): 신속한 동원

미국은 1914년 오스트리아-헝가리 제국이 세르비아에 선전포고한 후 거의 3년 동안 중립을 지켰고, 이에 따라 유럽은 이른바 '대전쟁'의 소용돌이에 빠졌다. 1915년까지 독일은 화물선들을 포함한 많은 여객선을 침몰시켜 영국에 대한 해상 봉쇄를 유지하려 했다. 그러나 은밀성을 기본으로 하는 잠수함은 공격 전에 경고를 주거나 침몰된 선박에서 생존자를 구조하기 어려웠고, 그로 인해 민간인 사상자가 많이 발생했다. 이는 미국과 같은 국가들이 인명과 무역 손실을 겪으면서 중립 여론을 주축국에 반대하도록 결집시키는 주요 요인이었고, 미국의 전쟁 참전 원인 중 하나였다.

1915년 1월 28일, 제1차 세계대전 중 미국 상선의 첫 번째 손실은 독일 순양함의 공격으로 영국으로 밀을 수송하던 윌리엄 P. 프라이호(William P. Frye)의 침몰이었다. 독일은 이 사건에 대해 재빨리 사과했지만 미국인들은 분노했다. 결정적으로 1915년 5월, 독일 잠수함이 영국의 원양 여객선 루시타니아호(Lusitania)를 침몰시켜 128명의 미국인을 포함하여 1,959명의 승객과 승무원 중 1,195명을 태우고 침몰하자 긴장이 고조되었다.

제1차 세계대전 발발 이전 100여년간 미국이 지켜왔던 고립주의적 해양정책은 더 이상 유지할 수 없게 되었다. 상선의 손실이 늘어나자, 1917년 4월 6일 미국이 독일에 선전포고를 하면서 미국의 고립주의적 해양정책을 포기하였다. 1916년 해운법은 미국이 중립국의 입장에서 세계적인 혼란에 대응하도록 설계되었지만, 이미 미국은 참전하고 있었다.

미국이 1917년 4월 6일 독일에게 선전포고를 한 지 불과 열흘 만에, USSB는 긴급 선단 공사(Emergency Fleet Corporation, EFC)를 설립했다. EFC의 임무는 미군 병력과 보급품을 프랑스로 수송하는 데 필요한 상선을 획득, 유지, 운영하는 것이었다.

1916년 해운법에 따라 참전 초기에는 지연과 혼란이 있었지만, 해운 조선 분야의 자원을 증강하기 위한 강력한 노력이 시작되었다. 이러한 조치에는 미국에서 건조 중이거나 운항 중인 70만 총톤의 독일 선박을 몰수하고, 중립국 선박을 미국 등록으로 유도하는 것이 포함되었다. 또한 새로운 조선소 건설을 포함한 대규모 선박 건조 프로그램이 시작되었다. 새로 건조된 선박들이 전쟁에 투입되기 전인 1918년 11월에 제1차 세계대전은 끝났지만, 산업 동원의 결과라고 할 수 있는 건조 프로그램은 상당히 성공적이었다. 1918년 가을까지 미국 조선소는 30만 명

이상의 노동력을 가지고 월 약 40만 총톤의 선박을 생산하고 있었으며, 1,740만 총톤의 신조 계약을 갖고 있었다.

EFC는 초기에는 "선박도, 해기사도, 선원도, 조직도 없는" 상태에서 시작했으나, 방대한 선박 건조 프로그램을 관리했다. 전쟁이 끝난 1918년 말까지 EFC는 470척의 선박을 인도했으며, 이 건설 프로그램은 1921년까지 지속되어 최종적으로 거의 2,300척에 달하는 선박을 완성했다.

1.4 전시 권한과 정책적 효용성

USSB는 제1차 세계대전 기간 동안 "미국 선박과 해운에 대한 완전한 통제권"을 행사했다. 선박을 징발하고(requisition) 이를 운영하는 권한을 EFC 운영국에 위임했다. 운임 정책에 있어서도, USSB는 이 낮은 운임의 혜택이 미국 정부, 연합국 정부 또는 소비 대중에게 돌아갈 경우에만 징발된 선박의 운임을 기준으로 요금을 책정하고, 그렇지 않을 경우 더 높은 요금을 부과하는 정책을 시행했다.

전시 동원 정책의 성공은 전적으로 국가의 전면적인 통제와 즉각적인 산업화에 있었다. 법적으로 EFC는 정부가 대주주인 기업으로 구상되었으나, 전시의 현실은 정부가 유일한 주주였으며, 사실상 국가가 모든 선박을 획득하고 운영하는 명령 경제 체제였다.

제1차 세계대전에 동원된 선박 건조 프로그램은 전략적 목표 달성에는 성공적이었으나, 전후에는 엄청난 선박 과잉 공급을 초래했다. 궁극적으로 전시 동원 노력의 결과, 1,360만 중량톤, 2,312척의 상선을 건조하여 1914년 세계 선복량의 7%를 차지하던 미국은 1920년 22%를 차지할 정도로 급성장하였다. 이 대규모 노력의 결과로 미국은 제1차 세계대전 이후 세계에서 가장 큰 상선대를 보유하게 되었다. 그러나 이 상선대의 대부분은 정부 소유였으며, 정부는 전쟁 종료 후 법안에 규정된 5년 이내에 평화시 무역에 활용할 의지도 계획도 없었다.

이 과잉 선박들은 장기적인 상업적 실현 가능성보다는 즉각적인 군사적 필요에 의해 건조된 것으로, 곧바로 해운 산업의 장기적인 불황을 야기했으며, 정책 입안자들이 이 노후화되는 자산을 어떻게 처리해야 할지 어렵게 만들었다.

2. 전간기 해운정책과 상업적 경쟁력의 위기 (1920년~1936년)

2.1 1920년 상선법: 존스법의 탄생과 경제적 보호주의

1916년 해운법(Shipping Act)의 조항에 따라 해운위원회가 설립한 EFC는 대규모 선박 건조 및 조선소 건설 프로그램을 만들고 해운위원회를 대신하여 선박을 인수, 관리 및 운영했다. 1918년 11월 11일 휴전으로 EFC의 건조 프로그램은 존폐의 기로에 섰다. EFC가 이 프로그램을 시작했을 때는 전쟁이 몇 년 동안 지속될 것이라고 가정했지만 더 이상 지원해야 할 대대적인 군사적 작전도 없어졌고, 건조 프로그램은 아직 최고 생산량에 도달하지도 않았다. 그러나 해운위원회는 전후 세계에서 미국 해운업을 강화하기 위해 선박 건조를 계속하기로 결정했다. 1922년 건조 프로그램 종료 시점까지 EFC는 2,312척의 선박을 건조하여 미국 상선대를 세계에서 가장 크고 현대적인 상선대 중 하나로 만들었다.

제1차 세계대전이 남긴 막대한 선단을 관리하고 해운력을 유지하기 위해, 미 의회는 1920년 상선법(Merchant Marine Act of 1920)을 통과시켰다. 이 법은 1916년 법을 개정하고 USSB를 7명의 위원으로 확대 개편했다.

이 법의 핵심 조항은 섹션 27, 즉 흔히 존스법(Jones Act)으로 알려진 조항이었다. 이 법은 미국 항구 간을 운송하는 모든 상품이 미국에서 건조되고, 미국 시민이 소유 및 운영하며, 미국 시민 또는 영주권자 선원으로 구성된 선박에 의해 운송되도록 의무화했다. 또한 USSB가 잉여선박을 미국 기업에 판매하여 해운산업을 민영화하고 미국에서 건조된 선박이 미국 무역을 담당할 수 있도록 장려했다.

존스법 제안자인 상원의원 웨슬리 존스(Wesley Jones)는 입법 제안에서 다음과 같이 말하였다. "1920년 상선법은 세계의 해운과 경쟁할 수 있는 적절한 미국 상선대를 구축하고 유지할 정책의 기초를 놓기 위한 진지한 노력이다. 첫 번째 조항은 미국이 국가 안보와 상업의 적절한 성장을 위해 자국 상업의 대부분을 운송하기에 충분한 최선 형태의 선박을 갖춘 상선대를 필요로 하며, 그러한 선박들은 궁극적으로 미국시민들에 의해 소유되고 미국 민간기업에 의해 운영되어야 한다고 선언한다. 이는 그러한 상선대를 확보하기 위해 필요한 모든 조치를 취하는 것이 미국의 정책임을 주장하며, 해운위원회는 우리 선박의 처분, 규칙과 규정의 제정 및 해운법의 집행에서 이 목적과 목표를 항상 주요한 달성 목표로 유지하도록 지시된다. 이것은 미국 국민의 생각, 열망, 목적과 목표를 표현한다. 이 조항은 해운위원회의 모든 행위를 안내할 도표이자 측정 척도가 되며 법의 모든 조항을 구성하고 위원회가 내릴 모든 결정을 할 때 염두에 두어야 한다."

그러나 존스법은 그가 자신의 지역구인 워싱턴주에 알래스카로의 해운 독점권을 부여하려는 지역 경제 보호주의적 동기에서 도입되었다는 주장도 있다. 이에 대하여는 제6장에서 추가적으로 다룬다.

2.2 선박 처리와 노후화: 전후 잉여 관리의 실패

제1차세계대전은 끝났지만 1921년까지 선박은 계속 건조되었으며 전시 긴급 프로그램으로 건조된 약 2,300척의 선박은 전후 해운 시장에 과잉 공급을 초래하여 장기간의 불황을 부추겼다. 정부는 상선 매각법(Merchant Ship Sales Act)을 통해 수천 척의 선박을 매각하거나 처분했으며, 이 과정에서 국가 방위 예비 선단(National Defense Reserve Fleet, NDRF)의 초기 기반이 형성되었다.

그러나 이 잉여 재고의 처리는 혁신적인 기술에 대한 인센티브 없이 저가에 이루어졌으며, 상업적 가치가 없는 목선과 복합 선박 수백 척은 매릴랜드주에 있는 말로우즈 베이(Mallow's Bay)에서 고철 재활용을 위해 소각되는 등 비효율적인 방식으로 관리되었다. 1920년대 말과 1930년대 초에 이르자, 미국 상선대는 전면적인 노후화 위기에 직면했다.

2.3 간접 지원 모델의 실패: 1928년 우편 계약 보조금 스캔들

선박 노후화와 상업적 쇠퇴에 대응하기 위해, 의회는 1928년 상선법을 통과시켰다. 이 법의 주요 조항은 USSB가 주요 원양 노선에서 새롭고 빠른 선박을 건조하는 회사에 우편 계약 형태로 관대한 보조금을 제공하도록 승인하는 것이었다.

이 정책 덕분에 몇 척의 "훌륭한 여객선"이 건조되기는 했으나, 국제 무역의 중추였던 중간 크기의, 적절한 속도를 가진, 경제적인 화물선을 확보하는 데는 실패했다. 더욱이, 이 간접 보조금 제도는 곧 정치적 스캔들의 중심이 되었다. 1933년 상원 조사 위원회는 공공 기관의 계약 수여 방식에 대해 조사에 착수했는데, 이는 항공 및 해양 우편 계약 모두를 포함했다. 위원회는 공무원들이 "직무상 신뢰를 명백히 배반했으며, 개인적 이익을 위해 법을 악용했다"고 비난했다. 위원회는 경쟁 입찰 도입과 납세자 보조금 삭감을 권고했다.

결론적으로, 1920년부터 1936년까지의 전간기는 기능 부전 상태인 정책 균형으로 특징지어진다. 존스법은 높은 국내 비용 구조를 유지했지만, 1928년의 간접 보조금은 노후화 문제를 해결하지 못하고 부패에 취약했다. 이는 견고한 해운력을 유지하기 위해서는 투명하고 직접적인 재정 지원이 필수적임을 입증했다. 다음은 전간기 정책 메커니즘과 그 결과를 요약한 표이다.

표 1. 전간기 실패: 정책 메커니즘 및 경제적 결과 (1920~1936)

법률/메커니즘	목표	주요 결과	경제적/전략적 영향
1920년 상선법 (존스법)	국내 해운/조선업 보호	국내 항로에 대한 엄격한 카보타지 적용	무역 비용 상승; 경쟁 침체
제1차 세계대전 선박 처리	잉여 선박 (2,300척) 관리	잉여 재고의 저가 매각	시장 불황; 선단 노후화 가속
1928년 상선법 (우편 계약)	선단 현대화를 위한 간접 보조금 (고속선)	일부 고속 여객선 건조	정책 모델 실패; 부패 스캔들로 폐지

2.4 행정 조직의 변동 (1933년~1936년)

법안의 모호한 조건, 정부 자금의 자유로운 분배, 그에 따른 보조금 남용, 대공황의 시작으로 인해 지원 프로그램과 USSB에 대한 비판이 이어졌다. 1928년에 EFC는 MFC(Merchant Fleet Corporation)로 명칭이 바뀌었고 1930년에는 EFC와 해운위원회가 연방해사국 USSB(United States Shipping Board Bureau)로 통합된 후, 상무부로 흡수되어 산하조직이 되었다. 허버트 후버 대통령은 USSB를 완전히 해체하기를 원했지만 의회의 반대로 성공하지는 못했고 위원회의 공석을 채우는 것을 거부하여 위원 수를 줄이는 정도의 성공을 거두었을 뿐이었다.

1930년대 중반 미국의 상선대는 쇠퇴 상태에 있었다. 당시 새롭게 건조되는 선박은 거의 없었고 기존의 선박들은 오래되고 비효율적이었으며 선원 노조는 ISU(International Seaman's Union)와 NMU(National Maritime Union)로 나뉘어 서로 싸우고 있었고 선주와 노조들이 근로조건 등의 처우 문제로 서로 대립하는 노사 대립, 노노 대립이 극한의 상태였고, 선원들의 효율성과 사기는 저조했다.

간접 보조금 제도의 실패와 대공황의 여파 속에서, 프랭클린 D. 루즈벨트 대통령은 1933년 8월 10일, USSB를 폐지하고 상무부 산하에 임시 조직인 미국 해운위원회국(USSBB, United States Shipping Board Bureau)을 설치했다. 루즈벨트는 해운 규제를 내각 부서의 부분적인 통제 하에 두는 것을 선호했지만, 의회는 독립적인 규제 기관을 선호했고, 결국 1936년에 USSBB를 대체하여 미국 해사위원회(U.S. Maritime Commission, USMC)를 설립했다.

3. 전략적 재편: 1936년 상선법

3.1 의회의 의도와 국방: 현대 정책 프레임워크 구축

1936년 상선법(Merchant Marine Act)은 노후화된 미국 상선대 문제와 1928년 우편 계약 시스템의 실패에 대한 직접적인 정책적 대응이었다. 이 법은 종종 "미국 해운의 마그나 카르타"라고 불리며, 미국 상선을 활성화하고 국방력을 강화하는 것을 핵심 목표로 삼았다. 이 법은 궁극적으로 "상업의 대부분을 수송하고 전시 또는 국가 비상사태 시 해군 보조 역할을 할 수 있는 가장 잘 갖춰지고 적절한 유형의 선박"을 확보하는 것을 목표로 했다. 즉, 이 법안은 뉴딜 정책의 일환으로 미국 상선을 활성화하고 국방을 강화하기 위한 것이었다.

이 법은 국방과도 밀접한 관련을 갖고 제정되었다. 이 법이 제정된 시기는 유럽과 아시아의 긴장이 고조되면서 또 다른 세계대전에 대한 우려가 커지던 시점이었으므로, 제1차 세계대전과 같은 외국 선박에 대한 지나친 의존으로 발생한 해운 위기를 피하기 위한 선제적 국방 조치 성격이 강했다.

3.2 미국 해사위원회 (USMC): 새로운 권한과 임무

1936년 상선법에 의해 독립 규제 기관으로 창설된 USMC는 기존의 USSB/USSBB 구조를 대체했다. 초대 위원장으로는 조셉 P. 케네디(Joseph P. Kennedy)가 임명되었다. 전임 조직과 마찬가지로 USMC는 미국의 상업 및 방위를 지원하기 위해 강력한 미국 상선대를 발전시키고 유지하는 임무를 맡게 되었다. 위원회는 해상 무역을 규제하고, 화물 및 터미널 시설을 감독하고, 민간 상선에 대한 건조 및 운영 보조금 기금을 관리했다. 선박 건조 및 운영을 촉진하고 미국 해운기업이 외국 선사와 경쟁할 수 있도록 돕기 위해 이 법은 건조 차액 보조금 및 운영비 차액 보조금의 두 가지 보조금을 승인했다. USMC는 동시에 새로운 선단을 운용할 상선 사관을 양성하기 위한 미국 해사 근무단(U.S. Maritime Service)을 창설하는 임무도 맡았다.

3.3 직접 보조금 메커니즘: CDS와 ODS

1936년 상선법의 가장 중요한 변화는 비효율적이고 부패하기 쉬웠던 간접 지원을 포기하고 직접적이고 투명한 보조금 제도를 도입한 것이다. 이는 미국 해운 산업의 고질적인 문제, 즉 높은 인건비와 조선 비용을 정부가 직접 부담해야만 국방 목적에 부합하는 선단을 확보할 수 있다는 정책적 인식을 제도화한 것이다.

• 건조 차액 보조금 (Construction Differential Subsidy, CDS): 이 보조금은 미국 내 선박 건조 비용이 외국 대비 높은 차액을 상쇄하기 위해 고안되었으며, 미국 조선소에 외국 건조 비용과의 차액 중 최대 50%까지 지급되었다. 이 보조금은 선주가 아닌 조선소에 직접 지급됨으로써, 투명성을 높이고 국내 조선 산업의 유지를 보장했다.

• 운항 차액 보조금 (Operating Differential Subsidy, ODS): 미국 국적 선박의 높은 운영 비용(주로 높은 임금 및 인력 기준)을 외국 국적 선박과 비교하여 상

쇄하기 위해 운영자에게 직접 지급되는 보조금이었다.

이러한 직접 보조금 모델의 채택은 해운 산업의 비용 구조 문제를 명시적으로 인정하고, 국방 준비 태세를 평시 예산에 포함하는 조치였다. 보조금은 단순히 상업적 경쟁력을 위한 것이 아니라, 유사시 해군 보조 역할을 할 수 있는 선박을 보장하기 위해 설계된 것이다.

3.4 장기 선박 건조 프로그램 (1938년): "민주주의의 병기창" 준비

USMC는 1936년 법에 따라 미국의 노후화된 상선단을 대체하기 위해 1938년에 장기 선박 건조 프로그램(Long-Range Shipbuilding Program)을 출범시켰다. 이 프로그램은 10년간 매년 50척씩 총 500척의 선박을 건조하는 것을 목표로 했다.

이 프로그램은 화물선을 중심으로 했으나, 최초로 계약된 선박은 초대형 여객선인 SS 아메리카였다. 이 선박은 미국 해운 산업의 위상을 보여주는 상징인 동시에, 유사시 세계에서 가장 빠른 해군 병력 수송선으로 신속하게 개조될 수 있도록 설계되었다.

장기 프로그램은 미국이 전쟁에 참전하기 전부터 미국 조선소들이 상업적으로 실행 가능한 현대 선박을 대규모로 건조하기 시작하는 토대를 마련했다. 이 노력은 단순히 새로운 선박을 확보하는 것을 넘어, 나중에 시작될 전시 긴급 건조 프로그램에 필요한 초기 생산 라인을 구축하고, 노동력을 훈련하며, 표준화된 설계(naval auxiliary에 적합한 유형)를 확립하는 중요한 산업 지원 및 설계 준비 작업이었다. 실제로 이 프로그램에 따라 건조된 62척의 선박 중 50척이 동원과 동시에 상업 운항에서 군사 서비스(육군/해군)로 직접 징발되었다는 사실은, 1936년 상선법의 전략적 성공을 입증한다.

1939년 독일이 폴란드를 침공하여 제2차 세계대전이 발발하자 위 USMC는 계획 건조를 가속화했다. 1941년까지 400척의 선박이 필요했는데 1941년 1월, 루즈벨트 대통령은 원양선박 건조계획에 따라 건조 중인 선박 외에 200척의 선박을 추가로 건조하는 계획을 발표했다. 전시에 선박 건조량 증가를 위한 첫 번째 시도로 비상건조계획(Emergency Shipbuilding Program)으로 불리는 이 계획에 따라 건조된 선박의 주종이 리버티선이다. 리버티선은 해사위원회의 설계보다 수준이 낮긴 했지만, 영국의 개념을 기반으로 한 단순성 덕분에 저렴하고 빠른 생산이 가능했다. 해사위원회는 이렇게 건조된 선박이 전후 필요성이 떨어질지도 모른다는 점을 우려했지만 궁극적으로 즉시 투입 가능한 선박의 필요성이 더 컸다.

4. 중립 항해와 총력전으로의 길
(1939년~1941년)

4.1 고립주의와 중립법

1930년대 내내 미국은 제1차 세계대전의 비극적인 경험 때문에 유럽과 아시아의 분쟁에 개입하지 않으려는 고립주의적 정책 기조를 유지했다. 유럽과 아시아가 전쟁에 휘말리는 동안, 의회는 중립을 지키기 위해 교전국에 대한 무역을 제한하고 미국 선박이 특정 전투 지역으로 항해하는 것을 금지하는 중립법으로 알려진 일련의 법률을 통과시켰다. 초기 중립법(Neutrality Acts)은 미국 시민이 교전국 선박에 탑승하는 것을 금지했고, 미국 상선이 비록 미국 밖에서 생산된 무기라도 교전국에 무기를 수송하는 것을 막았다. 그러나 1940년 11월 8일 미국 국적의 선박 시티 오브 레이빌(MS City of Rayville)이 독일의 기뢰에 부딪혀 호주 해안에서 침몰하면서 미국 선원 한 명이 사망한 사건에서 알 수 있듯이 미국 상선은 이러한 위험에서 자유롭지 못했고 중립법도 보호를 제공할 수 없었다.

1936년 상선법은 수년 후 미국이 추축국에 맞서 싸울 수 있는 기반을 만들어 주었지만, 미국이 참전을 결정한 1941년 말까지 독일 잠수함으로 들끓던 미국 동해안에서 광범위한 상선의 손실이 있었다. 그 해 독일은 미국 상선대를 포함한 전 세계의 연합국 및 중립국 선박

1,232척을 격침시켰고, 다음 해는 더욱 심했다. 연합국은 1,323척을 잃은 반면 독일의 잠수함 손실은 단지 87척에 불과했다. 1,000명 이상의 상선 선원들이 미국 동해안이 보이는 시야 안에서 사망했고 해안가 주민들은 선원들의 시신이 모래사장에 밀려온 것을 발견하는 것도 드문 일이 아니었다.

4.2 1939년 "현금 결제 및 운반(Cash-and-Carry)" 정책

1939년 9월 독일이 폴란드를 침공하여 전쟁이 시작되자, 중립법은 개정되었다. 중립법 논쟁의 가장 중요한 결과는 "현금 결제 및 운반(Cash-and-Carry)" 조항의 도입이었다. 이 정책은 미국이 교전국에게 군수품을 제외한 대부분의 물품을 판매할 수 있도록 허용하되, 구매국이 즉시 현금으로 결제하고 자국 선박을 이용하여 미국 밖으로 운반해야 한다는 조건을 달았다. 이 조항은 루즈벨트 행정부에 의해 전략적으로 고안되었는데, 당시 영국과 프랑스만이 현금과 대규모 상선대를 모두 갖추고 있어 이 조항을 활용할 수 있는 유일한 국가였기 때문이다.

이 정책은 미국의 고립주의 정서를 수용하면서도 연합국에 필수적인 전략적 지원을 제공하는 미묘한 외교 정책 도구였다. 이는 미국 국적 선박이 지정된 "전투 지역(combat zones)"에서 운항하는 것을 금지하여, U-보트 공격 위험과 그로 인해 발생할 수 있는 교전 사태의 위험을 연합국에게 전가하는 역할을 했다. 이는 진주만 공격으로 미국이 참전할 때까지 정치적 중립을 유지하면서도 지원을 점진적으로 확대할 수 있게 했다.

4.3 1941년 무기대여법(Lend-Lease Act)과 해양 전략

1941년 3월에 통과된 무기대여법은 미국이 동맹국들에게 즉각적인 대가 지불 없이 항공기, 탱크, 선박을 포함한 전쟁 물자를 공급할 수 있도록 허용함으로써, 미국을 '민주주의의 병기창'으로 만들었다. 무기대여법은 미국 해사위원회의 긴급 선박 건조 프로그램을 더욱 가속화할 필요성을 증대시켰다. 총 501억 달러 상당의 물자가 동맹국들에게 수송되었으며, 이 중 314억 달러가 영국에, 113억 달러가 소련에 배정되는 등, 이에 따른 막대한 해상운송 수요는 해운력의 확충 없이는 불가능했다.

5. 국가 통제의 정점: 제2차 세계대전 시기 미국 해운 (1941년~1945년)

5.1 제도적 역할 분담: USMC (건조) 대 WSA (운영)

1941년 12월 7일 일본군의 진주만 공습으로 미국이 전쟁에 참전한 직후인 1942년 2월 7일, 루즈벨트 대통령의 행정 명령 9054호에 의해 전시 해운 관리국(War Shipping Administration, WSA)이 설립되었다. 이는 제1차 세계대전 시기 USSB/EFC가 건조와 운영을 모두 맡아 겪었던 행정적 어려움을 해소하기 위한 핵심적인 제도적 개선이었다. 행정 명령 9054(Executive Order 9054)에 따라 해사위원회는 선박을 설계 및 건조하는 USMC와 선박을 취득하고 운영하는 WSA의 두 부분으로 분리되었다. 이는 두 기관이 역할을 분담함으로써 효율성 극대화를 가능케 하였다.

USMC는 선박의 설계 및 건조를 계속 감독하는 임무를 유지한 반면, WSA는 전쟁 수행에 필요한 모든 민간 선박 톤수의 조달, 운영 통제 및 군/민간 수요에 따른 할당을 담당했다. 하지만, USMC의 수장이었던 에모리 S. 랜드(Emory S. Land) 제독이 WSA의 수장을 겸임하여 건조와 운영 간의 조정이 원활하게 이루어지도록 했다. WSA는 1942년 4월 18일 일반 명령을 통해 모든 원양 선박을 징발했으며, 약 130개의 민간 증기선 회사를 정부 대행사로 활용하여 선단을 운영했다. 이러한 역할 분담은 전시 상황에서 표준화된 대량 생산(USMC)과 최적화된 군사적 활용(WSA)

에 집중할 수 있게 하여 효율성을 극대화했다.

1941년에서 1946년 사이에 해사위원회와 WSA는 미국 역사상 가장 큰 조선업 및 상선대를 관리했다. 전쟁 중 약 6,000척의 상선과 해군 보조 함정이 건조되었고, WSA는 수천 척의 선박에 대한 운영, 수리 및 유지 보수를 정기적으로 관리했다. WSA는 국방부 운송국장의 통제하에 있는 전투함, 보조 선박 및 군 수송선과 연안수송 및 내륙 수로 운송에 종사하는 선박을 제외하고 미국 선적 또는 미국의 통제하에 있는 모든 원양 선박의 운영, 구매, 용선, 징발 및 사용을 통제할 수 있는 권한을 가졌으며, 선원 교육 프로그램을 감독했다. WSA는 미국 상선을 직접 운영했지만 이미 구축된 인프라를 적극 활용하기 위하여 정부 비용으로 민간 해운 회사에 선박 운영, 유지 관리 및 선원을 위탁했다.

5.2 전시 상선 해기사와 선원 양성

상선 선원과 해기사의 양성은 건조 및 운영만큼 중요했다. 전시 선원 양성의 기초는 1936년 상선법에 기반을 두고, 이 법에 따라 선 양성을 담당하는 조직인 USMS(United States Maritime Service)가 설립되었다. 원양선박 건조계획과 마찬가지로 USMS는 1938년에 운영을 시작했으며 전쟁 가능성이 높아짐에 따라 확장되었다. 진주만 공습 이후 미국은 선원 양성 계획을 확대하여 뉴욕 쉽스헤드 베이의 주요 훈련 시설, 뉴욕 킹스 포인트의 미국 상선 사관학교 및 미국 전역의 다른 양성기관을 관할하에 두었다. 전쟁이 진행됨에 따라 양성 선원의 수를 더욱 늘리기 위해 USMS는 양성 프로그램 기간을 단축하고 1944년 5월에는 선원의 최소 등록 연령도 16세로 낮췄다.

제2차 세계 대전에서 미국 상선의 성공은 조선, 선박 관리 및 선원 양성에 대한 역사적인 노력이 없었다면 불가능했을 것이다. 미국 상선은 제2차 세계 대전에서 연합군의 승리에 결정적인 역할을 했다. 독일과 이탈리아와의 전쟁에서 미국 상선은 북아프리카, 이탈리아, 프랑스의 상륙 작전을 지원했으며, 일본과의 태평양전쟁에서는 주 전장인 군소제도까지의 장거리 수송을 주로 담당하였다.

비상 건조 계획에 따라 대량으로 건조된 선박을 운영하기 위해 필요한 많은 선원과 해기사가 다양한 교육 프로그램을 통해 1938년에서 1945년 12월 사이에 262,474명의 선원이 배출되었다. 정부 주도 상선 운영과 건조 및 선원양성 교육 성공의 대가는 혹독했는데, 제2차 세계대전 중에 700척 이상의 상선이 침몰하고 8,000명 이상의 미국 상선 선원이 사망했다. 정부에 의해 미국 상선대가 군사 요원으로 간주되지 않았고 민간인으로 분류된 자원자들로 구성되었다는 점을 감안할 때 이로 인한 손실은 더욱 두드러진다. 전시 기록에 의하면 선원 사망률은 24명 중 1명의 비율로 선원의 사망률이 육·해·공군 및 해병대 전투원을 비롯한 전방의 어느 집단보다도 높았음을 말한다. 제2차세계대전 기간 중,총 733척의 미국 화물선이 손실되었고 215,000명 중 8,651명이 위험한 해역과 적국 해안에서 사망했다.

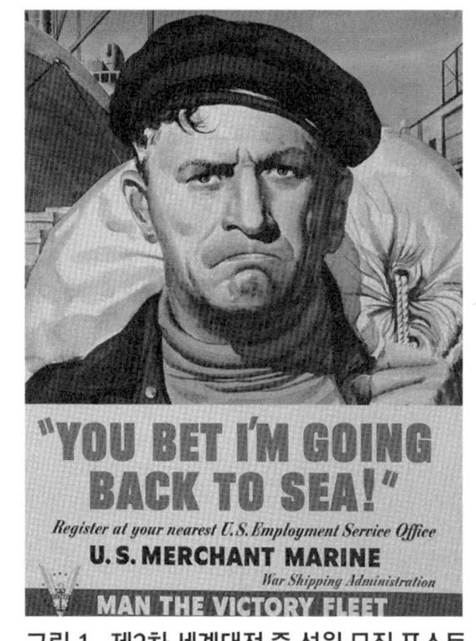

그림 1. 제2차 세계대전 중 선원 모집 포스트

5.3 산업적 우위: 리버티선 및 빅토리선 프로그램

1936년 상선법과 장기 프로그램에 의해 마련된 산업 기반을 바탕으로, 미국은 전시 기간 동안 5,500척 이상의 상선을 건조하는 전례 없는 산업적 성과를 달성했다. 1939년부터 1945년 사이에 해사위원회는 총 등록 톤수 2,000톤이상의 5,171척을 건조했다. 리버티 타입 이외에도 현대적인 "빅토리"타입 화물선과 유조선, 여객선/화물선 겸용선, 예인선, 바지선 및 군용 보조 선박이 해사위원회의 감독하에 건조되었다.

• 리버티선(Liberty Ships): 이 선박은 제2차 세계대전 중 긴급 건조 프로

그램에 따라 건조된 화물선으로, 선박 부족 문제를 해결하기 위해 영국으로부터의 운송 요청을 충족시키기 위해 개발되었다. 리버티선은 용접을 주요 기법으로 사용하여 건조되었는데, 이는 기존의 리벳 방식보다 훨씬 빠르게 건조할 수 있게 했다.

• 빅토리선(Victory Ships): 전쟁이 진행됨에 따라 더 빠르고 진보된 화물선의 필요성이 대두되면서, 리버티선을 대체하고 보완하기 위해 빅토리선이 개발되었다. 빅토리선은 리버티선보다 더 크고, 더 빠르며, 현대적인 동력을 갖춘 선박이었다. 전쟁 말기에 주로 건조된 빅토리 타입 선박은 전후 미국 민간 상선의 기초를 형성했다.

미국은 18개 조선소에서 이 프로그램을 진행하며, 조선 산업에서 학습 곡선(learning curve)의 효율성을 극대화하는 산업적 성과를 달성했다. 다음은 제1차 세계대전과 제2차 세계대전의 주요 선박 건조 프로그램 비교표이다.

표 2. 주요 미국 전시 선박 건조 프로그램 비교 (WWI 대 WWII)

전쟁 시기	주요 기관	주요 선박 유형	건조량 (추정치)	생산 방식 혁신
제1차 세계대전	EFC / USSB	호그 아일랜더/ 표준형	~2,300척 (1921년까지 완료)	설계 표준화, 조선소 확장
제2차 세계대전	USMC / WSA	리버티선 및 빅토리선	총 5,500척 이상	용접의 광범위한 사용 (속도), 조립식 건조

5.4 글로벌 물류 및 전략적 결과

전시 선박들은 탄약, 탱크, 항공기, 식량 등 필수적인 군수품을 수송했으며, 일부 리버티선은 450명의 병력을 수용할 수 있는 병력 수송선으로 전환되기도 했다. 전쟁 종료 후, WSA 선박들은 '마법의 양탄자 작전(Operation Magic Carpet)'에 동원되어 1945년 12월까지 350만 명 이상의 무장 인력을 해외에서 본토로 귀환시키는 데 사용되었다.

이러한 막대한 노력의 전략적 성과로 제2차 세계대전이 끝났을 때 미국은 전 세계 상선 톤수의 약 70%를 통제하게 되었다. 이는 1914년의 10% 점유율에 비해 기념비적인 역전이었으며, 미국이 전 세계의 물류와 무역 구조를 지배하는 전략적 위치를 확보했음을 의미한다.

다음은 1916년부터 1945년까지 미국 해운 정책을 주도했던 주요 기관의 변화를 보여주는 표이다.

표 3. 미국 해운 규제 및 진흥 기관의 진화 (1916년~1945년)

기관/법률	연도	주요 기능	주요 정책 결과/변화
미국 해운위원회 (USSB)	1916	규제, 진흥, 전시 통제 (EFC를 통해)	최초의 연방 해운 기관; 즉각적으로 전시 역할로 전환.
긴급 선단 공사 (EFC)	1917	대규모 선박 건설 및 획득	제1차 세계대전 중 대규모 선단 건조; 전후 잉여 초래.
1920년 상선법 (존스법)	1920	연안 무역 보호, 선박 처리	국내 노선에 대한 미국 건조/운영 선박 의무화.
1936년 상선법 (USMC)	1936	직접 보조금 (CDS/ODS), 장기 계획	현대적인 보조금 시스템 확립; 제2차 세계대전 동원의 기반.
전시 해운 관리국 (WSA)	1942	운영 통제, 선박 할당, 인력 관리	제2차 세계대전 중 모든 미국 민간 톤수 징발 및 운영.

6. 결론 및 역사적 유산

6.1 정책 결과 종합 평가: 성공과 실패의 분석

1914년부터 1945년까지의 미국 해운 정책은 전시 필요성에 의해 주도된 정부 개입의 극적인 연속체였다.

- 제1차 세계대전 (1914~1920)의 성공과 실패: 전시 동원 자체는 EFC를 통한 전면적인 국가 통제와 산업화를 통해 성공적으로 이루어졌으나, 이 과정에서 상업적 생존 가능성과는 무관하게 건조된 대규모 잉여 선단은 전후 해운 시장의 불황과 노후화의 씨앗이 되었다.

- 전간기 (1920~1936)의 위기: 이 시기 정책은 존스법과 같은 강력한 보호주의 조치를 도입했음에도 불구하고, 높은 국내 비용 구조를 해결하지 못했다. 특히 1928년 우편 계약과 같은 간접적이고 비경쟁적인 보조금 모델은 부패 문제와 함께 선단 현대화에 실패하면서, 미국 상선이 전략적으로 심각한 쇠퇴를 겪게 만들었다.

- 제2차 세계대전 (1936~1945)의 구조적 승리: 1936년 상선법은 이러한 실패를 교훈 삼아 투명한 직접 보조금(CDS/ODS)을 도입함으로써, 미국 노동 및 조선업 비용의 근본적인 차이를 정부가 책임지겠다는 명확한 정책적 선택이었다. 이 법에 따른 USMC의 장기 건조 프로그램은 군사 보조 선박의 설계 및 생산 기반을 마련하는 데

결정적인 역할을 했으며, WSA와의 효율적인 역할 분담은 전시 물류를 압도적인 규모로 수행할 수 있게 했다. 이 시기의 정책적 성공은 순수한 상업적 성공이라고 하기보다는, 국가 안보 목표를 달성하기 위한 전략적 동원 능력의 극대화였다.

6.2 지속적인 유산: 보호주의, 보조금, 그리고 동원 체제의 역할

이 시기에 확립된 해운 정책의 특징은 현대 미국 해운 정책의 지속적인 유산으로 남았다.

- 보호주의의 영속성: 1920년 존스법은 오늘날까지도 미국 국내 해운 시장을 형성하는 강력하고 논쟁적인 보호주의 법규로 남아 있으며, 특히 알래스카·하와이 등 미 본토와 떨어져 있는 지역의 경제에 지속적인 영향을 미치고 있다.
- 보조금 시스템의 제도화: 1936년 상선법은 직접적인 보조금(CDS/ODS)을 통해 미국 상선대가 국제적으로 경쟁력을 갖추고 동시에 국방의 필수 보조 역할을 수행하도록 보장하는 프레임워크를 수립했다.
- 전략적 우선순위의 확립: 제2차 세계대전 경험은 미국 상선이 평시의 상업적 관심사보다 국가 안보와 군사 물류 지원을 위한 국가 보조 기반 시설이라는 개념을 확고히 했다.

결론적으로, 1914년에서 1945년 사이의 미국 해운 정책은 극심한 전략적 취약성에서 시작하여, 전간기의 비효율적인 정책 시행착오를 거쳐, 마침내 국가 안보와 상업적 역량을 통합하는 명확하고 강력한 직접 지원 모델을 수립함으로써 제2차 세계대전의 성공적인 동원 태세를 구축하였다. 그러나 제2차 세계대전 종전 시점의 세계 상선 톤수 70%에 달하는 경이적인 투자와 건조 역량은 근본적인 상업적 비용 격차로 인해 평시에 지속적인 우위로 이어지지 못하고, 결국 선박 매각법(Ship Sales Act, 1946)을 통해 또 다른 처분과 쇠퇴의 시기로 접어들게 된다. 이는 미국의 해운력이 상업적 시장 논리보다는 국가 비상사태에 대한 주기적인 정부의 강력한 재정적, 행정적 개입에 의해 좌우되어 왔음을 시사한다.

표 4. 세계대전기 미국 해운의 선복량과 주요 특징

연도	총톤수 (천 톤)	주요 특징 및 사건
1900년	827	19세기 말 쇠퇴기, 외국과의 경쟁에서 밀린 상태.
1910년	782	1900년대 초반에도 쇠퇴 추세 지속.
1914년	1,068	제1차 세계대전 발발 직전, 소폭 회복.
1919년	9,773	제1차 세계대전 참전으로 정부의 대규모 선박 건조 프로그램(Emergency Fleet Corporation) 덕분에 톤수 급증.
1920년대 초반 (1922년)	11,000 이상	1차 세계대전 이후 최고조. 전시 건조 선박 민간 불하
1930년대	8,000 이상	대공황 시기, 무역 감소로 인해 선단 규모 축소.
1939년	8,828	제2차 세계대전 발발 직전.
1945년	39,063 (추정)	제2차 세계대전 기간 중 정부의 대규모 선박 건조 프로그램(Liberty Ship, Victory Ship)으로 톤수 폭발적 증가.

제 3 장

1945~1990년:

전략적 이상과 경제적 현실의 불일치– 중단 없는 추락

I. 전후(戰後) 해양 지배의 근본적인 역설 (1945~1960)

1.1 제2차 세계대전의 유산: 전략적 잉여와 구조적 의존

제2차 세계대전 당시의 긴급 건조 프로그램을 통해 발생한 대규모 잉여 화물선은 미국 해사 위원회에게 후속 선박 설계를 개발할 수 있는 여유를 제공했다. 위원회는 대서양 횡단 라이너 SS United States와 화물선 SS Schuyler Otis Bland 등 이전 세대 선박보다 크고 빠른 혁신적인 최신 선박들을 설계 및 주문했으며, 이는 위원회의 마지막 혁신적 활동으로 기록되었다. 이러한 일시적인 산업적 초과 선복량과 전략적 준비 상태는 사실상 미국의 조선 및 해운 산업이 장기적으로 안고 있던 비효율성 문제를 가리는 역할을 했으며, 이는 1936년 상선법이 해결하려 했던 근본적인 문제의 시급성을 일시적으로 늦추는 악영향을 미쳤다.

미국 해운 정책의 근간은 1920년 제정된 존스법(Jones Act)에서 출발한다. 존스법은 "상거래의 대부분을 운송하고 전시 또는 국가 비상사태 시 해군 또는 군사 보조 수단으로 봉사하기에 충분한 최상의 장비를 갖추고 가장 적합한 유형의 선박"을 갖춘 상선단을 유지하는 것을 목표로 명시했다. 존스법은 군사 수송 함대를 보완할 미국 통제하의 상선대, 예비 군사 수송 선박에 승선할 자격을 갖춘 미국 상선 승무원, 그리고 국내 조선 및 수리 역량을 지원함으로써 상업적 생존력과 국가 방위 효용성이라는 이중 목표를 달성하려 했다. 이러한 이중 의무는 미국 해운 산업의 고비용 구조를 고착시키는 핵심 구조적 역설로 작용했다.

전시 선박 생산으로 인해 미국 상선대는 세계에서 가장 크고 가장 현대적인 선대가 되었다. 제2차 세계대전 직후 미국은 약 4,500척의 상선을 보유, 세계 각국의 모든 상선대를 합한 수치보다 많은 세계상선대의 2/3를 보유했다. 하지만 상선 매각법(Merchant Ship Sales Act)에 따라 수천 척의 선박이 매각되거나 처분되었고, 국가방위 예비상선대(NDRF, National Defense Reserve Fleet)를 창설하여 유사시 사용 가능한 예비선대를 유지하였다. 1946년 상선매각법은 이 방대해진 국가 소유 상선대의 처리 지침을 만들어, 해사위원회가 잉여 상선을 외국 해운 회사를 포함한 민간 선박 운영자에게 저렴한 가격으로 화물선을 판매할 수 있도록 했다. 이 프로그램 하에 거의 2,000척의 선박이 판매되었으며, 약 57%가 외국에 판매되었다. 나머지 약 1,400척의 선박은 NDRF로 이관되어 유사시 동원 가능하도록 주요 항만에 배치되었다. 1946년 상선 매각법은 미국의 연합국이 전쟁 피해를 극복하는데 큰 도움을 주었다. 그리스, 노르웨이. 프랑스, 이탈리아, 아르헨티나 등 34개국이 혜택을 보았다. 특히 노르웨이와 그리스는 이 법의 도움으로 세계적인 해운국으로 도약할 발판을 마련하였다. 그러나 반대로 1946년 상선 매각법은 미국 해운의 강력한 경쟁국가를 지원함으로서 미국해운의 입지를 약화시키는 결과를 가져왔다.

조선과 해운업에 대한 제2차 세계대전 시기의 활발한 지원 활동은 전후에는 계속되지 않았고, 정책은 미국 해운과 조선산업의 경쟁력을 강화하지도 못했다. 미국은 1945년에 압도적인 해운 지배력을 의도적으로 포기했고, 미국적 선박의 자국 화물 적취율은 지속적으로 감소하였다. 당시에도 미국의 일부 관계자는 미국 해운과 조선업에 심각한 문제가 발생할 것이라는 점을 지적하였지만 근본적인 개선은 없었다. 예를 들어 제2차 세계대전으로 심각한 피해를 입은 외국의 조선소, 특히 일본의 조선소는 미국 조선소보다 더 현대적인 시설로 재건되었다. 현대적인 시설과 혁신적인 관리, 낮은 인건비가 결합되어 미국 조선소는 외국 조선업과 비교, 경쟁력을 점차 상실하였다. 1970년대 미국 상선대의 평균 선령은 22년으로 영국이나 일본에 비하여 3배 이상이었다. 미국의 잉여 상선대의 외국 판매와 같은 조치는 외국이 해운을 재건하는 데 도움이 되었지만, 그 후 20년 동안 미국 해운 산업을 침체시키는 역효과를 가져왔다.

1.2 초기 냉전 전략과 상선단의 역할

제2차 세계대전 종전 직후, 미국은 전시의 비상 건조 프로그램을 통해 확보한 막대한 해상 운송 역량을 바탕으로 글로벌 해양 지배력을 누렸다. 그러나 이 시기의 해운 정책은 이미 대공황 시기에 수립된 법적 프레임워크인 1936년 상선법을 냉전 시대의 전략적 요구에 맞추어 적용하는 과정에서 구조적인 딜레마를 겪게 되었다.

냉전이 시작되면서 미국의 해양 전략은 전후 시대를 거쳐 지속적으로 발전했다. 1954년 사무엘 헌팅턴(Samuel Huntington)의 「국가 정책과 초해양 해군」 연구에서 제시된 바와 같이, 미국의 해군 전략은 유라시아 지역의 위협에 대응하기 위한 전진 배치 필요성을 반영하여 '초해양 단계'로 전환되었다. 이 시기에 상선대는 국가 안보의 필수적인 요소로 간주되었는데, 이는 제한된 전쟁에서 군사력을 지원하고, 총력전 시에는 구호, 재활 및 물품 분배를 위한 긴급 요구 사항을 충족하는 데 핵심적인 역할을 할 것으로 예상되었기 때문이다.

상선대는 정치적 및 경제적 측면에서도 냉전 투쟁의 주요 수단으로 간주되었다. 소련이 정치·경제적 공세를 수행하기 위해 상선대를 확장함에 따라, 미국 상선대는 역시 이러한 경제적 압력에 맞서야 할 '냉전 무기고의 무기'로 여겨졌다. 군사해상수송사령부(Military Sealift Command,

MSC)가 civilian-crewed ships(민간 선원들이 승선하는 선박) 125척을 운영하며 해군 지원 임무를 수행한 것도 이러한 맥락을 반영한다.

1.3 정책 메커니즘: 화물 우선 적취 정책

전후 재건 정책에 따라 국제 경제 개발과 무역 재건을 장려하면서도 국제 해운에서 우월적인 위치를 유지하려는 노력은 포기하였다. 경쟁력을 상실한 미국 해운의 상업적 생존 가능성을 인위적으로 유지하기 위한 핵심 도구는 화물 우선 적취 정책(Cargo Preference)이었다. 1954년 6월에 개정된 1936년 상선법 제901조(b)에 따라, 미국의 원조 물자를 포함하여 정부 관련 화물의 최소 50%를 민간 소유의 미국 국적선으로 수송하도록 의무화했다. 이 정책은 '미국선 선적주의 정책(Ship American Policy)'의 구체적인 구현이었다.

이 구조는 전략적 필요성(고비용이라도 미국 선박 확보)이 경제적 결과(정부 할당 화물)를 결정하는 형태였다. 화물 우선 적취 정책은 시장 경쟁이 아닌 정치적 할당을 통해 미국 국적 상선대의 생존을 보장했으며, 이는 상업적 비효율성에도 불구하고 산업이 유지되도록 보호했다. 또 다른 화물 우선 적취법으로는 1977년에 전략 석유 비축 프로그램(Strategic Petroleum Reserve Program)이 있다. 이는 해외에서 구매한 석유의 최소 50%는 미국 국적 선박으로 수송할 것을 규정하였다. 이러한 조치로 혜택을 받는 일부 선종에는 도움이 되었지만, 전략적으로 활용 가능한 선박 공급이라는 넓은 맥락에서는 효과가 제한적이었다.

1.4 경제적 긴장의 제도화

1950년대의 정책 구조는 국가 안보라는 높은 우선순위의 정당화를 통해 국내 해운 산업의 비효율성을 은폐하는 결과를 낳았다. 보호 시스템(보조금 및 화물 우선 적취)은 미국 상선의 생존을 보장하는 동시에, 산업을 글로벌 경쟁으로부터 완전히 격리시켰다. 이러한 격리는 국내 비용을 낮추거나 혁신을 추구할 동기를 제거함으로써 비효율성을 제도화했다. 장기적으로 볼 때, 이러한 보호 구조는 정치적 지원이 약화되고 재정적 부담이 커지는 1980년대에 해운·조선 산업의 치명적인 붕괴를 초래할 근본적인 원인을 내포하고 있었다. 즉, 쇠퇴의 기반은 초기부터 제도화된 보호주의 내에서 확립된 것이다.

1.5 해사행정기관의 개편

제2차 세계대전 직후인 1946년 해사 행 정조직을 개편하여 WSA를 해체하고 그 기능을 다시 해사위원회로 이양했다. 1950년, 의회는 트루먼 대통령의 조직 개편 계획 제21호에 대한 권고에 따라 미국 해사위원회를 폐지하고 그 기능을 미국 상무부 산하에 신설된 해사청(MARAD, Maritime Administration)과 연방해사위원회(Federal Maritime Board, FMB)로 이관했다. 해사위원회의 보조금 및 해상 운송 규제 기능은 FMB로 이전되었으며, 정책 홍보 및 정부 소유의 해운 권익 보호 기능은 MARAD에 귀속되었다.

2. 보조금 장치: ODS와 CDS 그리고 비효율성의 싹 (1945~1970)

미국 해운 정책은 1936년 상선법에 근거하여 운영 차액 보조금(ODS) 과 건조 차액 보조금(CDS)을 통해 국내 해운 산업의 고비용 문제를 해소하고 국제 경쟁력을 유지하고자 했다. 그러나 이 두 가지 주요 도구는 설계상의 한계와 재정적 압력으로 인해 장기적인 산업 경쟁력 확보에는 실패했다.

2.1 건조 차액 보조금(CDS): 비용 평형의 환상

CDS의 메커니즘과 구조적 한계는 다음과 같다. CDS는 미국 조선소에서 선박을 건조하는 비용과 외국 조선소에서의 건조 비용 간의 차액을 상쇄하도록 고안되었다. 이 보조금은 미국 건조 비용의 최대 50%까지 지급될 수 있었으며, 이는 노후화된 제2차 세계대전 기간에 건조된 선박을 대체할 선대 재건 목표를 실현하는 데 핵심이었다. 1961년 법률(H.R. 2457)과 같은 후속 개정은 재건조, 재정비 및 개조에 대한 CDS 규정을 명확히 했는데, 이는 시스템이 지속적인 입법적 조정과 관리를 필요로 했음을 보여준다.

CDS 계약은 선박 건조에 포함된 국가 방위 기능(NDF)에 대한 보조금 지급을 명시했다. NDF는 상업용 선박을 군사적으로 유용하게 만들기 위한 의도였으나, 비효율적인 국내 조선 기반에서 군사적 요구 사항을 충족하는 특수하고 복잡한 선박을 건조해야 하는 의무는 기본 건조 비용을 더욱 증가시켰을 가능성이 높다. 이는 순수한 상업용으로 외국에서 건조된 선박보다 비용 경쟁력이 떨어지는 결과를 초래했다. 따라서 군사적 유용성을 확보하려는 전략적 목표는 의도치 않게 상업적 효율성을 더욱 저해하는 결과를 낳았고, 이는 보조금에 대한 의존도를 더욱 심화시키는 요인으로 작용했다. CDS의 국방기능(NDF)이 해운업 발전과 상충되는 요소였음을 의미한다.

2.2 운항 차액 보조금(ODS) : 비용 격차의 지속

ODS의 메커니즘과 구조적 한계는 다음과 같다. ODS는 미국 국적 선사들이 외국 선박에 비해 높은 보험료, 유지보수, 수리 및 인건비 등 운영 비용을 상쇄할 수 있도록 설계된 재정 지원 프로그램이었다. 이 프로그램은 미국 선사들이 외국 경쟁사와 경쟁할 수 있도록 돕고, 국제 무역에서 미국 국적선의 존재를 유지하기 위해 필요했다.

ODS 계약은 20년 동안 지속되었고, 미국 해사청이 승인한 특정 무역 노선에서 선박을 운영해야 한다는 조건을 수반했다. 이 조건은 ODS 프로그램의 규제적 함정을 드러낸다. ODS는 운영자에게 20년 동안 고정된 규제 노선을 고수하도록 요구함으로써, 보조금을 받는 미국 선사들이 시장 변화에 신속하게 적응하거나 복합 운송과 같은 새로운 유연한 선적 방식이 출현했을 때 이를 활용할 동기를 잃게 만들었다. 고정된 노선에서의 수익을 보장함으로써, ODS는 현대적인 글로벌 상거래에 필수적인 경영의 다이내미즘과 노선 다각화를 방해했고, 이는 기술적 변혁기에 심각한 취약점으로 작용했다.

2.3 보조금 시스템에 대한 비판적 평가

학계와 정책 분석가들은 이러한 해운 보조금 제도가 "이미 경쟁으

로부터 보호받는 비효율적인 생산자들을 지탱"하는 역할을 했으며, 조
직화된 해운 로비에 자금을 투입하는 결과를 낳았을 뿐, 해운·조선업
을 의미 있게 부활시키는 데는 거의 기여하지 못했다고 비판했다. ODS
와 CDS는 외국 기업과의 효율성 격차를 일시적으로 메우는 데 성공했
을지 모르나, 장기적인 경쟁력 기반을 마련하는 데는 실패했다. ODS와
CDS에 대해서는 5장에서 구체적으로 다룬다.

2.4 연방 해사 위원회(FMC)의 설립

1961년 8월 재편 계획 7호(Reorganization Plan No. 7)의 일환으로 FMB는
독립적인 규제 기관이 되었고 연방해사위원회(Federal Maritime Commission)
로 명칭이 변경되어 오늘날까지 유지되고 있다. 보조금 지급 기능은
MARAD 관리자에게 독립적으로 보고하는 해사보조금 위원회(Maritime
Subsidy Board)의 형태로 MARAD로 귀속되었다. 1961년 개혁은 MARAD
의 현재 조직 구조의 기초가 되었다.

연방 해사 위원회(FMC)는 해상 운송의 규제와 공정성 확보 임무를 맡
게 되었다. FMC의 존재는 당시 해운 산업의 복잡한 규제 환경을 반영
하며, 이는 외국 경쟁사들이 더 단순하고 덜 제한적인 조건 하에서 운
영되는 데 비해 미국 선사들에게 추가적인 운영 비용을 발생시키는 요
소로 작용했다. 이는 ODS가 해소하려 했던 비용 격차를 규제적 측면에
서 더욱 심화시켰다.

표 1. 미국 해운 보조금제도의 비교

Subsidy Type	Legal Basis	Target Area	Maximum Rate	Period of Major Implementation	Critique/ Outcome
운영 차액 보조금 (ODS)	Merchant Marine Act, 1936	Operational Costs (Wages, Maintenance)	Cost Differential	Post-1936 to 1980s	의존성 심화, 특정 노선 요구, MSP로 대체됨
건조 차액 보조금 (CDS)	Merchant Marine Act, 1936, Title V	Shipbuilding Costs (Domestic Yards)	Up to 50% of U.S. Cost	Post-1936 to Early 1980s	효율성 유지 실패, 높은 비용과 비효율성으로 중단됨

Subsidy Type	Legal Basis	Target Area	Maximum Rate	Period of Major Implementation	Critique/ Outcome
화물 우선 적취 (50% 규정)	1936년법 제901조(b) (amended 1954)	Government/ Aid Cargoes	50% minimum allocation	Post-1954	필수 기본 화물 제공, 그러나 경제적 비효율성 초래

3. 기술 혁신과 실패한 정책 전환
(1960~1975)

1960년대 컨테이너 운송의 도래는 1936년 상선법의 근본적인 가정을 무너뜨리는 경제적 혁명이었다. 이에 대한 정책적 대응으로 1970년 상선법이 개정되었으나, 이는 글로벌 운송 혁명의 속도와 파급력을 따라잡지 못했다.

3.1 컨테이너 혁명: 경제적 지진

컨테이너라이제이션은 해상운송의 근간을 바꾸는 혁명이었다. 컨테이너화는 화물 처리 시간을 70%에서 95%까지 급격히 단축시키고, 환적 비용을 70%에서 85%까지 절감시키는 등 해운 경제학을 근본적으로 변화시켰다. 이는 운송 비용에서 가장 큰 부분을 차지했던 화물 처리 비용을 줄였기 때문에, 이 기술적 진보는 크게 환영을 받았다. 1965년 유럽과 미국 간 해상 정기선 화물의 5% 미만만이 컨테이너로 운송되었으나, 1975년에는 이 비율이 50%에서 85%에 이르는 것으로 추정될 만큼 빠르게 확산되었다.

컨테이너는 화주의 공장이나 창고에서 적재되어 부두로 운반된 후 선박에 바로 실리는 방식으로, 중간의 노동 집약적인 화물 처리를 대폭 제거하여 운송 비용을 낮추었다. 이 기술은 규모의 경제를 증폭시켜 더 큰 대형 선박의 도입을 촉진했다.

컨테이너화는 항만 인프라에 대한 요구 사항도 완전히 바꾸었다. 새로운 대형 컨테이너선은 깊은 수심과 광활한 육상 부지를 가진 터미널을 요구했으며, 이로 인해 기존의 전통적인 항만들은 급속히 경쟁력을 잃었다. 이러한 변화는 뉴욕시와 같은 기존 항만 경제에 "파괴적인 영향"을 미쳤다.

그러나 미국의 해운정책 프레임워크는 컨테이너화라는 기술적 혁명의 인프라적 요구를 충족시키는 데 실패했다. ODS/CDS 체제는 비효율적인 국내 프로세스를 보조하는 데 집중했기 때문에, 정책이 기술적 변화의 속도를 따라가지 못했다는 분석이 가능하다. 컨테이너화가 통합된 물류 사슬과 현대적인 항만 인프라를 요구했을 때, 보조금을 받는 미국 선단과 전통적인 항만은 기술적으로 노후화되어 있었다. 연방 해운 정책은 항만 인프라와 내륙 운송 체인의 대규모 현대화를 유도하는 데 실패함으로써, 해운산업이 혁명적인 기술에 적응하지 못하고 쇠퇴하는 결과를 초래했다.

3.2 1970년 상선법: 야심차고도 불운했던 전략

1970년 상선법은 닉슨 대통령이 서명한 법률로, 당시 미국 상선대를 복원해야 할 긴급한 필요성으로 인해 추진되었으며, 1936년 이후 가장 광범위한 해운 보조금 개정이었다. 이 법은 미국 조선업계가 상선대를 합리적인 비용으로 재건하고 선사들이 정부 보조금에 대한 의존도를 낮추도록 도전하는 "도전과 기회의 프로그램"을 제시했다. 이 법의 핵심 목표는 10년에 걸쳐 300척의 현대적 상선을 건조하도록 유도함으로써 해운과 조선업을 재활성화하는 것이 목적이었으며, 주요 내용은 다음과 같다.

- 300척 건조 목표: 노후화된 제2차 세계대전 선박을 대체하기 위해 향후 10년 동안 300척의 현대적이고 효율적인 선박을 건조하는 프

로그램이 주요 요소였다.

- CDS 지급 대상 변경: 건조 보조금은 이제 선박 구매자가 아닌 조선소에 직접 지급되도록 변경되었다. 이는 부분적으로는 비용 절감 목적이었지만, 궁극적으로 CDS 자금이 조선소에 도달하도록 보장하기 위한 것이었다.
- ODS 및 세금 유예 확장: ODS 자격은 국가 방위에 필수적인 벌크 운송 서비스로 확장되었으며, 세금 유예 조항은 외국 무역에 종사하는 모든 비보조금 선사로 확대되었다.

구체적으로는 ①표준화된 설계의 현대 선박으로 상선대 재건 프로그램을 승인, ②조선소에 직접 지급되는 건조 차액 보조금을 제공, ③벌크선도 운항 차액 보조금 및 건조 차액 보조금을 받을 수 있도록 함, ④연방 선박 담보 보험 프로그램을 확장, ⑤선박 교체를 위한 소득의 세금 납부 유예를 허용하는 신규 자본 건조 기금 프로그램을 도입, ⑥해사 연구 및 개발 프로그램을 확대, ⑦조선 산업이 선박 건조 비용을 줄이도록 유도하기 위해 건조 차액 보조금의 최대 비율에 대한 하향식 비율을 설정하는 것이었다.

3.3 1970년 상선법의 실효성 평가

1970년 상선법은 의회의 압도적인 지지(하원 307대 1, 상원 68대 1)를 받았음에도 불구하고, 목표했던 300척 건조 목표를 달성하는 데 실패했다. 1970년 상선법에 따라 초기에는 선박 건조 수요가 급증하였지만 1973년 석유 수출국 기구(OPEC)의 석유 금수조치와 이에 따른 경기 침체, 즉 제1차 석유위기로 인한 전 세계적인 해운시장의 붕괴로 인해 미국의 해운·조선업은 큰 어려움을 겪게 되었다.

비판가들은 이 정책이 조선소의 부활에 지나치게 중점을 두었지만, 조선산업의 쇠퇴가 "자체적인 경영 부실과 노동자와의 협상 거부"에서 비롯되있다는 현실을 간과했다고 주장했다. 건조 차액 보조금이 차지하는 비율이 미국 건조 비용의 33%에서 50%에 달했음에도 불구하고, 미국과 외국과의 조선 비용 격차는 여전히 너무 컸다. 결국, 1970년 법은 산업의 근본적인 경제적 비효율성을 해소하는 데 실패했고, 보조금이 해운조선산업의 구조적 결함을 해소하는 것이 아니라 생명 유지 장치에 불과했음을 증명했을 뿐이다.

4. 위기와 파국적인 붕괴 (1975~1983)

4.1 전략적 입지의 약화와 정치적 지원 감소

1970년대 중반 이후 미국 해운 정책은 결정적인 변곡점을 맞이했다. 정부 보조금에 대한 정치적 지원이 급격히 약화되었고, 이는 국내 조선 산업의 파국적인 붕괴로 이어졌다. 제2차 세계대전 이후 수십 년 동안 미국 국적선에 대한 정부 지원은 점차 약화되었다. 1980년대 초에 이르자, 정부 보조금은 "현 정치적 사고에서 혐오스러운 것(an anathema)" 으로 간주되었다. 이러한 정책적 환경 변화는 미국 운이 쇠퇴하는 주된 배경이 되었다.

비록 역대 대통령과 군 지도자들이 강력한 상선대의 필요성을 지속적으로 강조했음에도 불구하고, 실제 정책은 이러한 전략을 뒷받침하는 데 실패했다. 그 결과, 미국 상선단은 크게 줄어들었고, 행정부는 상선단의 현 상태가 "국가의 전략적 안녕에 대한 가장 큰 위협"이라고까지 표현했다.

1980년대 초에 정책 지원이 철회된 것은, 전략적 필요성(냉전)이 경제적 효율성을 압도했던 기존의 합의에서 벗어나, 레이건 행정부 하의 재정적 건전성과 시장 효율성을 최우선으로 두는 새로운 정책 철학으로의 전환에 따른 것이다. 레이건 행정부가 추진한 산업 전반에 걸친 규제 완화와 군비증강은 미국 해운에 중대한 영향을 미쳤다. 레이건 행정부의 해운정책은 냉전 종식, 국내 조선업 포기, 그리고 규제 완화 및 상업적 베이스의 경쟁력 강화 등을 고려한 것이다. CDS와 ODS의 보조금 지원을 중단하기로 한 결정은, 정부가 더 이상 고비용의 상선대 유지를 통해 국가 안보 임무를 달성하려 하지 않으며, 군사해상수송사령부(MSC)와 같은 전문적인 군사 보조 자원으로 충분하다는 판단을 내렸음을 시사한다.

표 2 2,500TEU 컨테이너선 건조 비용 비교(1980년 기준)

	United States	Foreign
건조비용	120,000	42,000
건조차액 보조 (CDS) (50%)	−60,000	
건조기간이자 (net)	6,000	1,000
순자본투자(Net capital investment)	66,000	43,000
외부자금 조달 투자(Financed investment)	49,500	34,400
자기자본 투자(Equity investment)	16,500	8,600
이자율(Interest rate)	14.00%	8.75%
자금조달 기간(만기)	25 years	8.5 years
연간 감가상각비	3,300	2,150
초년도 이자율	6,860	2,920
초년도 장부상 선박가액	10,160	5,070
총 자본부담 현재가치(14% 할인율)	66,000	37,510

출처: https://www.noahpinion.blog/p/why-cant-the-us-build-ships

4.2 보조금 절벽: 상업 조선업의 소멸

1980년 레이건 행정부는 건조차액 보조금(CDS)를 폐지하였다. 전술한 바와 같이 해외 무역을 위해 미국에서 건조된 선박의 비용차이 중 최대 50%까지 지원함으로써 미국 조선소가 외국 조선소와 경쟁할 수 있도록 지원해 왔다. 이 보조금의 폐지로 미국 조선소는 상업시장에서 경쟁력을 상실하게 되면서, 미국 조선업은 국방 예산과 존스법으로 굳건하게 보호되고 있는 내항운송에 더욱 의존하게 되었다. 1980년대 초 건조 차액 보조금(CDS)의 중단은 미국 조선 산업의 쇠퇴를 가속화한 주요 원인이었다. 미국은 1975년만 해도 세계 최고의 조선국이었으나, 1980년대 이후 실패한 자유 시장 정책으로 인해 19위로 추락했다.

산업 지원 정책이 축소된 이후, 미국 내 상업 조선 기반은 급속히 무너졌다. 1981년 69척에 달했던 상선 주문량은 1989년 0척으로 전례 없이 급감했으며, 이 기간 동안 46개의 조선소가 폐쇄되었다. 이러한 수치적 파국은 수십 년간의 CDS 보호 정책이 산업의 자생력을 키우지 못하고 인공적인 의존성만 심화시켰음을 명확히 보여준다. 정치적 결정에 의해 보조금이 중단되자, 미국 조선산업은 즉각적으로 시장에서 생존 불가능한 상태에 빠졌으며, 이는 보조금이 일시적인 지원책이 아닌 필수적인 생명 유지 수단이었음을 입증한다.

표 3. 1: 미국 상업 조선 산업의 붕괴 (1970년대 초반 ~ 1980년대 후반)

지표	1975년경	1981년경	1989년경	의미
대형 상선 주문량 (연간)	높음 (〉70)	69	0	보조금 철회 후의 파국적 실패
글로벌 조선 순위	선도적 조선국 (Top 3)	N/A	19위	실패한 산업 정책의 장기적 영향
연방 보조금에 대한 정치적 입장	주요 지원 (1970년법 활성화)	지원 감소	"혐오스러운 것으로" 간주	산업 지원에서 시장 원칙으로의 전환
미국 상선대에 대한 전략적 평가	시급한 복원 필요 [1971년]	상선대감소를 일부 수용	전략적 안정에 대한 "가장 큰 위협"	정책과 역량 간의 격차 확대

그림 1. 미국 조선업의 쇠퇴(세계시장 비중)

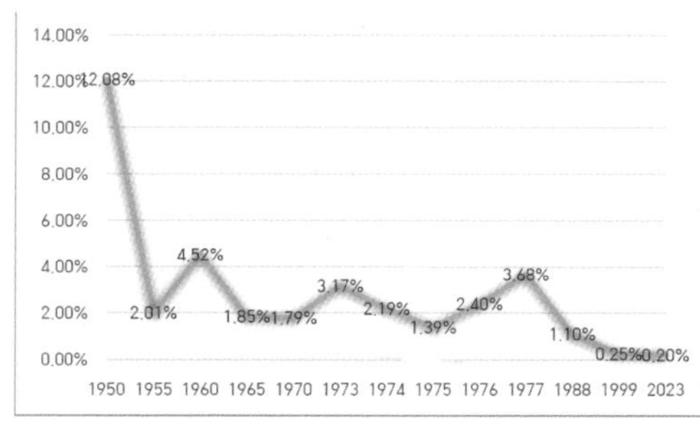

출처: https://www.noahpinion.blog/p/why-cant-the-us-build-ship

4.3 ODS 프로그램의 개정

ODS 프로그램은 미국 선사들이 외국 경쟁사와 경쟁할 수 있도록 비용 차액을 보조하는 역할을 했으나, 결국 경제적 지속 가능성에 대한 의문으로 인해 폐지되고 해상 보안 프로그램(MSP)으로 대체되었다. MSP는 군사적으로 유용한 선박과 승무원을 유지하는 데 중점을 두었으며, ODS와 달리 미국에서 선박을 건조해야 한다는 요구 사항이 없었다. 이러한 전환은 기존 보조금 제도가 경제적으로 비효율적이었으며, 전략적 목표 달성을 위해 상업적 제약 없이 군사적 효용성을 직접 구매하는 방식으로 정책이 선회했음을 시사한다.

4.4 상선 선원의 재향군인 지위 인정

제2차 세계대전에서 상선 선원들이 군사적으로 필수적인 역할을 수행했음에도 불구하고, 이들은 공식적인 재향군인으로 인정받지 못하고 있었다. 1988년에 이르러서야 미 지방법원 판사가 국방부의 견해를 자의적이고 불공평하다고 판결하면서, 1941년부터 1945년까지 복무한 선원들이 재향군인으로 인정받고 혜택을 받을 수 있게 되었다. 이러한 지연된 인정은 상선을 군사적 보조 수단으로 간주하는 전략적 요구와 이를 민간 상업 조직으로 취급하는 행정적 태도 사이의 지속적인 모순을 보여준다.

5. 규제 완화와 1984년 해운법

5.1 운송 산업 규제 완화의 광범위한 맥락

산업 보조금이 중단되면서, 정책의 초점은 미국 국적선 지원에서 미국의 상업적 이익을 극대화하기 위한 해운 운송의 효율성 개선으로 옮겨갔다. 이는 1980년대 초 전반적인 운송 부문 규제 완화의 흐름과 일치한다.

1980년대 초는 미국 경제 활성화를 위한 규제 완화 정책이 강력하게 추진되던 시기였다. 1980년 자동차운송법(Motor Carrier Act of 1980)은 트럭 운송 업계의 진입 장벽을 낮추고 운임 설정을 자유화했으며, 철도 산업의 규제 완화는 해상-철도 간 연계 운송(intermodal transportation)의 급속한 발전을 가능하게 했다. 이러한 환경은 해운 부문에도 규제 개혁의 압력을 가했다.

5.2 1984년 해운법: 제한적 자유화의 도입

레이건 행정부는 타 운송부문과 마찬가지로 해운업에도 규제완화를 추진하였다. 1984년 해운법 개혁을 통해 해상운송업체와 화주 간의 비밀서비스 계약을 허용하고, 복합운송요금 책정에 대한 해운동맹의 권한을 명확히 하여 해운동맹이 위축되고 선사 간 운임경쟁이 일상화되면서 오늘날의 정기선 해운시장 재편의 단초를 제공하였다. 1984년 해운법은 해운 산업에 대한 "제한적인 규제 완화"를 실험하는 목적으로 제정되었다. 이 법은 주요 무역 파트너 국가들의 해운 제도와 양립성을 확보하고, 해운 동맹(conferences)의 독점적 권한을 약화시키는 데 중점을 두었다.

그 핵심 규정은 다음과 같다:

- 독자 행동권(Independent Action, IA): 동맹 회원사는 동맹 요금표와 관계없이 독자적으로 행동할 권리를 의무적으로 갖게 되었다.
- 서비스 계약(Service Contracts): 화주와 선사가 특정 기간과 물량 조건 하에 특별 운임 또는 서비스를 약정할 수 있도록 합법화되었다.
- 대량 화주 할인 운임(Time Volume Rates, TVR): 대량 화물을 선적하는 화주에게 특별 할인 운임을 적용하는 제도를 신설했다.

이러한 규정들은 동맹 회원사 간의 협력은 인정하되, 독점권을 행사하기 위한 주요 수단들을 금지함으로써 해운 동맹 제도를 사실상 무력화시켰다. 1984년 해운법은 미국 국적 선사들의 수익성을 보호하기보다는, 미국 수출입업자들에게 경쟁을 통한 낮은 운임과 효율적인 서비스 접근을 우선시했다. 이 정책 전환은 정부가 이미 쇠퇴하고 있는 미국적 상선대의 보호보다는, 전반적인 미국 무역의 효율성과 경쟁력 확보를 최우선 목표로 삼았음을 시사하며, 상업적 해상 운송에서 외국 선사들의 우위를 제도적으로 수용했음을 의미한다.

선원비와 미국에서 건조해야 하는 선박 획득 비용과 같은 고정 비용 증가, 상대적으로 저렴해진 불리한 운임 환경, 외국 선사와의 경쟁으로 인해 미국 상선대의 규모는 계속해서 줄어들었다. 라이크스 라인(Lykes Lines)과 같은 일부 미국 선사들은 경쟁력을 유지하기 위해 해사청(MARAD)에 외국에서 건조된 선박을 인수할 수 있도록 허가를 요청했다. 보호주의 대신 시장 원리에 따라 미국 해사 산업을 규제 완화하려는 제안도 있었지만, 산업계와 노동계, 그리고 국방계의 상당한 반발에 부딪혔다. 이라크의 쿠웨이트 침공에 대응한 사막의 방패 작전(Operation Desert Shield/Storm) 초반, 미 해군이 작전을 위해 외국 선박을 용선해야 했기 때문에 군사 수송을 외국 국적 선박에 의존하고 있다는 점이 크게 부각되었다.

6. 결론: 지속된 전략적 목표와 경제적 불일치

1945년부터 1980년대까지 미국 해운 정책의 분석은 전략적 목표와 경제적 현실 간의 지속적인 단절을 보여준다. 이 기간 동안의 정책 결정은 단기적인 국가 안보 요구 사항을 충족하는 데는 성공했지만, 장기적인 산업 경쟁력과 경제적 지속 가능성을 확보하는 데는 근본적으로 실패했다.

6.1 정책 실패의 결정적 원인 (1945~1989)

① 구조적 의존성의 심화: ODS와 CDS 프로그램은 미국의 해운 및 조선 산업을 글로벌 경쟁으로부터 격리시켜 보조금에 대한 구조적인 의존을 심화시켰다. 이러한 보호주의적 장벽은 국내 산업의 고비용 구조를 고착화하고, 효율성 개선 노력을 저해했다.

② 기술 변화에 대한 정책적 무능: 컨테이너화라는 기술 혁명에 대한 정책적 대응은 느리고 부적절했다. 1970년 법은 선박 현대화에 초점을 맞췄지만, 컨테이너화에 필수적인 항만 인프라와 내륙 운송 체인의 대규모 개편을 촉진하지 못했다. 이는 보조금을 받은 선박조차 국제 물류 환경에서 뒤처지게 만들었다.

③ 정치적 합의의 붕괴: 1980년대 초반, 재정적 압박과 규제 완화 사조의 확산으로 인해 해운 산업을 보호하던 정치적 합의가 무너지면서, CDS는 급격히 철회되었다. 이 정책적 "절벽"은 보조금이 없으면 생존할 수 없는 국내 상업 조선업의 취약성을 여과 없이 드러냈고, 즉각적인 산업적 붕괴를 초래했다.

6.2 최종 인과 관계 종합: 정책 목표의 분리

전후부터 1980년대까지의 미국 해운 정책은 존스법이 제시한 상업적 목표와 군사적 보조 목표를 동시에 달성하려 했으나, 이는 현실적으로 불가능했음이 입증되었다. 이 기간의 최종적인 교훈은 고비용 국가가 저비용의 세계화된 해운 시장에서 자국의 해운 산업을 보호하고 유지하기 위한 전략적 목표를 경제적 효율성과 조화시키는 데 실패했다는 점이다. 정책은 결국 상업적 목표(저렴하고 효율적인 무역)는 외국 선사들이 미국 선사를 인수·합병하도록 허용하거나 사실상 외국선사를 통해 달성하도록 허용했고, 군사적 목표(전략적 수송 능력)는 해군 관할하의 전문화된 정부 함대(MSC, MSP)를 통해 직접 충족하는 방식으로 분리되었다. 이는 미국 해운 정책이 40년 이상 동안 추구했던 이중 임무의 완전한 단절을 의미한다.

표 4. 미국 해운의 선복량 변화와 주요 특징(1945~1980년대)

연도	총톤수 (천 톤)	비고
1940년대	1945년 (추정) 39,063(5,500척)	제2차 세계대전 직후 추정치
	1946년 4,627(644척)	주요 추세: 제2차 세계대전 직후 최고점에서 급락. 요인: * 전쟁 후 잉여 선박 매각. * 전쟁 시기 대량 건조된 선박들이 전 세계 공급 과잉을 유발. * 민간 소유 상선은 1945년 전시 추정치보다 훨씬 적었음.

연도	총톤수 (천 톤)	비고
1950년대	1950년: 8,797 1951년: 10,318 1959년: 8,500	주요 추세: 1950년대 초반 한국전쟁으로 소폭 반등 후 점진적 감소. 요인: * 전쟁 이후 상업용 조선업에 대한 정부 지원 감소. * 고비용으로 인해 외국 조선소와의 경쟁 심화.
1960년대	1960년: 8,575 1969년: 8,200	주요 추세: 안정적이지만 완만한 쇠퇴 지속. 요인: * 노후화된 선박들을 신규 선박으로 대체하는 비율이 낮았음. * 베트남 전쟁으로 인한 군사 수송 수요가 있었지만 상업적 쇠퇴를 상쇄하지 못함.
1970년대	1970년 8,667(652척) 1979년: 8,000	주요 추세: 쇠퇴 지속. 요인: * 1970년대 컨테이너선 도입으로 더 큰 선박이 사용되기 시작. * 유조선과 같은 대형 선박 도입으로 톤수는 일시적으로 증가했으나 선박 수는 계속 감소.
1980년대	1980년 9,936(579척) 1989년: 5,595	주요 추세: 급격한 감소. 요인: * 1981년 상업용 건설 차액 보조금(CDS) 폐지. * 레이건 정부의 규제 완화 정책으로 경쟁 심화. * 국내 조선소들이 상업용 선박 건조에서 해군 함정 건조로 전환.

제 4 장

1990년대부터 현재까지:

구조적 정체와 새로운 과제

1. 서론

1.1 시대적 배경

1990년대는 냉전 종식 이후 세계화의 가속화와 컨테이너화 기술 혁신에 따른 국제 무역의 급격한 팽창을 이룬 시대였다. 이런 시대적 배경은 미국의 해운 정책 환경을 근본적으로 변화시켰다. 미국의 해운 정책은 전통적으로 상업적 효율성 증진과 국가 안보적 준비 태세 확보라는 두 가지 상충되는 목표 사이에서 복잡하게 진화해 왔다. 미국은 국가 안보 및 경제적 이익 보호를 위해 해상 수송 시스템에 크게 의존함에도 불구하고, 국내 산업 기반을 보호하는 고전적인 정책 목표를 고수하고 있다.

미국의 현대 해운 정책은 1920년 상선법(Merchant Marine Act)과 1936년 상선법에 법적 근거를 두고 있으며, 이는 미국 해사법(U.S. Code Title 46, Subtitle V)으로 성문화되어 있다. 이러한 법률은 "국가 방위와 국내외 상업 발전에 필요한 상선대의 개발 및 유지"를 촉진하는 것을 정책의 명시적 목표로 설정하고 있다. 해사청(MARAD)은 존스법, MSP, 화물 우선와 같은 주요 정책 수단을 통해 이러한 목표를 달성하는 행정부의 핵심 집행 기관 역할을 수행하고 있다.

1990년대 초부터 현재까지 미국 해운 정책의 핵심 구조와 변화의 동인은 ① 연안 무역을 규제하는 존스법(Jones Act), ② 외항 선대를 지원하는 해상안보 프로그램(Maritime Security Program, MSP), ③미국인 선원 부족과 양성 체계 축소, ④미국 조선업과 선박 확보, ⑤9/11 테러 이후의 해상 안보 패러다임 전환, 그리고 ⑥2010년대 후반부터 심화된 중국과의 지정학적 경쟁이라는 여섯 가지 구조적 요소를 중심으로 정책의 상호작용과 구조적 한계로 설명할 수 있다. ①, ②, ③, ④, ⑥에 대하여는 제2부에서 보다 중점적으로 분석하고 본 장에서는 9/11 충격과 해상 안보 패러다임의 전환, 2010년대 이후의 전략적 도전, 그리고 철의 삼각 관계라는 관점에서 해운정책의 정치경제적 함의에 대하여 논한다.

1.2 법률적 토대

1990년대에는 미국 해운을 비롯한 해사산업의 쇠퇴에 대응하기 위하여 1996년 해사안보법(MSA, The Maritime Security Act of 1996)과 1998년 대양해운개혁법(The Ocean Shipping Reform Act of 1998, 1999년 발효)이 이 시기의 가장 중요한 관련 법안이었다. 해사안보법은 고비용의 운영 차액 보조금(ODS) 프로그램을 시장 중심적인 새로운 시스템으로 대체했다. MSA의 주요 내용은 다음과 같다.

- 해사 안보 프로그램(MSP, Maritime Security Program) 신설: 이 프로그램은 전쟁이나 국가 비상사태 시 국방부가 사용할 수 있는 "군사적으로 유용한" 미국 국적 상선 47척으로 구성된 선단을 설립했다.
- 재정 지원: 선박 운영자들이 정부와 운영 계약을 체결하면 선박당 연간 최대 210만 달러의 재정 지원을 받았다.
- 선원 재고용 권리: 이 법은 군 예비군과 유사하게 소집된 상선 선원에게 재고용 권리를 확대했다. 1998년 대양해운개혁법은 미국의 국제 해운 규제완화가 핵심으로 연방해사위원회의 규제 역할을 시장 원리로 대부분 대체했다. 이 개혁의 핵심 내용은 다음과 같다.
- 비밀 서비스 계약: 해상 운송업체와 화주 간의 비밀 서비스 계약을

허용하여 운송업체가 요율을 공개적으로 신고해야 했던 오래된 요
건을 폐지하였다.

- 시장 기반 협상: 이 법의 목표는 시장 기반 협상으로 권력의 균형을
옮겨, 대형 화주에게 유리하고 운송업체와 중소형 화주에게는 불
리하게 작용할 수 있도록 하는 것이었다.

2000년대에 접어들어서 미국의 해운정책은 2001년 9월 11일 발생
한 테러공격으로 안보문제가 다시 주도하였다. 주요 입법 대응책으로
항만 및 선박보안 규제가 대폭 강화된 해상운송 보안법(MTSA, Maritime
Transportation Security Act of 2002)이 제정되었다. 안보가 정책의 중심이었지
만 동 시기에도 조선산업의 쇠퇴와 노후화된 미국 국적 선단에 대한 의
존이라는 미국 해운의 기존 추세는 계속되었다.

2002년 MTSA는 미국 해안경비대를 해양 국토 안보를 담당하는 연
방 주도 기관으로 지정하고, 항만 및 선박이 해안경비대의 승인을 받
아야 하는 종합적인 보안 및 사고 대응 계획을 개발하고 이행하도록 요
구하였다. 테러 위협이 국내로 유입되는 것을 막기 위해 MTSA는 미국
과 거래하는 외국 항만에 대한 보안 평가 실시 규정, 미국 영해에서 운
항하는 선박에 실시간 추적을 위한 자동 식별 시스템(AIS) 설치를 의무
화했다. 나아가 2004년에는 모든 연방 해양 안보 프로그램을 통합하기
위한 보다 광범위한 국가 해양 안보 전략이 수립되었다.

본질적으로, 1980년대 이후 미국의 해운정책은 보조금 중심의 보
호주의에서 보다 시장 중심적이고 전략적인 접근 방식으로 전환되
었다고 할 수 있다. 상업 조선업에 대한 보조금 폐지는 미국 조선소를
군사 계약에 거의 전적으로 의존하게 했고, 이러한 상황은 지금까지도
지속되고 있다.

해사안보법은 탈냉전 시대에 군사 수송 능력을 확보했으며, 대양해
운개혁법은 국제 무역에서 규제 완화의 중요한 전환점을 마련했다. 한
편, 존스법은 국내 시장을 외국 경쟁으로부터 계속 보호했다.

　2000년대는 반테러와 안보가 지배적인 원동력이 되면서 미국 해운정책이 상업적인 관점보다는 안보 우선으로의 전환점이 되었다. 1990년대부터 물려받은 상업 및 군사 수송의 틀은 계속 이어졌고, 일부 혁신노력에도 불구하고 해운 및 조선 산업의 장기적인 쇠퇴를 막지는 못했다. 미국 해운정책의 전반적인 주제는 기존의 경제 및 전략적 현실 위에 덧씌워진, 위협에 반응하는 안보 중심의 노력이었다고 할 것이다.

2. 9.11 테러와 해상 안보 패러다임의 전환

2.1 해상 안보의 최우선 순위화와 전략적 전환

2001년 9월 11일 테러 공격은 미국 해운 정책의 패러다임을 근본적으로 전환시킨 외부적 충격이었다. 테러리즘의 위협에 대응하여 해상 운송 시스템의 취약성이 부각되었고, 해상 안보(Maritime Security)가 국가 안보 전략의 핵심 요소로 격상되었다.

2.2 통합된 해상 안보 체계 구축

2004년 12월, 조지 W. 부시 대통령은 NSPD-41/HSPD-13(해상 안보 정책)에 서명하며 포괄적인 국가 해상 안보 전략(National Strategy for Maritime Security) 수립을 지시하였다. 이 전략은 해상 영역(Maritime Domain) 내 모든 활동, 인프라, 인력, 화물에 대한 보안을 확보하는 데 중점을 두었다.

이 새로운 전략은 기존의 국방 중심 정책을 보완하며, 해상 영역 인식(MDA, Maritime Domain Awareness), 글로벌 해상 정보 통합, 해상 위협 대응 작전 계획(MOTR Plan, Maritime Operational Threat Response Plan) 등 8가지 지원 계획을 통해 범정부적인 통합과 정보 공유 노력을 강조하였다. 이로 인해 정책적 관심과 자원은 전통적인 상업적 또는 군사적 하드웨어 역량 구축보다는 정보, 절차, 국경 보안 등 비대칭 위협을 관리하는 소프트

보안(Soft Security) 영역으로 집중되는 전략적 전환이 발생하였다.

2.3 국제 해운 규제와의 연계

미국은 테러 위협에 대해 국제 해운계에도 적극적으로 대응하도록 주도하였다. 국제 해사 기구(IMO)는 9.11 사태의 중요성을 인정하고, 선박 및 항만 시설의 보안 강화를 위한 국제 선박 및 항만 시설 보안 규정(ISPS Code)을 제정하였으며, 이 규정은 2004년 7월 1일부터 발효되어 미국의 국내외 해운 보안 조치에 직접적인 영향을 미쳤다.

3. 2010년대 이후의 전략적 도전: 지정학, 환경, 기술

3.1 중국과의 해양 패권 경쟁 및 전략적 위협

2010년대 후반부터 미국 해운 정책의 핵심 전략적 동인은 대테러를 넘어 중국의 부상과 해양 영향력 확장으로 전환되었다. 학계에서는 중국의 급격한 대양 해군력 및 보조 역량 증강이 미국의 글로벌 해양 지배력을 위협하며, 이는 해상 통신로(SLOC) 통제 능력, 자유로운 상업 흐름 보장 능력 등 미국의 근본적인 국익을 위험에 빠뜨린다고 경고했다.

이에 대한 정책적 대응은 자유롭고 개방적인 인도-태평양(FOIP-Free Open Indo-Pacific) 전략과 통합되고 있다. 미국은 국내 정책을 정비하고 인프라에 투자하며 국제 파트너십을 강화함으로써, 글로벌 해상 무역로를 확보하고 중국의 전략적 압력에 맞서야 한다는 요구가 증가하고 있다. 구체적인 정책 목표에는 항행의 자유 수호와 핵심적인 해상 관문(chokepoint)에 대한 중국의 통제를 거부하는 목표가 포함된다.

3.2 공급망 복원력과 지정학적 불안정성

글로벌 무역 환경의 변화도 해운 정책에 중대한 영향을 미치고 있다. 25년간 지속된 세계화 흐름이 정체되고 지정학적 불확실성이 증가하면서 컨테이너 무역 성장이 둔화될 수 있다는 분석이 제기된다. 또한,

기술 발전이 제품의 소형화 및 서비스 수요 증가를 촉진하여 소비재 수요를 비물질화(de-materialization)시키는 경향도 글로벌 무역 성장을 둔화시키는 요인으로 작용한다.

최근의 지정학적 불안정은 상선의 취약성을 극명하게 드러냈다. 2023년 말부터 발생한 이란과 연계된 후티 반군의 홍해 선박 공격 사건은 상선에 대한 국가 연계 공격의 급격한 증가를 보여주었다. 이러한 위협은 글로벌 해상 운송 질서를 위협하며, 글로벌 공급망의 탄력성 확보를 위해 미 해군의 효율적인 보호 능력과 전략적 해운 정책이 필수적임을 다시 한번 강조한다.

3.3 환경 규제 및 기술 발전의 영향

국제 해운업계는 지난 10년간 선박 배출가스 제한과 관련된 다양한 환경 규제에 직면해 왔다. IMO 2020의 글로벌 황 함량 규제 도입과 이후의 온실가스(GHG) 감축 전략 31은 해운업계에 대규모 재정적 및 기술적 투자를 요구한다.

이러한 환경 규제의 강화는 미국의 국내 해운 정책과 복잡하게 얽힌다. 글로벌 규정을 준수하기 위해서는 노후화된 미국 상선대를 대체하고 대체 연료 등 신기술을 도입해야 한다. 하지만, 존스법으로 인해 이미 경쟁력을 상실하고 노후화가 심한 미국 상선대는 이러한 글로벌 전환에 뒤처질 경우 경제적 경쟁력이 더욱 약화될 가능성이 있다. 균일한 집행 체제가 없으면 시장 왜곡이 발생할 수 있다는 분석도 있어, 미국의 정책 대응이 국제적인 노력과 조화를 이루어야 함을 시사한다.

4. 정책의 정치 경제적 분석: '철의 삼각관계'의 작동

4.1 정책 지속의 메커니즘: '철의 삼각관계' 모델

존스법이 경제적 비효율성과 국가 안보적 한계에도 불구하고 오랜 기간 유지될 수 있었던 배경은 순수한 경제적 또는 군사적 합리성만으로는 설명하기 어렵다. 이는 정책 결정이 소위 '철의 삼각관계(Iron Triangle)'로 불리는 메커니즘, "이익 단체, 행정부 기관, 의회 위원회 간의 상호 보강적 관계"에 의해 강력하게 좌우되기 때문이다.

해운 정책 영역에서 이 삼각관계는 ① 강력한 해운 노조 및 조선업계 로비 그룹, ② 해사청(MARAD) 등의 행정부 집행 기관, 그리고 ③ 관련 의회 위원회 의원들로 구성된다. 이 관계는 특정 이익 집단에게는 집중적인 혜택을 제공하고, 그 비용은 일반 대중에게 광범위하게 분산시켜 정책 폐지 노력을 약화시키고 있다.

4.2 해운 노조 및 이해관계자의 압도적 영향력

미국 해운 노조는 그 규모가 다른 산업 노조에 비해 작음에도 불구하고, 강력한 로비 활동과 상당한 선거 기부를 통해 의회에 막대한 정치적 영향력을 행사한다. 이러한 영향력은 때때로 공공의 이익과 상충되는 방식으로 행사되고 있다.

특히, 미국 해상 노동조합은 미국 국적선에 대한 선원 규모 및 구성을 결정하고 조합원만을 배치할 수 있는 법적 권한을 가지고 있으며, 이는 미국 국적선의 인건비(가변 비용)를 통제하여 높은 운항 비용을 유지하는 핵심 동인이다. 노조의 이러한 강력한 통제력은 존스법과 같은 고비용 보호주의 정책의 영구적인 유지에 결정적인 정치적 기반을 제공한다.

4.3 MARAD의 역할과 정책적 중개자 기능

미국 교통부(DOT) 산하 기관인 해사청(MARAD)은 미국 상선대의 개발 및 유지를 임무로 하며, 존스법과 MSP의 주요 집행 기관으로서 정치경제적 이해관계의 교차점에 위치한다. MARAD는 존스법, MSP, 그리고 화물 우선 적취 프로그램을 '미국 상선대의 주된 버팀목'으로 활용하며, 이러한 프로그램들이 국가 안보 목표 달성에 필수적이라는 논리를 의회에 지속적으로 제공한다.

MSP가 존재하는 덕분에 국방부는 130억 달러의 자본 지출을 절감할 수 있다는 비용 효율성 분석은 MARAD가 보호주의적 현상 유지(status quo)를 정당화하고 의회의 지원을 계속해서 확보하는 데 중요한 도구로 사용된다.

5. 결론 및 정책적 함의

그림 1. 미국 해운정책의 지속 메커니즘: 철의 삼각관계

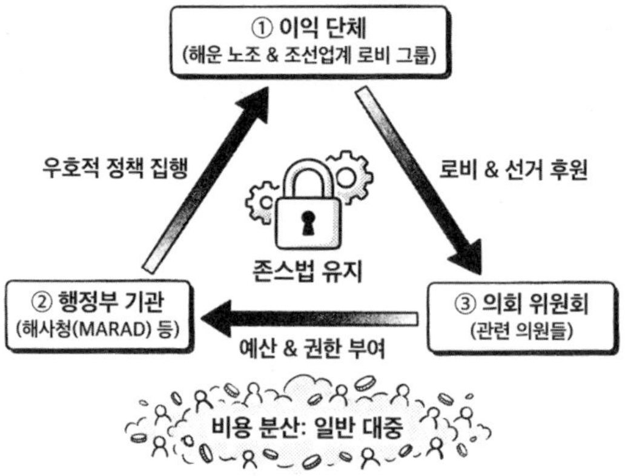

5.1 종합적 통찰: 상충하는 목표 속의 정책 정체

1990년대 이후 미국 해운 정책은 보호주의(존스법)와 국방 준비 태세(MSP/RRF)라는 두 가지 모순된 축을 중심으로 운영되어 왔다. 그 결과 현재의 미국 해운정책은 상수화된 안보 목적과 상업적 비효율성의 긴장 관계라는 정책적 이중 구속 상태에서 여전히 벗어나지 못하고 있다. 미국 해운 정책의 구조적 약점은 국가 안보 목표를 달성하기 위해 도입된 규제적 메커니즘이 역설적으로 상업적 경쟁력을 훼손하고, 궁극적

으로 국방이 의존하는 상선대의 기반을 잠식하는 데 있다. 이는 전략적 해상수송 정책이 상업 효율성 정책과 끊임없이 긴장하는 '이중 구속(double bind)' 상황을 초래한다.

미국 의회는 해양 전략을 통해 상선대가 대외 교역 수행과 해군 보조력 역할을 모두 수행할 수 있도록 충분한 규모를 유지해야 한다고 규정했으나, 수십 년 동안 이 전략은 일관된 정책 지원을 받지 못했다. 국가 안보 의무를 준수하기 위해 부과되는 고비용의 미국 규제 환경은 상선대의 상업적 비효율성을 초래하는 핵심 동인이다. 미국 국적 선박은 일반적으로 외국 국적 선박에 비해 운영 비용과 자본 비용이 현저히 높다. 해사청 관계자에 따르면, 특히 높은 임금과 혜택, 더 높은 의무 승선 인원 요건을 포함하는 선원 비용이 운영 비용 차이의 가장 큰 부분을 차지한다. 또 조선 비용의 비경쟁성도 문제이다. 미국 조선소는 외국 조선소보다 선박 건조 및 유지보수에 더 많은 비용을 청구하므로, 미국 국적 선박은 높은 자본 및 유지보수 비용을 갖는다. 이러한 비용 구조는 외국 국적 선박이 미국 항만과의 국제 무역에서 경쟁하는 것을 막는 국내 법률(예: MSP, 화물 우대)에 의해 재정 지원이 이루어지지 않는 한, 미국 국적 외항 선박의 상업적 생존 가능성을 사실상 소멸시킨다. 즉, 상선대는 국방이라는 '상수(constant)'를 충족하기 위해 규제와 비용을 감수해야 하며, 이는 상업적 측면에서 '변수(variable)'로 기능하는 효율성을 희생하게 만든다.

존스법은 국내 산업을 보호하는 명분을 제공하지만, 이로 인해 유발되는 비정상적으로 높은 비용과 비효율성은 미국 상선대의 상업적 경쟁력을 구조적으로 파괴하였다. 이 구조적 실패는 MSP라는 정부 보조금 프로그램을 통해 최소한의 군사적 해상 수송(Sealift) 역량과 해기사 인력 풀을 유지하는 방식으로 완화되었지만, 이는 지속 가능한 해결책이 아닌 비용 집약적인 임시 방편에 불과하다.

존스법의 엄격한 미국 건조(U.S.-built) 요건은 선박 건조 비용을 극도로 높이고, 이는 결국 상업적 비효율성을 심화시킨다. 외국 국적 선박은 국내 항만 간의 수송(cabotage)이 금지되어 있지만, 이들의 저렴한 운영 비용은 미국 국적 선박이 외항 무역에서 경쟁력을 잃게 만드는 근본적인 요인으로 작용한다.

9.11 이후 정책 초점이 소프트 안보(정보 중심)로 전환되면서 하드웨어 기반의 문제(RRF 노후화)는 간과되었으며, 2010년대 후반 중국의 전략적 부상이라는 지정학적 도전 앞에서야 비로소 미국의 해상 수송 역량과 산업 기반의 취약점이 심각한 전략적 리스크로 재조명되었다.

결론적으로, 현재의 미국 해운 정책은 강력한 정치 경제적 메커니즘('철의 삼각관계')에 의해 고정되어 있으며, 경제적 효율성과 국방 준비 태세라는 두 가지 핵심 목표 중 어느 하나도 최적으로 달성하지 못하는 정책적 정체(Policy Stasis) 상태에 놓여 있음을 확인하였다.

표 5. 미국해운의 선복량 변화와 시대별 주요 특징(1990~현재)

년대	선복량 (천G/T)	주요 추세와 요인
1990년대	1990년 7,619(388척) 1999년: 5,145	주요 추세: 쇠퇴 지속. 요인: *1996년 해양 안보법(MSA)으로 보조금 지급 대상 선단이 재편되었으나, 톤수 감소는 막지 못함.
2000년대	2000년: 6,373 2009년: 7,710	주요 추세: 톤수가 소폭 반등했지만, 이는 개별 선박의 대형화에 기인하며 선박 수는 지속적으로 감소. 요인: * 9/11 테러 이후 해양 보안 강화. * 해양 안보 프로그램(MSP) 확대로 군사적 용도에 적합한 선박에 대한 보조금 증액.
2010년대	2010: 8,014 2019년: 7,113	주요 추세: 전체 톤수는 상대적으로 안정적이었지만 선박 수는 계속 감소. 요인: * 선박 노후화. * 외국 선사들의 저렴한 운영 비용으로 인한 경쟁력 격차.

| 2020년대 | 2025년1월 현재 7,761(188척) | **주요 추세**: 톤수 및 선박 수 모두 감소세. 2024년 초 177척까지 줄어들어 역대 최저 수준을 기록.
요인:
* 글로벌 경쟁 심화 및 중국 조선업의 압도적 시장 점유율.
* 만성적인 선원 부족 문제.
* 공급망 취약성과 국가 안보 문제 대두. |

5.2 정책적 함의 및 향후 연구 방향

미국 해운정책의 250년은 한 줄로 요약하면 "군사적 필요의 상수와 상업적 효율의 변수의 상호작용"이다. 전시 동원형 시스템은 군수 물류 측면에서 탁월했으나, 전후 문제시되어 온 상업 경쟁력의 복원에는 실패했다. 존스법은 내항 보호라는 정책목표를 충실히 수행하면서도 고비용 저효율의 트레이드오프를 구조화했다. 1980년대 이후 규제완화는 해운시장의 역동성을 높였으나, 국내 건조·운항 비용 및 기술 격차를 상쇄하지 못했다. 높은 국내 운영 비용으로 인해 미국 국적 선박이 편의치적으로 이적하거나 해체되면, 이는 미국 선원들에게 지속 가능한 일자리가 줄어드는 결과로 이어진다. 일자리 시장이 축소되면 활동 중인 선원 수가 제한되어 RRF를 위한 긴급 동원 풀이 직접적으로 감소하였다. 이러한 구조적 요인들은 미국 국적 상선대의 축소를 가속화하는 악순환의 고리를 형성하였다.

결론적으로 미국의 해운 정책은 국내 일자리를 안정시키려는 정책목적으로 실시되었지만, 국제 무역 환경에서 미국 해운 산업이 스스로 성장하여 국방에 필요한 자산을 창출할 기회를 박탈함으로써, 장기적인 전략적 해상수송 기반의 쇠퇴를 촉진하였다고 볼 수 있다.

따라서 미국의 해운 정책이 현대의 지정학적, 경제적 도전에 효과적으로 대응하기 위해 다음과 같은 구조적 변화가 필요함을 시사한다.

• 전략적 Sealift 자산의 현대화 및 국방 투자 의무화: 국가 방위 전략의 필수 구성 요소로서, 노후화된 RRF 선단의 긴급한 교체 및 장기적인 현내화 프로그램에 대한 전면적인 국방 투자가 필요하다. 조

선 산업 육성 및 중소 조선소 지원을 위한 해사청의 노력이 장기적인 국가 해상 전략과 연계되도록 재평가 및 지해야 한다. 이는 평균 선령 45년에 달하는 예비 선단이 전략적으로 무용지물이 되는 것을 방지하고, 지정학적 경쟁 심화에 대비하는 필수적인 조치이다.

- 존스법의 유연성 확대 및 전략적 재평가: 존스법의 전면 폐지가 정치적으로 어렵다는 현실을 인정하더라도, 경제적 비효율성이 가장 극대화되는 특정 분야(예: 푸에르토리코와 같은 비본토 항로)에 대한 영구적 또는 장기적인 면제 조치를 심층적으로 검토하여 경제적 부담을 완화하여야 한다. 국방 당국이 정책 재평가 필요성을 언급하였듯이, 법의 목표를 국가 안보 달성을 위한 최소 요구 사항(해기사 및 선박 수)으로 명확히 제한하고, 과도한 경제적 보호주의를 완화하는 실용적인 접근이 필수적이다.

- 해기인력 강화 및 데이터 기반 정책 결정: 해상 수송 능력의 핵심인 해기사 인력 풀의 지속 가능한 확보를 위해 MSP를 넘어선 새로운 교육 및 훈련 프로그램에 대한 투자가 필요하다. 또한, 해사청은 해기사 공급 현황에 대한 정책 분석의 기초 자료를 확보하기 위해, 국방운송사령부(USTRANSCOM) 및 해안경비대와의 협력을 통해 해기사 공급 데이터를 생산하고 3~5년 주기로 정기적인 인력 풀 조사를 실시하여야 한다.

- 지정학적 도전에 대한 전략적 연계 강화: 미국 해운 정책은 중국과의 경쟁 환경을 반영하여 자유롭고 열린 인도-태평양 전략과 완전히 통합되어야 한다. 이는 상업적 해운과 군사적 작전의 연계를 강화하고, 핵심 해상 관문의 통제 거부 목표를 명확히 하며, 동맹국과의 해상 물류 협력을 증진하여 글로벌 공급망의 탄력성을 확보하는 것을 포함한다.

향후 미국 해양정책에 대한 연구는 '철의 삼각관계'의 작동 메커니즘을 정량적으로 분석하고, 존스법의 특정 면제 조치가 비본토 지역의 경제적 변수에 미치는 영향을 계량적으로 분석하는 데 초점을 맞출 필요가 있다.

그림 2. 미국 국적 상선대의 감소(1946-2009)

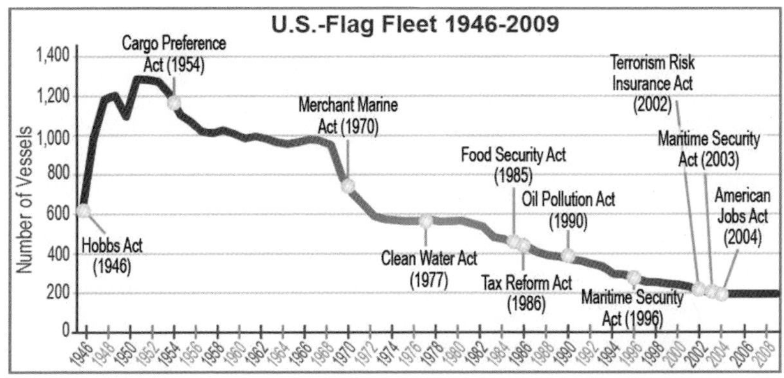

출처: https://www.maritime.dot.gov/sites/marad.dot.gov/files/docs/resources/
3651/comparisonofusandforeignflagoperatingcosts.pdf#page=6.14

제 5 장

미국 해운정책 수단의 실효성 및 산업적 영향 분석:
보조금, 화물 우선 적취, 직접조달을 중심으로

1. 서론

본 장에서는 미국 해운산업의 쇠퇴와 안보적 필요성 사이의 딜레마를 해결하기 위해 미국 정부가 운용해 왔던 3대 정책 수단인 보조금(Subsidies), 화물 우선적취(Cargo Preference), 정부 직접조달(Direct Procurement)의 법적 기원과 변천 과정, 그 영향을 고찰한다.

분석 결과, 미국의 해운정책은 1936년 상선법 체제의 '상업적 비용 동등성(Parity)' 추구에서 1996년 해사보안법 체제의 '군사적 가용성(Availability)' 확보로 그 패러다임이 전환되었다. 이들 정책은 최소한의 전략 물자 수송 능력을 유지하는 데는 기여하였으나, 과도한 보호무역 조치로 인한 비용 구조의 고착화를 초래하여 미국 해운·조선업의 상업적 자생력을 약화시킨 것으로 분석된다. 제2차 세계대전 직후 전 세계 선복량의 70% 이상을 점유했던 미국 상선대는 세계화와 편의치적제도의 확산, 그리고 동아시아 조선업의 부상으로 인해 2020년대 현재 전 세계 원양 상선대의 1% 미만을 점유하는 수준으로 급격히 위축되었다. 그러나 미국은 전시 및 비상사태 시 군수 물자를 수송해야 하는 국가안보적 요구에 따라, 상업적 경쟁력을 상실한 자국 상선대를 유지해야 하는 구조적 모순에 직면해 있다.

미국 정부는 이러한 시장 실패를 보정하기 위해 상선을 육·해·공군에 이어서 '제4군(The Fourth Arm of Defense)'으로 간주하는 논리에 입각하여 강력한 국가 개입 정책을 펼쳐왔다. 본 장에서는 미국 해운정책을 지탱해 왔던 세 가지 축인 보조금, 화물 우선 적취, 직접 조달의 법적·제도적 특성 및 실효성을 분석하고, 이것이 산업 생태계에 미친 영향을 규명하는 것을 목적으로 한다.

2. 미국 해운정책의 3대 핵심 수단 분석

2.1 보조금 정책 (Subsidies) : 비용 보전에서 정액 지원으로

(1) 1936년 상선법 체제: 차액보조금(Differential Subsidies)

미국 해운 지원의 기원은 1936년 상선법(Merchant Marine Act of 1936)에 있다. 동법은 미국 선박이 외국 선박과 대등한 조건에서 경쟁할 수 있도록 '동등성' 원칙을 천명하였다.

법적 구조는 동법 제603조(b)항에 의거, 정부는 미국 선박의 운영비와 외국 경쟁 선박의 운영비 간의 초과분(Excess Cost) 전액을 운항차액보조금으로 지급하였다(Gibson & Donovan, 2000). 또한, 제501조에 따라 건조비용의 차액을 보전하는 건조차액보조금(CDS)을 통해 조선업을 직접 지원하였다.

1936년 법 제정 이후 제도가 실질적으로 종료된 1990년대 후반까지, 미국 정부는 해운 보조금으로 총 약 140억 달러 이상을 지출하였다. 이 중 ODS(운항보조금)가 전체의 약 70% 이상을 차지하며, CDS(건조보조금)는 1981년 폐지 이전까지 약 30% 비중을 차지했다.

건조차액보조금은 1936년부터 1981년까지 집행되었는데 총 집행액은 약 38억 달러에 달했다. 기간별로 나누어 보면 다음과 같다. 첫째, 1936년~1969년은 안정기로 연평균 2천만~5천만 달러 수준에서 안정적으로 집행되었고 주로 노후화된 정기선의 대체 건조에 사용되었다. 둘째, 1970년~1980년은 급증기로 1970년 상선법 개정(Merchant Marine Act of 1970)으로 닉슨 대통령이 "10년간 300척 건조" 프로그램을 추진하며 예산이 폭발적으로 증가했다. 1975년에는 단일 연도에 2억 2천만 달러가 집행되었다. 셋째, 1981년 이후는 종료기로 레이건 행정부의 옴니버스 예산조정법에 의해 1982 회계연도부터 신규 예산 배정이 'O(Zero)'가 되었다. 이후 미국 상선 건조 시장은 붕괴했다.

운항차액보조금의 집행 기간은 1937년부터 1997년까지로 이후 MSP로 대체되었다. 총 집행액은 약 105억 달러였다. 선박 숫자는 줄어들었음에도 불구하고, ODS 집행액은 1950년 5천만 달러에서 1980년 3억 6천만 달러로 7배 이상 급증했다. 그 이유는 미국과 외국선원 사이의 임금 격차 확대로 미국 선원 임금 상승률이 세계 평균을 크게 상회했기 때문이다. 1980년대 기준, 보조금의 약 85%가 선원 인건비 차액 보전에 사용되었다. 1981년 이후 신규 계약이 중단되었음에도, 기존 20년 장기 계약에 묶여 1990년대 중반까지 연간 2억 달러 이상의 예산이 고정적으로 지출되었다.

표 1. 주요 연도별 보조금 집행현황(단위: 백만달러)

회계연도 (Fiscal Year)	운항차액보조금 (ODS)	건조차액보조금 (CDS)	비고 (Policy Context)
1937-1946	누적 53.0	누적 213.0	제도 도입 초기 및 전시 체제
1950	56.4	16.8	전후 상선대 재건기
1960	130.7	25.1	정기선(Liner) 위주의 지원
1970	206.1	67.2	닉슨 독트린(1970년 법) 개정 전야
1972	237.0	143.0	1970년 법 효과: 건조 보조금 급증
1975	243.0	226.0	대형 유조선/LNG선 건조 붐
1980	363.3	243.0	CDS의 마지막 정점
1982	390.9	0.0	레이건 행정부 CDS 예산 전액 삭감
1985	344.0	0.0	기존 계약에 의한 ODS만 유지
1990	239.3	0.0	ODS 계약 만료 시작

회계연도 (Fiscal Year)	운항차액보조금 (ODS)	건조차액보조금 (CDS)	비고 (Policy Context)
1995	214.4	0.0	MSP(1996년 법) 체제로의 전환기
누적 총계	약 $10.5 Billion	약 $3.8 Billion	(1936~1995 추산치)

출처: U.S. Maritime Administration Annual Reports; Gibson & Donovan, 2000 데이터를 기반으로 재구성

차액보조금의 한계는 명확하다. 1981년 레이건 행정부의 예산 삭감으로 CDS가 폐지되면서 상업용 선박 건조 기반이 붕괴되었고, ODS 역시 선사의 비용 절감 유인을 저해한다는 비판에 직면하였다. 차액보조금의 문제는 크게 3가지로 나누어 볼 수 있다.

첫째는 투입 대비 산출의 감소로 1950년대 대비 1980년대의 보조금 지출은 5배 이상 늘었으나, 미국 국적 외항선대 규모는 오히려 1,000여 척에서 400여 척 미만으로 감소했다.

둘째는 CDS의 역설로 1970년대의 막대한 CDS 투입(연간 2억 달러 상회)은 일시적인 건조 붐을 일으켰으나, 오일 쇼크로 인한 해운 불황과 맞물려 지속 가능한 경쟁력을 만들어내지 못하고 '세금 낭비'라는 비판을 받으며 1981년 폐지의 빌미가 되었다.

셋째는 ODS의 경직성으로 ODS는 선사들에게 '비용 절감 노력'보다는 '보조금 최대 수령'에 집중하게 만드는 도덕적 해이(Moral Hazard)를 유발했다는 것이 이 시기 집행 실적 분석의 주된 결론이다.

(2) 1996년 해사보안법 체제: 해사보안프로그램(MSP)

1996년 해사보안법(Maritime Security Act of 1996)에 의해 수립된 해사보안프로그램(MSP, Maritime Security Program)은 현 미국 해운정책의 중추이다. 1996년 도입된 MSP는 미국 해운정책이 '상업적 경쟁력 회복(Parity)'이라는 이상주의적 목표를 포기하고, '안보를 위한 전략적 자산의 아웃소싱(Outsourcing for Security)'이라는 현실주의적 접근으로 선회했음을 보여주는 결정적 지표이다. 정부는 연간 약 3억 1,800만 달러(60척 × $5.3M)

의 예산으로 약 150억 달러 이상의 가치를 지닌 해상 수송 능력을 상시 확보(Retain)하는 안보 비용을 지불하고 있다

MSP는 이전의 '비용 차액 보전' 방식(ODS)을 폐기하고, '군사적 가용성 확보를 위한 고정급(Retainer Fee) 지급'이라는 새로운 패러다임으로 전환한 획기적인 제도이다. 해당 제도의 구조, 실행 메커니즘, 변천, 그리고 법적 근거는 다음과 같다.

MSP는 미국 국적 상선대가 전시 및 국가 비상사태 시 미 국방부의 전략 물자 수송 수요를 충족시킬 수 있도록, 평시에 상업 운항 중인 선박에게 연간 정액의 지원금을 지급하여 선박과 선원의 가용성을 유지하는 민-군 협력 프로그램이다. 설립 목적은 다음과 같다.

첫째, 경제성 확보이다. 정부가 유휴 선박을 직접 소유·유지하는 비용보다 민간 선박에 보조금을 지급하는 것이 훨씬 저렴한데 국방부 추산 시 약 1/10에 불과하였다. 둘째는 즉응성으로 전 세계 항로에 배치된 상선과 물류 네트워크를 비상시 즉각 군사 용도로 전환할 수 있다. 셋째는 인력 유지로 전시 예비역 역할을 수행할 숙련된 미국인 선원 풀을 확보할 수 있다.

MSP의 법적 근거가 되는 모법(母法)은 Maritime Security Act of 1996 (Public Law 104-239)이고 법전화(Codification)는 46 U.S.C. Chapter 531 (Maritime Security Fleet)로 이루어졌다. 즉, MSP는 2003년 해사 안보법 (Maritime Security Act of 2003) 및 매년 갱신되는 국방수권법(NDAA)을 통해 프로그램 연장 및 지원금 증액이 이루어진다.

MSP의 운영 구조(Operational Structure)는 다음과 같다. 지원 대상(The Fleet)은 총 60척으로 제한된 쿼터제(Cap)로 운영되고 있으며 선대 구성은 컨테이너선, 로로선(Ro-Ro, 차량운반선), 중량물 운반선(Heavy Lift), 탱커 등 '군사적으로 유용한(Militarily Useful)' 선박으로 이루어져 있다.

참여 자격(Eligibility)은 미국 시민 소유 기업(Section 2 Citizen) 또는 적격한 문서화된 시민(Documentation Citizen)으로 선박은 반드시 미국 국적(U.S.-

Flag)이어야 하며, 미국인 선원이 승선해야 한다. 특이사항은 1936년법과 달리, 해외에서 건조된 선박이라도 선령이 15년(일부 10년) 미만이고 미국 국적을 취득하면 참여 가능하다는 점이다. 이는 미국 조선소 건조 의무를 면제하여 선사의 진입 장벽을 낮춘 조치이다.

MSP의 실행 메커니즘은 VISA와의 연계에 있다. 양자의 관계는 "The Quid Pro Quo"로 이는 라틴어로 무엇에 대한 대가(Something for Something)" 또는 "주고받기(Give and Take)"를 의미하는 법률/외교 용어이다. 해사보안프로그램(MSP)과 비상준비협약(VISA)의 맥락에서 이 용어가 사용될 때는, 정부와 민간 선사 간의 "상호 호혜적이고 조건부적인 교환 거래"를 의미한다. 이는 MSP 지원금이 단순한 기업 지원금(Handout)이 아니라, 국방 서비스 구매 계약임을 강조하는 핵심 논리이다. 즉, MSP의 핵심은 정부가 자금을 지원하는 대신, 선사는 비상 시 '모든 것'을 제공하겠다는 계약을 맺는 것이다. 모든 MSP 참여 선박은 의무적으로 자발적 복합 해상 수송 협약(VISA, Voluntary Intermodal Sealift Agreement)에 가입해야 한다. 미 수송사령부(USTRANSCOM)가 비상사태를 선포하면, 해당 선사는 단순히 선박뿐 아니라 자사가 보유한 전 세계 물류 네트워크(터미널, 트럭, 철도 연계 시스템 등)와 선원을 군 수송 작전에 우선 배정해야 한다. 상황 심각도에 따라 Stage I, II, III로 나뉘며, Stage III 발령 시 선박의 상업 운항은 중단되고 100% 군 통제하에 들어가도록 되어 있다.

MSP 지원금 지급 내역은 다음과 같다. MSP 지원금은 물가 상승과 선박 운영비 증가를 반영하여 지속적으로 인상되었다. 선박 1척당 연간 지급액은 초기 (1996~2005)에는 약 210만 달러로 고정되었다. 중기 (2006~2010)에는 2003년 법 개정을 통해 약 260~290만 달러로 인상하였고, 확대기 (2011~2020)에는 310만 달러에서 시작하여 500만 달러까지 단계적으로 인상되었다. 현재 (2021~)는 2021 회계연도 국방수권법 (NDAA FY2021, Pub. L. 116-283)에 의거하여 530만 달러(약 70억 원)로 대폭 상향되었다. 그 이유는 코로나19 팬데믹으로 인한 선사 경영난 지원 및 중국 해군력 증강에 따른 전략적 가치가 재평가되었기 대문이다.

MSP 모델이 성공적인 것으로 평가받으면서, 최근 미국 의회는 이를 탱커와 케이블부설선과 같은 특정 선종으로 확장하고 있다. 탱커보안 프로그램 (TSP, Tanker Security Program)은 2021 NDAA에 근거하고 있으며 유류 수송 능력 확보를 위해 MSP와 별도로 10척의 제품운반선(Product Tanker)을 선정하여 MSP보다 높은 척당 연간 600만 달러를 지급하는 것 이다. 케이블보안선대 (CSF, Cable Security Fleet)는 해저 케이블 부설 및 수 리 선박 2척에 대해 연간 $5 Million을 지급하는 것이다.

2.2 화물 우선 적취 정책 (Cargo Preference) : 인위적 수요 창출

미국 해운정책의 두 번째 기둥인 화물 우선 적취(Cargo Preference) 정책 은 시장 원리에 의해 자연적으로 발생하지 않는 수요를 법적으로 강제 하여 창출한다는 점에서 '인위적 수요 창출(Artificial Demand Creation)' 메커 니즘으로 정의된다.

(1) 법적 근거 및 현황

화물 우선 적취 정책은 대상 화물의 성격(국내 화물 vs 국제 화물)과 발주 주체(군 vs 민간 정부기관)에 따라 크게 세 가지 핵심 법령에 의해 집행된다.

첫번째, 법적 근거는 내항운송은 미국인만 가능하도록 한 1920년 상 선법 제27조 (Merchant Marine Act of 1920, Section 27 (현행 46 U.S.C. § 50101 et seq., The Jones Act)이다. 그 핵심 내용은 미국 내 항구 간(Cabotage) 운송되는 모 든 화물은 다음의 4가지 조건을 모두 충족하는 선박에 의해서만 운송 되어야 한다는 것이다.

- US-Built: 미국 내에서 건조될 것.
- US-Owned: 미국 시민(기업)이 소유할 것 (지분 75% 이상).
- US-Crewed: 선원 전원이 미국 시민권자일 것.

• US-Flagged: 미국 국적을 가질 것.

적용 범위는 미국 본토 연안(Coastal), 내륙 수로(Inland Waterways), 오대호(Great Lakes), 그리고 비연속 영토(Non-contiguous trades: 알래스카, 하와이, 푸에르토리코, 괌) 간의 운송으로 전 세계에서 가장 강력하고 폐쇄적인 카보타지(Cabotage) 규제이다. 이 법 덕분에 약 40,000여 척의 내륙 수로 예인선(Tug & Barge)과 소형 선박들이 미국 국적을 유지하고 있으며, 미국 내 중소형 조선소의 유일한 생존 기반이 되고 있다.

두번째 법적근거는 1904년 화물 우선 적취법 (Cargo Preference Act of 1904, 현행 10 U.S.C. § 2631)로 "미군 물자는 100% 미국 배로 실어 나른다"는 것이다. 핵심 내용은 미 국방부(DoD) 및 각 군(Army, Navy, Air Force)이 구매하거나 사용하는 모든 군수물자 및 병력 이동은 100% 미국 국적선을 이용해야 한다는 것이다. 단서 조항으로 단, 미국 국적선의 운임이 "과도하지 않고 합리적(Reasonable)"이어야 한다. 하지만 실제 운영에서는 안보를 이유로 국제 시세보다 높은 운임을 대부분 용인한다. 실제로 미국 외항 상선대(약 80~90척)의 가장 큰 수입원(Revenue Source)이다. 이라크 전쟁, 아프가니스탄 전쟁 등 해외 파병 시 물자의 90% 이상이 이 법에 의거해 민간 상선으로 운송되었다.

세번째 법적근거는 1954년 화물 우선 적취법 (Cargo Preference Act of 1954/P.L. 480, 현행 46 U.S.C. § 55305)로 "정부 세금이 들어간 화물은 절반 이상 미국 배를 이용한다"는 것이다. 핵심 내용은 국방부 이외의 연방 정부 기관(농무부, 에너지부, 수출입은행 등)이 자금을 지원하거나 차관을 제공하는 화물(Government-Impelled Cargo)의 최소 50%는 미국 국적선이 운송해야 한다는 것이다. 주요 대상은 다음과 같다.

첫째, PL 480 Food Aid로 USAID(국제개발처)나 USDA(농무부)가 저개발국에 보내는 식량 원조 화물이다. 둘째, Ex-Im Bank Cargo로 미국 수출입은행의 금융 지원을 받아 수출되는 플랜트 기자재 등이다. 동 제도는 당초 50%로 시작했으나, 1985년 농업법 개정으로 75%로 상향되었다. 그러나 해운 비용 상승을 우려한 농업계의 로비로, 2012년 MAP-21(Move Ahead for Progress in the 21st Century Act) 법안 통과 시 다시 50%로 하향 조정되었다. 그 결과 50% 쿼터 축소(2012년) 이후 미국 국적 건화물선 선대가 급격히 축소되는 결과를 낳았다.

(2) 산업적 기능: 법적 독점을 통한 기저 수요(Base Load)의 창출과 산업 생태계 보존

화물 우선 적취 정책, 특히 1920년 상선법(Jones Act)에 의한 연안 해운 보호는 자유무역 이론인 비교우위론(Theory of Comparative Advantage)을 정면으로 거스르는 '수입 대체(Import Substitution)' 전략의 일환이다. 이 정책이 수행하는 구체적인 산업적 기능은 다음과 같이 분석된다.

(3) 법적 진입장벽을 통한 '캡티브 마켓(Captive Market)' 형성

미국 조선업은 한·중·일 등 동아시아 주요 조선국 대비 3~5배에 달하는 건조 비용 격차(Cost Gap)로 인해 국제 상선 시장에서의 경쟁력을 완전히 상실하였다(Grabow, 2019). 화물 우선 적취 정책은 외국 선박의 진입을 원천적으로 불허하는 법적 독점(Statutory Monopoly) 구역을 설정하는 기능을 한다.

이는 미국 내 운송 수요(알래스카·하와이 생필품 수송, 멕시코만 유류 수송 등)를 미국 조선소만이 공급할 수 있는 '배타적 내부 시장(Captive Market)'으로 전환시키는 효과를 발휘한다. 이를 통해 국제 경쟁력이 없는 미국 조선소들이 수주 절벽(Order Cliff) 상황에서도 최소한의 일감을 확보할 수 있게 한다.

(4) 조선 산업 유지를 위한 기저 수요(Base Load) 제공

방위산업체 성격이 강한 미국 조선소(NASSCO, Philly Shipyard 등)에게 존스법 상선 발주는 경영상의 필수적인 기저 부하(Base Load) 역할을 수행

한다. 이를 통해 변동성을 완화하는 역할을 한다. 해군 함정 건조 스케줄은 정부 예산 상황에 따라 변동성이 크다. 존스법에 따른 상업용 선박(탱커, 컨테이너선) 건조 물량은 이러한 정부 발주 공백기를 메우는 완충제 역할을 하여, 조선소가 도크를 폐쇄하지 않고 가동률을 유지하게 한다.

또 관련 기술 및 인력 유지 역할을 수행한다. 용접공, 설계 인력 등 숙련된 기술 인력(Skilled Labor)은 한 번 이탈하면 복구가 어렵다. 화물 우선 적취 정책은 이들에게 지속적인 일자리를 제공함으로써, 전시 함정 건조 및 수리에 필요한 '숙련된 산업 예비군(Warm Industrial Base)'을 유지하는 핵심 기제이다.

(5) 전·후방 산업 연관 효과(Linkage Effects)와 공급망 안보

이 정책은 단순히 조선소뿐 아니라, 선박 기자재(엔진, 항해 통신 장비, 철강 등)를 공급하는 미국 내 하위 벤더(Vendor) 생태계를 보호한다. 이를 통해 국산화율 유지에 기여한다. 존스법 선박은 주요 부품의 미국 내 조달을 의무화하거나 강력히 권장받는데 이는 미 해군 함정 건조에 필수적인 부품 공급망(Supply Chain)이 해외(특히 잠재적 적국)로 이전되는 것을 방지하고, 미국 내에 잔류시키는 공급망 안보(Supply Chain Security) 기능을 수행한다.

(6) 회물 우선 적취에 대한 비판

현재 미국의 화물 우선 적취 정책은 "법은 존재하나, 수행할 선박이 부족한(Available Capacity Shortage)" 딜레마에 처해 있다.

첫째는 적용 비율의 감소 문제이다. 국방 물자(100%)를 제외한 민간 정부 화물은 비용 효율성 문제로 인해 적용 비율이 지속적으로 비판을 받아 75%에서 50%로 하향 조정되었다.

둘째는 MARAD의 역할에 대한 문제이다. 미 해사청(MARAD)은 미국

선박의 운임이 '공정하고 합리적(Fair and Reasonable)'인지 판정하는 권한을 갖는다. 최근에는 미국 선박 부족으로 인해 외국 선박 이용을 허가하는 '면제(Waiver)' 조치가 빈번하게 발생하고 있다.

셋째는 정부 의존도 문제이다. 미국 회계감사원(GAO) 보고서에 따르면, 미국 국제항해 선박들이 운송하는 화물의 약 90% 이상이 상업 화물이 아닌 이 법들에 의한 정부 우선 적취 화물이다. 따라서, 이 법적 근거가 사라지면 미국 상선대는 즉시 소멸하게 된다. 즉, 화물 우선 적취제도는 미국해운계와 조선계에 있어서 단순한 시장 보호를 넘어, '법적 진입장벽을 통한 인위적 생태계 보존'이라는 메커니즘이 되고 있다.

이에 대하여 비판론자들은 보조금제도와 화물 우선 적취제도가 미국 해운 조선업의 갈라파고스화(Galapagos Syndrome)를 만든 제도라고 비판하고 있다. 이러한 보호 기능은 '혁신의 지체'라는 반대급부를 낳았기 때문이다.

첫째로는 지대 추구(Rent-seeking)이다. 외부 경쟁이 차단된 상태에서 미국 조선소들은 기술 혁신이나 원가 절감보다는, 법적 보호막을 유지하기 위한 로비 활동, 즉 지대 추구 행위에 집중하는 경향을 보인다.

둘째로는 시장 왜곡이다. 결과적으로 미국 조선업은 국제 표준(Global Standard)과 동떨어진 독자적인 고비용 규격으로 진화하는 '갈라파고스화'가 진행되었으며, 이는 다시 화물 우선 적취 정책 없이는 생존할 수 없는 경로 의존성(Path Dependency)을 심화시키고 있다.

결론적으로 미국의 화물 우선 적취 정책은 경제적 효율성을 희생하는 대신 국가 안보를 위한 최소한의 산업 기반을 유지하는 수단으로 평가받는다. USITC(2002)는 존스법이 초래하는 연간 수억 달러에서 수십억 달러의 경제적 후생 손실을 지적한 바 있으나, 전략예산평가센터(CSBA, Center for Strategic and Budgetary Assessments)는 2020년 보고서에서 이러한 보호 조치가 전무할 경우 전시 동원 가능한 미국 내 조선·해운 인프라가 완전히 소멸할 위험성을 경고하였다. CSBA는 미국 조선업이 국제 경쟁력을 상실했음을 인정하면서도, "국가 안보를 위한 산업 기반(Industrial Base)의 유지"를 위해 정부의 개입(존스법 및 정부 조달)이 필수적임을 역설하면서 '최소한의 생존 물량'이라는 개념을 제시하였다. 미 의회조사국(2019)은 보고서에서 존스법 지지자들의 "안보 필수론"과 비판자들의 "경제 비용론"을 1:1로 대비시키며, 이 법이 미국 조선소의 유일한 상업적 시장(only remaining commercial market)임을 명시하였다. 즉, 이는 상업적 자생력을 상실한 산업에 대한 안보적 차원의 인공호흡기(Life Support) 역할을 수행하는 것이다.

2.3 정부 직접 조달 및 운영 (Direct Procurement & Operation): 시장 실패의 보완

민간 상선대(Commercial Fleet)는 경제성 논리에 따라 움직이기 때문에, 군사 작전에 특화된 특수 선박이나 즉각적인 대량 수송 수요를 충족시키는 데 한계가 있다. 이에 미국 정부는 국방수권법(NDAA) 예산을 통해 전략적 가치가 높은 선박을 직접 소유하거나 장기 용선하여 운용하는 이원적 체계를 유지하고 있다.

(1) 운영 구조 및 거버넌스

정부 직접 조달은 국방부와 교통부의 긴밀한 협력하에 수행되며, 그 재원은 국방해상수송기금(NDSF, National Defense Sealift Fund)을 통해 조달된다.

- 운용 주체: 미 해군 소속으로, 전 세계 미군에 대한 보급 및 해상 수송 작전을 총괄하는 군사해운사령부(MSC, Military Sealift Command)이고, MSC는 약 110~120척의 비전투 지원함(Auxiliary Ships)을 운용하며, 이는 정부 소유 선박과 민간 장기 용선 선박으로 구성된다.
- 관리 주체: 교통부 산하 기관인 해사청으로 국방부의 요청에 따라 예비 선박을 유지·보수하고 비상시 이를 가동하는 역할을 수행한다.

• 재정적 근거 : 10 U.S.C. § 2218 (National Defense Sealift Fund)로 미 의회는 NDAA를 통해 NDSF 예산을 승인하며, 이 자금은 선박의 건조, 매입, 개조 및 유지보수에 전용된다.

(2) 핵심 자산: RRF(Ready Reserve Force)

RRF는 1976년 창설된 이래, 민간 상선대(MSP 선박)가 동원되기 전 전쟁 발발 초기(Initial Phase)의 급증하는 수송 수요(Surge Sealift)를 담당하는 미 수송사령부(USTRANSCOM)의 핵심 전략 자산이다.

법적 근거는 46 U.S.C. § 57100 (National Defense Reserve Fleet) 및 50 U.S.C. § 4401 et seq이다. RRF는 더 큰 개념인 국방예비선대(NDRF)의 최정예 부분집합으로, MARAD가 소유 및 관리하고 MSC가 작전 통제한다.

선대 규모는 2023년 해사청 보고서 기준 총 48척 (유동적, 통상 40~50척 유지)으로 선종은 상업적으로는 퇴출되었으나 군사적으로 유용한 로로선(Ro-Ro, 35척 이상), 크레인선(Crane Ships), 해상 유류 분배 체계(OPDS, Offshore Petroleum Discharge System)등으로 구성된다. 이는 민간 시장에서 구할 수 없는 특수 능력을 정부가 직접 조달, 보유(Direct Procurement)했음을 의미한다.

RRF의 운영 태세는 감축 운용 태세(ROS, Reduced Operating Status)라고 하는데 가장 큰 특징은 평시에는 최소한의 관리 인원(약 9~10명)만 승선하여 항구에 계류해 있다가, 명령 하달 시 정해진 시간 내에 완전 가동 상태로 전환하는 준비태세 유지에 있다. 전체 RRF 선박의 대부분은 명령 후 5일(120시간) 이내에 화물을 적재하고 출항할 수 있는 상태를 유지해야 하는데 이를 ROS-5라고 한다.

관리 방식은 정부 소유지만, 실제 유지보수는 민간 선박관리회사(Ship Manager)에 위탁(Outsourcing)하여 수행한다. 이는 미국 선원들에게 평시 일자리를 제공하는 부수적 효과를 낳는다.

실전 사례들을 살펴보면 걸프전(Desert Shield/Storm)에서 RRF 선박 79척이 동원되어 전체 해상 수송 물량의 상당 부분을 담당하였다. 최근에는 2020년대 들어 RRF 선박의 평균 선령이 45년을 초과함에 따라, 미 정부는 중고선 매입(Used Vessel Acquisition) 프로그램을 통해 상업용 선박을 구매하여 RRF로 개조하는 정책을 추진 중이다(2023 NDAA).

(3) 산업적 영향 (Industrial Impact): 공공 수요에 의한 생태계 보존

정부의 직접조달(Direct Procurement) 정책은 단순히 국방 자산을 획득하는 조달 행위를 넘어, 붕괴 직전의 미국 해사 산업 기반(Maritime Industrial Base)을 지탱하는 '최후의 보루(Last Resort)' 역할을 수행한다.

즉, 정부의 직접조달(Direct Procurement)은 경제적 효율성보다는 '산업 안보(Industrial Security)' 논리에 입각해 있다. 이는 "정부가 수요자(Customer)이자 고용주(Employer)가 되어, 시장 실패로 인해 사라질 위기에 처한 조선소와 선원 인력 풀을 보존하는 국가 주도의 인프라 유지 전략"으로 정의할 수 있다.

(4) **조선업에 대한 영향 : 공공 발주에 의한 기저 일감** (Base Load) **유지**

미국의 상업용 선박 건조 시장은 1980년대 이후 급격히 위축되어, 현재 전 세계 상선 건조량의 0.1% 미만을 차지한다. 이러한 상황에서 MSC(군사해운사령부)와 MARAD(해사청)의 선박 발주는 주요 조선소의 가동률을 유지하는 절대적인 요인이다.

첫째로 방산에 의존하는 미국 조선소의 생존 기반이 되고 있다. 제너럴 다이내믹스 NASSCO(General Dynamics NASSCO)와 같은 주요 조선소는 상선 수주가 전무한 기간 동안 정부가 발주한 보조함(Auxiliary Ships) 건조를 통해 설비와 인력을 유지한다. 예를 들어 NASSCO는 T-AO 205(John Lewis-class) 군수지원함 프로그램과 ESB(Expeditionary Sea Base, 원정해상기지함) 건조 계약을 통해 수년치 일감(Backlog)을 확보하였다. 이에 대하여

CSBA(2020) 보고서에 따르면, 정부의 직접 조달 물량은 이들 조선소 전체 매출의 70~80% 이상을 차지한다. 이는 정부 발주가 끊길 경우 미국 내 대형 선박 건조 인프라가 즉각적으로 소멸할 수 있음을 시사한다.

둘째로 수리 조선업을 지탱하는 기반이 되고 있다. 신조뿐만 아니라, 정부 소유 선박(RRF 및 MSC 함정)의 정기적인 유지보수(MRO) 예산은 미국 전역의 중소형 수리 조선소 생태계를 유지하는 핵심 수입원이다.

⑤ 해기 인력에 대한 영향 : 고용 완충 지대(Employment Buffer) 역할

미국 해운산업의 가장 심각한 위기는 선박 부족보다 이를 운용할 '숙련된 선원'의 부족이다. 정부 소유 선박의 직접 운용은 민간 상선대의 일자리 감소를 상쇄하는 완충 역할을 수행한다.

첫째로 CIVMAR(Civil Service Mariners)제도로 해기 인력의 일자리 창출에 기여한다. MSC는 군인이 아닌 민간인 신분의 공무원 선원 약 5,500명을 직접 고용하여 정부 선박을 운용한다. 이는 민간 해운사(Maersk, APL 등)의 고용 능력이 축소되는 상황에서 미국 내 해기사 일자리를 방어하는 거대한 댐 역할을 한다.

둘째로 위탁 관리(Ship Manager)를 통한 해기 인력 고용에 기여한다. MARAD가 관리하는 RRF 선박은 평시에는 민간 선박관리회사에 위탁되어 운용된다. 이를 통해 민간 선원들은 상업 화물이 없는 시기에도 정부 선박의 유지보수 업무에 투입되어 기술 숙련도를 유지할 수 있다.

셋째로 인력 풀 붕괴를 방지하는 역할을 한다. MARAD의 2017년 보고서에 따르면, 전시 동원 체제를 유지하기 위해서는 최소 11,768명의 자격 있는 선원이 필요하나, 현재 약 1,800명이 부족한 상태다. Mercogliano(2017)에 따르면 만약 미국 정부의 직접 고용 (MSC)과 위탁 운용(RRF)이 없다면, 이 격차는 회복 불가능한 수준으로 벌어져 국가 안보에 치명적인 공백을 초래할 것이다.

3. 정책의 효과 및 산업 영향 분석

3.1 고비용 구조의 고착화와 산업의 갈라파고스화

미국의 해운정책 3대 수단(보조금, 화물 우선 적취, 직접 조달)은 상호 결합하여 미국 해운산업을 외부 경쟁으로부터 완벽히 격리시키는 보호막을 형성하였다. 그러나 이러한 보호주의는 산업 내 경쟁 압력을 제거함으로써, 국제 표준과 괴리된 기형적인 고비용 구조를 고착시키는 역설적 결과를 초래하였다.

그림 1. **미국 국적 선박의 선종별 평균 일일 운항비용의 외국 국적 선박과의 비교**(2010년 기준)

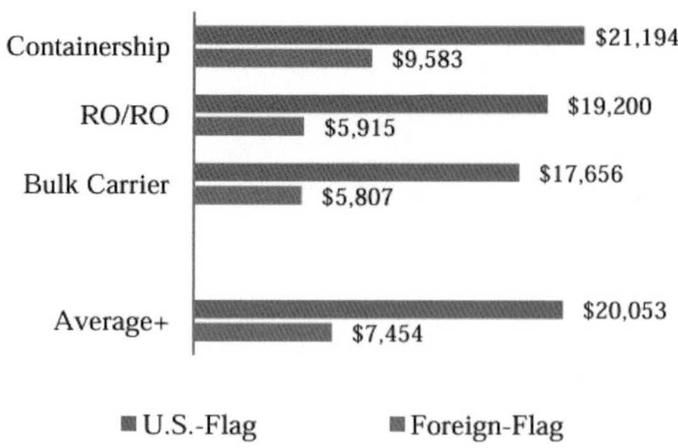

출처: https://www.maritime.dot.gov/sites/marad.dot.gov/
files/docs/resources/3651/comparisonofusandfo
reignflagoperatingcosts.pdf#page=6.14

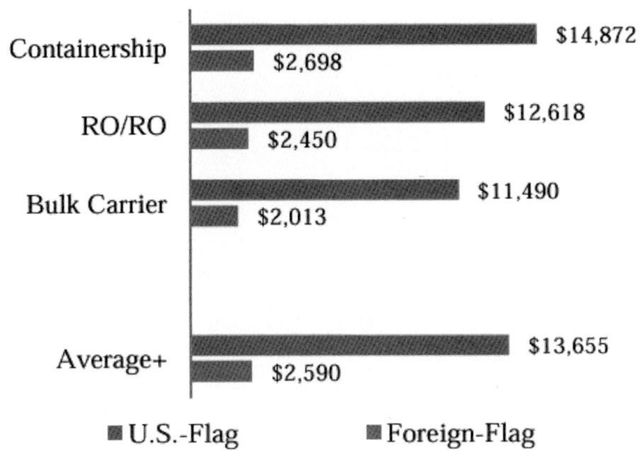

https://www.maritime.dot.gov/sites/marad.dot.gov/
files/docs/resources/3651/comparisonofusandfo
reignflagoperatingcosts.pdf#page=6.14

(1) 운영 비용의 구조적 격차: 2.7배의 장벽

미국 국적 선박의 운영비용은 국제 해운 시장에서 경쟁이 불가능한 수준으로 고정되었다. 구체적으로는 비용 격차와 규제 비용의 관점에서 볼 수 있다.

첫째로 비용 격차의 문제이다. 미 해사청(MARAD, 2011)의 비교 비용 분석 보고서에 따르면, 미국 국적 선박의 일일 운영비(Daily Operating Cost)는 편의치적을 한 외국 국적 선박 대비 약 2.7배 높은 것으로 나타났다. 가장 큰 격차는 선원비(Crewing Costs)에서 발생하며, 이는 미국 국적 선박이 외국 선박 대비 약 5.3배 높은 선원비를 지출하기 때문이다. 이는 미국 선원의 높은 임금 수준뿐 아니라, 엄격한 근무 규정, 복리후생, 그리고 3교대 로테이션 시스템 등에 기인한다.

둘째로 규제 비용의 문제이다. 미국 해안경비대(USCG)의 안전 및 환경 규제 준수 비용과 해외 수리 시 부과되는 50%의 관세(Ad Valorem Duty)는 선박의 유지보수 비용을 추가적으로 상승시키는 요인으로 작용한다.

(2) 건조 비용의 폭등: 존스법의 역설

화물 우선 적취 정책(Jones Act)에 따른 '미국 내 건조(US-Built)' 의무
는 미국 조선업의 독점적 지위를 보장했으나, 동시에 규모의 경제
(Economies of Scale) 상실을 야기했다. 이는 건조비 프리미엄과 자본비용의
덫으로 설명할 수 있다.

첫째로 건조비 프리미엄(Price Premium)의 문제이다. 국제 경쟁에 노
출되지 않은 미국 조선소는 표준화된 대량 생산 체계를 갖추지 못
하고, 주문 생산(Custom-build) 방식에 의존한다. 미 의회조사국(CRS)의
Frittelli(2019)에 따르면, 미국 내 대형 상선 건조 비용은 한국, 중국, 일본
등 아시아 주요 조선국 대비 3~4배(최대 5배) 높게 형성되어 있다. 예를
들어 CRS의 조사에 따르면 50,000 DWT급 석유제품운반선(MR Tanker)의
경우, 국제 시장 가격은 약 4,000만~5,000만 달러 수준이나, 미국 조선
소(Philly Shipyard 등)에서의 건조 가격은 1억 3,000만 달러를 상회한다.

둘째로 자본 비용의 덫(Capital Cost Trap)의 문제이다. 미국조선소의 초
고액의 건조 비용은 선사들의 신조 발주를 가로막는 진입 장벽이 되며,
선박의 감가상각비 부담을 가중시켜 운임 상승으로 직결된다.

(3) 선대 노후화와 기술적 갈라파고스화

높은 신조 선가는 선박 교체 주기의 장기화(Delay in Replacement)를 초래
하여, 미국 상선대를 국제 흐름과 동떨어진 '갈라파고스 생태계'로 전
락시켰다.

첫번째 문제는 선대 노후화(Aging Fleet)의 초래이다. 높은 자본 비용
부담으로 인해 선주들은 노후 선박의 수명을 무리하게 연장하여 사용
한다. 그 결과, 국제 상선대의 평균 선령이 약 10~12년인 반면, 존스법
적용 선박의 평균 선령은 30년을 초과하는 경우가 빈번하다. 이는 연
료 효율성 저하와 안전 사고 위험 증가로 이어진다.

두번째는 기술적 고립(Technological Isolation) 문제이다. 미국 시장은 존

스법 규제에 최적화된 독자적인 선형을 발전시켰다. 대표적인 사례가 굴절식 예인부선(ATB, Articulated Tug Barge)이다. 일반적인 유조선보다 건조비와 인건비(필수 승선 인원 규정 완화)가 저렴한 ATB가 미국 연안 운송의 주류를 이루게 되었으나, 이는 대양 항해 능력이 부족하여 국제 시장에서는 통용되지 않는 기형적 발전이다.

결과적으로 미국 조선·해운 산업은 세계적인 친환경·스마트 선박 트렌드에서 소외되었으며, 정책적 보호 없이는 단 하루도 생존할 수 없는 경로 의존성이 심화되었다.

3.2 안보와 경제의 상충 관계 (Trade-off): 안보 프리미엄과 경제적 비효율

미국의 해운정책, 특히 화물 우선 적취와 MSP는 시장 실패를 보정하기 위한 수단으로 설계되었으나, 그 결과로 발생하는 경제적 비효율성은 막대하다. 이는 국방 안보를 위해 경제적 효율성을 희생하는 전형적인 트레이드 오프 사례로 분석된다.

(1) '안보 세금(Security Tax)' 역할을 하는 초과 운임

화물 우선 적취 정책은 정부와 화주에게 국제 시세보다 현저히 높은 운임을 강제하며, 이는 사실상 '숨겨진 안보 세금(Hidden Security Tax)'으로 작용한다.

운임 격차를 실제적으로 분석한 미 의회조사국(CRS)의 Frittelli(2015) 분석에 따르면, 국제 식량 원조(Food Aid) 프로그램에서 미국 국적선을 이용할 경우 외국 국적 선박 대비 톤당 운임이 평균 46%에서 최대 100% 이상 높게 책정된다.

이로 인한 재정 누수도 심각한 문제이다. 제한된 원조 예산의 상당 부분이 식량 구매가 아닌 해상 운임으로 지출되는 결과를 초래한다. AEI(American Enterprise Institute)의 연구(2015)는 화물 우선 적취 요건을 제

거할 경우, 동일한 예산으로 수백만 명의 기아를 추가로 구제할 수
있다고 지적하였다. 이는 안보 논리가 인도주의적 효율성을 저해하는
대표적 사례다.

(2) 수출 경쟁력 저해: 에너지 및 농산물 분야

화물 우선 적취(특히 존스법)로 인한 고비용 구조는 미국 산업의 수출
경쟁력과 내수 유통 효율성을 직접적으로 저해한다. 구체적으로 다음
과 같은 문제가 있다.

첫째는 에너지 안보의 역설(Energy Sector)문제이다. 셰일 혁명 이후 미
국은 세계 최대의 에너지 생산국이 되었으나, 존스법이 국내 유통의 병
목(Bottleneck)이 되고 있다. 예를 들어 텍사스만(Gulf Coast)의 석유와 가스
를 미국 동부(East Coast)로 운송할 때, 존스법 선박의 높은 운임(파이프라인
이나 외국 선박 대비 3~4배) 때문에 동부 지역 발전소들은 텍사스산 가스 대
신 러시아산(2022년 이전)이나 카리브해 연안국의 가스를 수입하는 기현
상이 발생하였다(Cato Institute, 2018). 이는 국내 에너지 자급을 막아 오히
려 에너지 안보를 해치는 결과를 낳았다.

두번째는 농산물 수출 타격의 문제이다. 해외 원조 화물뿐 아니라,
국내 농산물의 연안 운송 또한 철도나 트럭 운송 대비 가격 경쟁력을
상실하였다. 이는 미국 농산물의 물류비 부담을 가중시켜 국제 가격 경
쟁력을 약화시키는 요인으로 지적된다.

(3) 정책 유지의 논리: "No Shipping, No Shopping for War"

이러한 명백한 경제적 손실과 비판에도 불구하고, 미 의회와 행정부
가 이 정책을 고수하는 근거는 확고한 안보 결정론(Security Determinism)에
있다. 미국해운의 역할을 군수지원에 두는 핵심 논리는 현대전은 화력
전인 동시에 보급전쟁(Logistics War)이라는 개념이다.

미 수송사령부(USTRANSCOM)와 해군 수뇌부는 "배가 없으면 전쟁 물

자도 없다(No Shipping, No Shopping for War)"는 슬로건을 통해, 상선대가 붕괴하면 해외 주둔 미군에 대한 보급 자체가 불가능함을 설파한다. 이 논리는 비용의 정당화의 근거가 되고 잇다. 정책 입안자들은 경제적 비효율성을 '안보 보험료(Security Premium)'로 인식한다.

국방부가 평시에 수백 척의 유휴 선박을 직접 유지하는 비용(수십조 원)과 비교할 때, 민간 화물에 높은 운임을 부과하여 상선대를 유지하는 현재의 시스템이 국가 전체적으로는 '더 저렴한 차악(Lesser Evil)'이라는 주장이다(Mercogliano, 2017). 이러한 논리는 "Strong Maritime, Strong America"라는 정치적 구호와 결합하여, 민주·공화 양당의 초당적 지지를 받으며 경제적 비판을 무력화시키고 있다.

3.3 정책 목표 달성 여부 평가: 안보적 성공과 상업적 괴멸

미국 해운정책의 전통적인 목표는 1936년 상선법이 천명했던 "상업적으로 건전하고 군사적으로 유용한 상선대 육성"이라는 두 마리 토끼를 잡으려는 시도였다. 그러나 약 90년이 지난 현재, 학술적 평가는 안보적 목표의 '제한적 달성'과 상업적 목표의 '완전한 실패'로 귀결된다.

(1) 전략적 유효성 (Strategic Effectiveness): 최소한의 투입 능력 유지

비록 규모는 축소되었으나, 현행 정책 수단(MSP, RRF, Cargo Preference)은 미국이 전 세계적인 군사 작전을 수행하는 데 필요한 핵심 해상 수송 역량(Core Sealift Capability)을 유지하는 데 성공하였다. 전략적인 유효성을 설명하는데는 다음 두 가지의 논리가 있다.

첫째로는 즉응성(Readiness)과 전개 능력 확보다. 미 수송사령부(USTRANSCOM)의 보고에 따르면, MSP에 참여하는 60척의 상선과 RRF(준비태세군) 40여 척은 비상시 전 세계 어디든 미군 물자를 투사할 수 있는 준비태세를 갖추고 있다. VISA가 작동하면 MSP 선박은 평시 상업 운항 중이라도 비상준비협약(VISA)에 따라 24시간 내에 미군의 작전 통

제하에 편입될 수 있는 체계를 확립하였다. 대표적인 성공 사례는 이라크전과 아프가니스탄 대테러 전쟁 당시, 미군 군수 물자의 90% 이상이 이들 민간 상선대와 정부 소유 선박에 의해 성공적으로 수송되었다(Mercogliano, 2017). 이는 정책이 의도한 '제4군'으로서의 기능이 실전에서 유효함을 입증한 것이다.

둘째로는 글로벌 네트워크의 확보 효과다. 단순한 선박뿐만 아니라, MSP 참여 선사(Maersk Line Ltd, APL 등)가 보유한 글로벌 터미널, 복합 운송 네트워크, IT 시스템을 미군이 그대로 활용할 수 있다는 점은 정부가 독자적으로 구축할 수 없는 막대한 전략적 자산이다.

(2) 상업적 실패: 자생력 상실과 정부 의존화

반면, 산업적 관점에서 미국 해운정책은 처참한 실패로 귀결된다. 1936년 상선법의 궁극적 목표였던 '상업적 자생력(Commercial Viability)'과 외국 선박과의 '대등한 경쟁'이라는 목표는 실현되지 않았다.

상업적 실패를 설명하는 데는 시장경쟁력 소멸, 조선업 붕괴의 두 가지 차원의 문제가 있다.

첫째, 시장 경쟁력의 소멸의 문제로 미국 외항 상선대는 1950년대 1,000여 척에서 현재 80여 척 수준(국제항해 기준)으로 90% 이상 급감하였다. Gibson & Donovan(2000)은 그들의 저서 The Abandoned Ocean에서, 보조금 정책이 선사들의 비용 절감과 혁신 의지를 꺾고 정부 지원에 안주하게 만듦으로써 경쟁력을 갉아먹었다고 비판하였다.

현재 생존해 있는 미국 국적 외항 선사들의 매출 대부분은 MSP 보조금과 국방부 화물에서 발생한다. 순수 민간 상업 화물(Commercial Cargo) 시장에서는 외국 선사와의 운임 경쟁에서 완전히 패배하여 퇴출되었다. 즉, 현재의 미국 상선대는 시장 원리에 의해 존재하는 '산업(Industry)'이라기보다는, 정부 예산으로 유지되는 '준(準) 국영 수송 조직(State-sponsored Utility)'의 성격을 띤다.

　둘째로 조선업의 붕괴 문제이이다. 1981년 건조 차액 보조금(CDS) 폐지 이후, 상업용 대형 상선 수주가 전멸하면서 미국 조선업은 오직 '존스법'과 '해군 발주'에만 의존하는 갈라파고스화된 내수 산업으로 축소되었다.

그림 3. 미 수송사령부의 물류네트워크와 미국 상선대의 쇠퇴

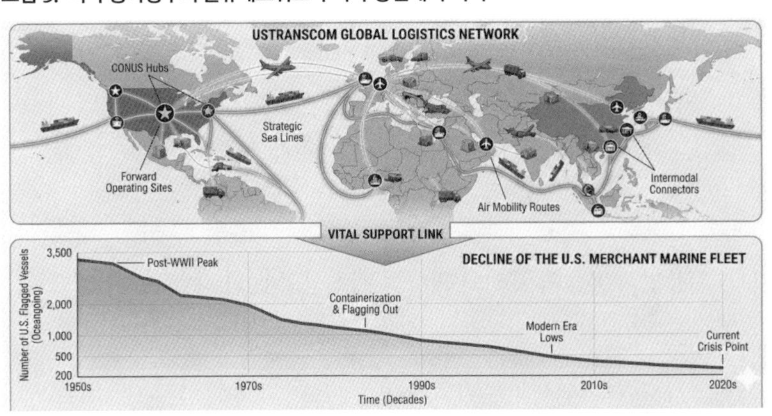

4. 결론 및 시사점

4.1 상업적 자생력 포기와 안보적 가용성의 선택

본 연구를 통해 분석한 바와 같이, 미국의 해운정책은 시장 경쟁력을 상실한 산업을 '국가 안보'라는 특수 목적을 위해 인위적으로 유지하는 '전략적 생명 유지 장치(Strategic Life Support System)'로 규정할 수 있다.

첫째, 보조금(MSP)은 해운 기업 지원금이 아닌 국방부의 수송 기능 아웃소싱 비용(Retainer Fee)으로 전환되었다.

둘째, 화물 우선 적취(Jones Act)는 산업 생존의 최후 보루 역할을 수행하나, 과도한 보호로 인한 비용 급등과 혁신 지체라는 '갈라파고스화'를 초래하였다.

셋째, 정부 직접 조달은 민간 시장 실패를 정부가 직접 대체하는 최후의 수단(Buyer of Last Resort)으로 고착화되었다.

결론적으로 미국은 '경제적 비효율성(High Cost)'을 감수하고 '군사적 가용성(Availability)'을 확보하는 고비용-고효율의 안보 모델을 구축했으나, 이는 지속 가능성 측면에서 한계에 봉착해 있다.

4.2 한국에 대한 시사점

미국 해운정책의 이러한 현황은 해운·조선 강국인 한국에게 중요한 기회(Opportunity)이자 교훈(Lesson)을 제공한다.

(1) 한미 해양 동맹의 기회: 조선·MRO 협력 확대

미국 조선업의 쇠퇴와 해기 인력 부족은 더 이상 미국 단독으로 해양 패권을 유지하기 어렵다는 것을 의미한다. 이는 한국에게 새로운 시장 기회를 제공한다. 첫 번째는 함정 MRO 시장 진출이다. 미국의 부족한 수리 조선소 역량을 보완하기 위해 미 해군 함정의 유지·보수·정비(MRO) 물량을 한국 조선소가 수주하는 협력이 가시화되고 있다.

두 번째는 기회는 공급망 안보 파트너이다. 존스법의 장벽에도 불구하고, 미국은 동맹국의 상선대와 조선 능력을 자국 안보의 연장선상으로 인식하기 시작했다. 한국은 미국의 부족한 상선대를 보완하는 '물류 안보 파트너'로서의 입지를 강화해야 한다.

(2) 정책적 반면교사 : 보호와 경쟁의 균형

미국의 존스법 사례는 '과도한 보호무역이 산업의 경쟁력을 어떻게 훼손하는가'를 보여주는 결정적 사례이다. 경쟁 유지의 중요성 차원에서 한국 해운정책은 국적 선사를 지원하되, 미국처럼 외부 경쟁을 완전히 차단하여 비용 구조를 악화시키는 우를 범해서는 안 된다. '필수적인 안보 선대'는 지원하되, 나머지 시장은 글로벌 경쟁에 노출시켜 자생력을 키우는 이원화 전략이 유효할 것이다.

(3) 해기 인력 육성의 중요성

미국이 겪고 있는 가장 심각한 문제는 '배'가 아닌 '사람(선원)'의 부족이다. 이를 해결하기 위해 해기 인력 파이프라인을 구축할 필요가 있다. 한국 또한 저출산과 승선 기피 현상으로 선원 부족이 예견된다. 미국처럼 선원 부족이 안보 위협으로 직결되기 전에, 정부 차원의 선원 양성 및 보상 체계(보조금 등) 강화가 시급하다는 점을 미국의 사례가 시사한다.

4.3 맺음말

미국의 해운정책은 "Ship American"이라는 구호 아래 자국 중심주의를 고수해 왔으나, 이제는 그 한계를 인정하고 동맹국과의 연대를 모색하는 변곡점에 서 있다. 한국은 이러한 미국의 정책 변화를 기민하게 포착하여, 단순한 상업적 조선·해운 국가를 넘어 '글로벌 해양 안보 공급망의 핵심 축(Linchpin)'으로 도약하는 계기로 삼아야 할 것이다.

●제2부
미국 해운정책의
현황과 과제:

제6장

존스법(The Jones Act)

1. 서론

    존스법(The Jones Act)은 1920년 제정된 미국의 대표적 보호무역 법률로, 100년이 넘는 기간 동안 미국 해운·조선업의 구조와 경쟁력, 그리고 국가 안보 정책에 중대한 영향을 미쳐왔다. 이 법은 미국 내 항구 간 화물 운송에 사용되는 선박이 반드시 미국에서 건조되고, 미국인이 소유·운영하며, 미국 국적 선원이 승선해야 한다는 엄격한 요건을 부과한다. 여기에서는 존스법의 역사와 기원, 법의 주요 목적과 조항, 비판과 폐지 시도, 그리고 2024~2025년을 중심으로 한 최신 동향까지 다각적으로 분석한다. 또한, 미국 내외의 산업계 반응, 국제적 비교, 한국 조선업에 미치는 영향, 환경·기술적 측면, 법적 책임과 선원 권리, 정책적 대안까지 포괄적으로 검토한다.

2. 역사와 기원: 존스법 제정의 배경과 초기 목적

2.1 제정 배경: 1차 세계대전과 미국의 각성

존스법은 1920년 미국 상원의원 웨슬리 존스(Wesley Jones)의 주도로 제정되었다. 1차 세계대전(1914~1918) 당시 미국은 막강한 경제력을 보유하고 있었으나, 자국 상선이 부족해 외국 선박에 의존해야 하는 취약함을 절감했다. 전쟁 중 유럽 각국의 선박이 군사 목적으로 징발되면서 국제 해운 시장에 큰 공백이 생겼고, 미국은 자국 물자 수송에 심각한 어려움을 겪었다. 이 경험은 미국 정부로 하여금 국가 안보와 경제적 독립을 위해 강력한 자국 해운업과 조선업이 필수적임을 인식하게 만들었다. 이에 따라 미국은 해운·조선업의 자립 기반을 법률로 명문화하기로 결정했다.

존스법은 1920년 6월 5일 우드로 윌슨 대통령의 서명으로 발효되었으며, 공식 명칭은 'Merchant Marine Act of 1920'이다. 이 법은 미국 해운업의 자립과 국가 안보, 경제 성장의 토대를 마련하는 것을 목표로 했다.

2.2 입법자와 초기 목적

웨슬리 존스 상원의원은 워싱턴주 선출로, 알래스카와의 연안 무역에서 워싱턴주 소속 선박의 독점적 지위를 확보하려는 지역적 이해관계도 반영했다. 존스법의 제정 목적은 크게 두 가지로 요약된다.

첫째, 미국 상선과 조선업의 보호 및 육성,

둘째, 전시나 국가 비상사태 시 군사적 보조 수단으로 활용할 수 있는 상선과 선원 인프라 확보였다.

법의 서문은 다음과 같이 명시한다.

"미국은 국가 방위와 외국 무역 및 국내 상업의 적절한 성장을 위해, 전시나 국가 비상사태 시 해군 또는 군사 보조 수단으로 활용할 수 있는, 최적의 장비와 적합한 유형의 선박으로 구성된 상선을 보유해야 한다."

2.3 법적·정책적 연속성

존스법은 미국 독립 초기부터 이어진 해운 보호 정책의 연장선에 있다. 1789년 제1차 연방의회는 미국 선박에 낮은 관세를 부과하고, 미국 시민이 소유·운영하는 선박만 미국 국적을 부여했다. 1817년에는 외국 소유 선박의 미국 내 연안 운송을 금지했고, 1886년에는 승객 운송까지 제한을 확대했다. 1차 세계대전 중 일시적으로 이러한 제한이 완화되었으나, 전쟁 후 존스법이 이를 다시 강화했다.

3. 존스법의 주요 조항과 보호주의 매커니즘

3.1 핵심 조항: '4대 요건'

존스법(Section 27 of the Merchant Marine Act of 1920)은 미국 내 항구 간 화물 운송(연안 무역, cabotage)에 사용되는 선박에 대해 다음과 같은 4가지 요건을 모두 충족할 것을 요구한다.

- **미국산 선박**(U.S.-Built): 선박은 반드시 미국에서 건조되어야 한다.
- **미국인 소유**(U.S.-Owned): 선박 소유자는 미국 시민 또는 미국 법인이어야 한다.
- **미국 국적 선원**(U.S.-Crewed): 선장과 승무원의 75% 이상이 미국 시민이어야 한다.
- **미국 깃발**(U.S.-Flagged): 미국 국적(깃발)을 달고 운항해야 한다.

이러한 요건을 충족하지 않은 선박이 미국 내 연안 항구 간 화물 운송을 할 경우, 해당 화물의 몰수 또는 운송비에 상응하는 벌금이 부과된다. 법은 예외적으로, 미국 내에서 대체 가능한 선박이 없거나 국가 안보상 필요할 때에 한해 한시적 면제를 허용한다.

3.2 법적 구조와 규제 해석

존스법은 단순한 보호무역 조치가 아니라, 미국 해운·조선업의 구조적 기반을 형성하는 법적 틀이다. 법은 선박의 건조, 소유, 운항, 승무원 구성, 국적 등록 등 모든 단계에서 미국 내 자원을 활용하도록 강제한다. 또한, 선박의 주요 부품(엔진, 프로펠러 등)이 외국산일 경우에도 미국 내에서 조립하면 미국산으로 인정하는 등, 규제 해석에 있어 일정한 유연성을 보이기도 한다.

존스법은 연안 화물 운송뿐 아니라, 준설·구조·예인 등 다양한 해상 서비스에도 적용된다. 또한, 미국 내에서 건조된 선박이 외국에 매각되거나 외국 국적으로 등록될 경우, 다시 미국 연안 운송에 투입되는 것을 금지하고 있다. 이는 미국 내 선박 공급 부족 시에도 외국산 선박의 진입을 원천적으로 차단하는 장벽이 된다.

3.3 목적: 미국 해운 산업 보호와 국가 안보와의 연관성

(1) 해운·조선업 보호와 경제적 효과

존스법의 일차적 목적은 미국 해운업과 조선업의 보호 및 육성이다. 법은 외국 선박과의 경쟁을 차단함으로써, 미국 내 선박 건조·운항 산업에 안정적 수요를 제공하고, 관련 일자리 창출과 산업 생태계 유지를 도모한다. 실제로 미국 해운·조선업계는 존스법 덕분에 연간 650,000개 이상의 일자리를 유지하고, 1,500억 달러 이상의 경제적 부가가치를 창출한다고 주장한다.

또한, 미국 내 연안 운송 시장을 보호함으로써, 미국 기업과 노동자에게 안정적 시장을 제공하고, 해운업계의 임금·안전·환경 기준을 유지할 수 있다는 점도 강조된다. 법은 해상 안전 강화, 환경 보호, 근로자 권익 보호 등 다양한 사회적 목적도 포함한다.

(2) 국가 안보와 군사적 연계

존스법은 국가 안보와 밀접하게 연관되어 있다. 법의 서문은 "전시나 국가 비상사태 시 해군 또는 군사 보조 수단으로 활용할 수 있는 상선을 확보"하는 것이 국가의 책임임을 명시한다. 실제로 미국은 전쟁이나 비상사태 시 민간 상선과 선원을 동원해 군수물자 수송, 병력 이동, 해상 보급 등 군사 작전에 활용해왔다.

미국 해군과 국방부는 존스법이 "전략적 해상 수송력(surge sealift capability)"의 기반을 제공한다고 평가한다. 미국 상선과 선원 인프라가 유지되어야, 전시나 비상시 군수물자와 병력을 신속하게 이동시킬 수 있기 때문이다. 또한, 미국 내 조선소와 해운 인프라가 유지되어야 군함과 군수지원선의 건조·정비가 원활히 이루어지기 때문이다.

(3) 정책적·사회적 목적

존스법은 단순한 산업 보호를 넘어, 미국 내 해운·조선업의 자립 기반을 유지하고, 외국에 대한 전략적 의존도를 최소화하는 데 목적이 있다. 또한, 미국 내 해운·조선업의 임금, 안전, 환경 기준을 유지함으로써, 사회적 안정과 국가적 통제력을 강화한다는 점도 중요한 정책적 목표다.

표 1. 존스법의 상충적 목표 및 성과 분석 (1990~현재)

정책 목표 (주장)	경제적/안보적 결과 (분석)	정책적 시사점
국내 조선 산업 및 해운업 보호	선박 건조 비용 대폭 상승 (해외 대비 수 배), 연안 운송 비중 감소 (미국 화물 운송의 2% 미만)	비용 분산으로 정책의 지속 용이, 하지만 경쟁력 상실 가속화.
국가 방위를 위한 해기사 및 선박 확보	선단 규모 및 선령 노후화 심화 (평균 45년), 군 동원 시 숙련된 해기사 부족 우려 제기	안보 목표 달성에 실패하였으며, 특히 재난 대응 능력 저해 논란 심화.

4. 비판과 폐지 시도: 경제적 영향, 폐지 또는 개정 시도와 그 결과

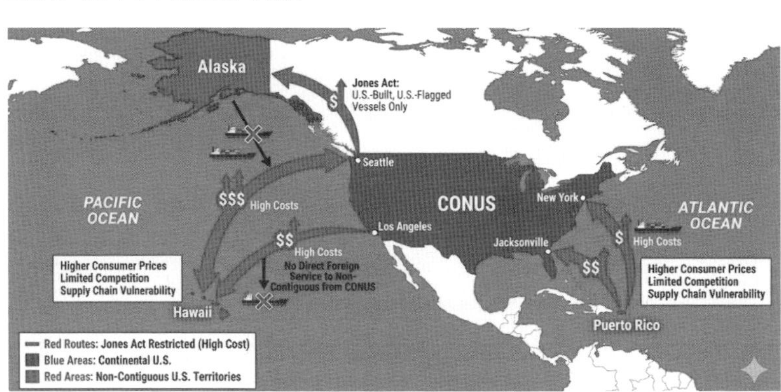

4.1 경제적 비용과 지역별 영향

존스법에 대한 가장 큰 비판은 경제적 비용과 비효율성이다. 미국에서 건조된 선박은 외국산에 비해 4~6배 비싸며, 미국 선원의 인건비도 월등히 높다. 이러한 극심한 비용 격차는 국내 해상 운송료를 국제 시장 대비 수 배 수준으로 높여 경제적 효율성을 심각하게 저해한다.

결과적으로, 미국 내 화물 운송에서 해상 운송이 차지하는 비중은 2%에 불과하며, 이는 인접국(캐나다, 멕시코)과의 연안 해운 운송량 증가(300% 이상 성장)와 대조된다. 이로 인해 미국 내 연안 운송 비용이 급격히 상승하고, 이는 곧 소비자 가격 인상으로 이어진다. 해상 운송 공급의 제한과 비용 상승은 철도 및 트럭 운송에 대한 과도한 수요를 유발하며 이는 도로 인프라 훼손, 교통 혼잡, 그리고 불필요한 탄소 배출 증가 등 막대한 사회경제적 부수적 피해를 야기한다.

특히 하와이, 알래스카, 푸에르토리코 등 미국 본토와 떨어진 지역은 대체 운송 수단이 없어 존스법의 부정적 영향을 가장 크게 받는다. 예를 들어, 하와이의 경우 존스법으로 인해 연간 12억 달러의 추가 비용이 발생하며, 주민 1인당 연간 645달러의 부담이 전가된다. 푸에르토리코 역시 연간 14억 달러의 경제적 손실과 1인당 203달러의 추가 비용을 부담한다는 연구 결과가 있다. 이러한 비용은 식료품, 에너지, 자동차, 주택 등 이 지역에 거주하는 주민들의 생활 전반에 영향을 미친다.

4.2 조선업과 경쟁력 저하 논쟁

존스법은 미국 조선업의 경쟁력을 약화시켰다는 비판을 받는다. 보호된 내수 시장에 안주한 미국 조선업체들은 혁신과 효율성 개선에 소극적이었고, 그 결과 미국의 세계 조선 시장 점유율은 2024년 기준 0.1%에 불과할 정도로 국제 경쟁력을 상실하였다. 미국 조선소는 연간 5척 내외의 상선만을 건조하며, 대부분 군함이나 정부 발주에 의존한다. 반면, 한국과 중국은 각각 26%, 51%의 세계 시장 점유율을 차지한다.

존스법의 구조적 보호주의는 운송 비용의 비정상적인 극대화를 초래하였다. 보호주의 규정으로 인해 미국 내 조선소에서 건조된 연안 선박의 가격은 1억 9천만 달러에서 2억 5천만 달러에 달하는 반면, 해외 조선소의 유사 선박 건조 비용은 약 3천만 달러에 불과하다. 미국 내 조선소의 기술력과 생산성도 국제 경쟁국에 비해 크게 뒤처진다. 미국산 선박은 건조 기간이 길고, 단가가 높으며, 첨단 친환경·스마트 선박

분야에서도 후발주자에 머물러 있다. 이는 미국 해운업의 국제 경쟁력 저하와 직결된다.

4.3 국가 안보적 합리성의 구조적 한계

존스법의 옹호론은 국가 안보를 위한 필수적인 국내 조선업 기반과 숙련된 상선 해기사 풀을 유지하는 데 이 법이 필요하다는 주장에 기반한다. 국방 당국 역시 존스법이 미국 조선소의 역량을 일정 수준 이상으로 유지하는 데 기여함을 인정한다.

그러나 학술적 분석은 존스법이 명목상의 안보 목적과 달리, 실제 국방 준비 태세 목표 달성을 저해하는 구조적 모순을 내포한다고 비판한다. 높은 건조 및 운영 비용은 미국 국적 상선대의 규모 축소 및 노후화를 가속화하였다고 평가한다. 실제로 2019년 기준으로 외항 무역에 종사하는 존스법 선단은 100척 미만에 불과하다. 이러한 미국 상선대 규모의 감소는 국방부가 전시 동원 시 필요한 선박 및 숙련된 .해기사를 확보하는 능력을 심각하게 위협하며, 일부 보고서는 RRF 선박의 심각한 노후화와 유지 보수 시설 부족 문제를 지적한다.

4.4 법적·정책적 폐지·개정 시도와 입법 동향

존스법 폐지 또는 개정 시도는 꾸준히 이어져 왔다. 2010년대 이후 존 매케인, 마이크 리 등 상·하원의원들이 'Open America's Waters Act' 등 폐지 법안을 반복적으로 발의했으나, 해운·조선업계와 노조의 강력한 로비, 국가 안보 논리 등으로 번번이 무산되었다.

2025년 6월에도 마이크 리(공화, 유타) 상원의원과 톰 맥클린톡(공화, 캘리포니아) 하원의원이 존스법 폐지 법안을 발의했다. 이들은 존스법이 미국 내 물류비용을 높이고, 에너지 수급을 어렵게 하며, 하와이·푸에르토리코 등 육지로 연결되지 않은 이른바 비연속 지역의 물가를 급등시킨다고 주장했다. 그러나 법안의 통과 가능성은 여전히 낮다. 해운·조선업계, 노조, 일부 군사·안보 전문가들의 반대가 여전하기 때문이다.

4.5 행정적 예외·면제와 판례·규제 해석

존스법은 원칙적으로 예외를 허용하지 않으나, 국가 안보나 긴급 상황(자연재해, 에너지 위기 등)에서는 한시적 면제가 가능하다. 예를 들어, 허리케인 카트리나(2005년), 허리케인 마리아(2017년) 등 대형 재난 시에는 외국 선박의 미국 내 운송을 임시 허용했다. 그러나 면제는 매우 제한적이고, 절차가 복잡하며, 상업적 필요보다는 국가 안보 논리가 우선된다.

미국 세관국경보호청(CBP)은 존스법의 엄격한 해석을 유지하고 있다. 예를 들어, 외국산 부품을 사용한 선박의 미국 내 운항, 외국 선박의 단거리 이동 등도 엄격히 제한한다. 다만, 미국 내에서 조립된 경우 미국산으로 인정하는 등 일부 유연성을 보이기도 한다.

그러나 존스법의 경직성으로 인해 대규모 재난 발생 시 국내 물류 수요 충족에 실패하는 경우가 반복되면서 행정적 면제, 이른바 웨이버(waivers) 조치가 관행적으로 부여되고 있다. 2017년 허리케인 마리아가 푸에르토리코를 강타했을 때 존스법이 구호 활동을 저해하고 경제적 어려움을 가중시킨다는 비판이 강하게 제기되었으며, 이러한 재난 상황에서의 빈번한 면제 조치는 존스법이 비상시 국내 물류 수요를 충족시키지 못하는 구조적 약점을 제도적으로 입증하는 사례로 간주된다.

5. 최신 동향: 2024~2025년 입법 변화, 정치적 논의, 산업계 반응

5.1 2024~2025년 입법·정치 논의

2024~2025년 미국 의회에서는 존스법 폐지 또는 개정 논의가 다시 활발해졌다. 2025년 6월, '미국 수역 개방법(Open America's Waters Act)'이 상·하원에 동시 발의되었고, 하와이·알래스카·푸에르토리코 등 비연속 지역을 존스법 적용에서 제외하는 법안, 미국산 선박 요건을 완화하는 법안 등 다양한 개정안이 논의되고 있다.

특히 하와이, 알래스카, 푸에르토리코 등은 존스법으로 인한 생활비 부담이 크다는 점을 들어, 지역별 예외 적용 또는 요건 완화를 강력히 요구하고 있다. 2025년 2월, 하와이 출신 에드 케이스(민주) 하원의원과 괌 출신 제임스 모일란(공화) 하원의원이 공동으로 '존스법 개정 3종 패키지' 법안을 발의했다. 이들은 "존스법이 소수의 해운사가 독점적 지위를 누리게 하여, 하와이 등 비연속 지역의 물가와 생활비를 급등시킨다"고 주장했다.

2025년 8월에는 커네티컷주 하원이 존스법 개정 촉구 결의안을 통과시켰고, 푸에르토리코 정부도 항공 연안 무역법 영구 면제를 요청했다. 이는 존스법의 지역별 예외 적용 가능성을 시사한다.

5.2 산업계 반응: 해운사 · 조선사 · 노조 입장

미국 해운·조선업계와 노조는 존스법의 유지·강화를 강력히 주장한다. 이들은 "존스법이 65만 개의 일자리와 1,500억 달러의 경제적 부가가치를 창출하며, 국가 안보와 공급망 안정성의 핵심"이라고 강조한다. 미국 해군과 국방부도 "존스법 폐지는 전략적 해상 수송력 약화로 이어질 수 있다"고 경고한다.

반면, 하와이·푸에르토리코 등 비연속 지역의 소비자, 소상공인, 일부 주 정부는 존스법의 폐지 또는 예외 적용을 요구한다. 이들은 "존스법이 소수 해운사의 독점과 가격 인상, 지역 경제 침체, 생활비 급등을 초래한다"고 주장한다. 실제로 하와이의 경우, 존스법으로 인해 연간 12억 달러의 추가 비용과 9,100개의 일자리 손실이 발생한다는 연구 결과가 있다.

표 2. 존스법의 경제적 영향 요약(하와이 사례)

항목	연간 비용(USD)	1인당 부담(USD)	일자리 손실(개)	세수 감소(USD)
총 경제적 손실	1,200,000,000	645	9,100	
추가 운송비	654,000,000			
소비자 가격 인상	916,000,000			

* 주. 존스법으로 인해 하와이 경제는 연간 12억 달러의 손실, 주민 1인당 645달러의 부담, 9,100개의 일자리 손실, 1억 4,820만 달러의 세수 감소가 발생한다. 이는 하와이뿐 아니라 푸에르토리코, 알래스카 등 비연속 지역에도 유사하게 적용된다.

* 출처: Quantifying the cost of the Jones Act to Hawaii. https://www.grassrootinstitute.org/wp-content/uploads/2020/07/GRIH-Quantifying-the-cost-of-the-Jones-Act-to-Hawaii.pdf

5.3 행정적 변화와 규제 강화

2024년 말, 미국 의회는 'Close Agency Loopholes to the Jones Act of 2023' 법안을 통과시켜, 행정기관의 존스법 면제·예외 부여 권한을 대폭 제한했다. 이는 국가 안보나 자연재해 등 극히 예외적인 경우에만 한시적 면제를 허용하도록 규제를 강화한 것이다. 이는 미국 선원과 해운업계의 일자리 보호, 안전 기준 강화 효과를 기대한 조치이다.

그림 2. 존스법 개혁의 스펙트럼

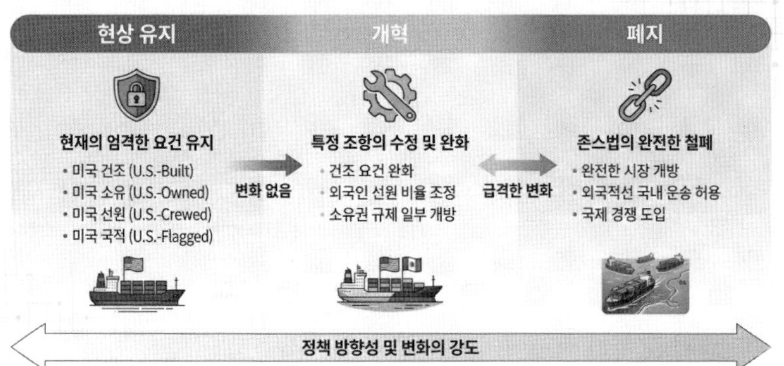

6. 국제적 비교: 다른 국가의 유사 규제와 사례

6.1 일본, 호주, 유럽연합(EU) 등 주요국의 연안무역 규제

존스법과 유사한 연안무역(카보타지) 규제는 일본, 호주, 유럽연합 등에서도 존재한다. 일본은 해운법 등 관련 법률을 통해 국내 해역 운송에 일본산·일본인 소유·일본인 승무원 선박만을 허용한다. 다만, 해상 풍력 등 신산업 분야에서는 외국 선박의 한시적 예외(특별면허) 허용 등 점진적 규제 완화 논의가 진행 중이다.

호주는 외국 선박이 국내 항구 간 운송을 하려면 임시 라이선스를 취득해야 하며, 일정 횟수 이상 운항 시 호주 선원 임금의 'top up'(국제시장 임금(저임금)과 자국선원임금(고임금) 사이의 격차를 정부가 세금으로 보전하는) 지급 등 추가 의무가 부과된다.

유럽연합(EU)은 회원국 간 연안 무역을 자유화했으나, 각국은 여전히 자국 선박·선원 우대 정책을 유지한다. 노르웨이, 핀란드 등은 미국보다 완화된 연안 무역 규제를 적용하며, 국제 경쟁력을 갖춘 조선업을 유지하고 있다.

표 3. 미국의 존스법과 다른 나라의 카보타지 규제 비교

국가/지역	연안무역 규제 강도	주요 특징 및 예외
미국	매우 강함	미국산·미국인 소유·미국인 승무원 필수
일본	강함	일본산·일본인 소유·일본인 승무원, 일부 예외
호주	중간	임시 라이선스, 일정 운항 시 임금 top-up
EU	약함	회원국 간 자유화, 각국 자국 선박 우대
노르웨이/핀란드	약함	국제 경쟁력 높은 조선업, 완화된 규제

6.2 국제적 경쟁력과 규제의 상관관계

전술한 바와 같이 미국은 세계에서 가장 엄격한 카보타지 규제를 유지하고 있으며, 일본·호주 등도 유사한 제도를 운영한다. 반면, EU, 노르웨이, 핀란드 등은 규제를 완화해 국제 경쟁력을 높이고 있다. 노르웨이, 핀란드 등은 연안무역 규제가 미국보다 약하지만, 조선업의 국제 경쟁력 높다. 예를 들어, 핀란드는 세계 쇄빙선의 70%를 생산하며, 노르웨이는 해양 서비스·어선 분야에서 세계적 경쟁력을 보유한다. 반면, 미국은 존스법으로 인해 내수 시장에만 의존하게 되어, 국제 경쟁력과 기술 혁신이 저하되었다는 평가가 많다.

6.3 법적 책임 · 해사법과 선원 권리(존스법과 혼동 주의)

존스법은 해운·조선업 보호법(Section 27)과 선원 권리 보호법(Section 33, Jones Act for Seamen's Rights)이 혼용되어 혼동을 일으키기도 한다. Section 33은 선원이 근무 중 부상당했을 때, 고용주(선주)의 과실이 인정되면 손해배상 청구권을 보장한다. 이는 일반 육상 근로자의 산재보험과 달리, 선원이 고용주 과실을 입증해야 한다는 점에서 차이가 있다. 이 조항은 미국 해상법의 핵심으로, 선원의 안전과 권익 보호에 중요한 역할을 한다.

7. 정책적 대안과 개혁 논의

7.1 존스법 개혁 논의의 주요 쟁점

존스법 개혁 논의는 크게 세 가지 방향으로 전개된다. 첫째, 전면 폐지(자유경쟁 도입), 둘째, 지역별·분야별 예외 적용(비연속 지역, 신산업 등), 셋째, 미국산 선박 요건 완화(동맹국 선박 허용, 외국산 부품 확대 등)이다. 최근에는 미국 내에서도 "미국 밖에서 건조된 선박을 허용해야 한다"는 목소리가 커지고 있다. 하와이, 알래스카, 푸에르토리코 등은 지역별 예외 적용을, 산업계는 친환경·스마트 선박 도입을 위한 요건 완화를 요구하고 있다.

7.2 대안적 정책 방안

- **미국산 선박 요건 완화:** 동맹국(한국, 일본 등)에서 건조된 선박을 미국 내 연안 운송에 한시적으로 투입하는 것을 허용하거나, 주요 부품·설계의 외국산 사용을 확대하는 방안.
- **지역별 예외 적용:** 하와이, 알래스카, 푸에르토리코 등 비연속 지역에 한해 존스법 적용을 완화하거나, 국제 경쟁 입찰을 허용하는 방안.
- **친환경·스마트 선박 도입 촉진:** 친환경 연료, 자율운항, 스마트 항

만 등 신기술 도입을 위한 규제 완화 및 인센티브 제공.

- **국가 안보와 산업 경쟁력의 균형:** 군사적 필요와 산업 경쟁력, 소비자 후생 간 균형을 고려한 점진적 개혁 추진.

- **동맹국과의 협력 강화:** 한국, 일본 등 동맹국과의 기술·투자 협력, 공동 조선소 설립, MRO 시장 확대 등 상생 방안 모색.

8. 결론 및 시사점

존스법은 100년 넘게 미국 해운·조선업의 산업 구조와 경쟁력, 국가 안보 정책을 좌우해온 핵심 법률이다. 그러나 애초 의도했던 미국 조선업 육성에는 실패했고, 오히려 높은 사회적 비용과 산업 경쟁력 저하, 지역별 불평등, 혁신 저해 등 다양한 부작용을 초래했다는 비판이 거세다. 2024~2025년 들어 미국 내에서도 존스법 개정 필요성에 대한 목소리가 커지고 있으며, 하와이·알래스카·푸에르토리코 등 비연속 지역, 친환경·스마트 선박 등 신산업 분야에서 예외 적용 또는 요건 완화 논의가 활발하다.

앞으로는 미국 내 정치·산업계의 변화, 동맹국과의 협력, 친환경·스마트 해운 혁신 등 다양한 변수가 존스법의 미래를 좌우할 것이다. 존스법 개혁 문제는 단순한 무역 이슈를 넘어, 동맹국가와의 경제 협력과 전략적 파트너십의 깊이를 보여주는 시금석이 될 것이다. 미국과 동맹국이 서로의 이익을 고려한 상생 방안을 모색한다면, 존스법이라는 100년 된 벽을 허물고 새로운 협력의 장을 열 수 있을 것이다.

제 7 장

전략적 해상 수송 및 해양 안보 프로그램

1. 서론

미국은 세계 최대의 해상 운송국이자 군사 강국으로서, 전략적 해상 수송 역량과 해양 안보를 국가 안보의 핵심 축으로 삼고 있다. 글로벌 공급망의 복잡성과 미중 전략 경쟁, 인도-태평양 지역의 긴장 고조, 그리고 최근의 팬데믹 및 지역 분쟁 등은 미국이 평시와 비상시 모두 신속하고 안정적으로 군수 및 필수 물자를 수송할 수 있는 체계의 중요성을 더욱 부각시켰다. 이에 따라 미국은 다양한 법적·제도적 기반 위에 여러 해상 수송 및 안보 프로그램을 운영하고 있으며, 이들 프로그램은 상호 연계되어 국가 전략적 목표 달성에 기여하고 있다.

여기서는 미국의 주요 전략적 해상 수송 및 해양 안보 관련 프로그램인 다음의 제도들을 심층적으로 분석한다.

- Maritime Security Program (MSP)

- Cable Security Fleet (CSF)

- Voluntary Intermodal Sealift Agreement (VISA)

- Cargo Preference (화물 우선 적취)

- Strategic Sealift Program

- National Defense Reserve Fleet (NDRF)

- Ready Reserve Force (RRF)

- Ship Disposal Program

- U.S. Marine Highway Program

구체적으로 각 프로그램의 설립 목적, 법적 근거, 주관 기관, 예산 동향, 전략적 기여도, 최근 이슈, 프로그램 간 연계성 등을 심층적으로 분석한다. 또한, 각 프로그램의 비교표를 통해 구조적 차이와 상호 보완성을 명확히 하고, 미국 전략적 해상 수송 역량 유지에 있어 이들 프로그램이 수행하는 역할을 종합적으로 평가한다.

2. Maritime Security Program (MSP)

2.1 설립 목적 및 법적 근거

MSP는 1996년 Maritime Security Act 및 2003년 개정법에 근거하여 설립된 미국의 대표적 해상 안보 프로그램이다. 주요 목적은 국가 비상 사태 발생 시 즉시 동원 가능한 미국 국적 민간 상선대를 유지함으로써, 평시에는 국제 무역에 참여하고, 전시나 국가 위기 시에는 국방부(DoD)의 군수 수송 요구에 신속히 대응할 수 있도록 하는 데 있다.

법적으로는 46 U.S.C. § 50101, National Security Directive 28, Maritime Security Act of 1996 등이 근거가 되며, MSP 참여 선박은 미국 국적, 미국 선원 승선, 미국 해사법 적용 등 엄격한 요건을 충족해야 한다.

2.2 주관 기관 및 조직 구조

MSP는 미국 교통부 산하 해사청(MARAD)이 주관하며, 국방부와 긴밀히 협력하여 프로그램을 운영한다. MARAD는 선박 운영사와 연간 운영 계약을 체결하고, 국방부는 필요 시 MSP 선박 및 관련 글로벌 물류망을 동원할 수 있다.

2.3 최신 운영 현황

2025년 기준 MSP는 총 60척의 미국 국적 상선(컨테이너선, RO/RO, 중량 화물선 등)으로 구성되어 있다. 평균 선령은 14.7년이며, 25년 이상 선박은 교체가 요구된다. 선박당 연간 580만 달러의 지원금이 지급되며, 약 2,400명의 미국 상선 선원과 5,000명의 육상 근로자가 고용된다.

2.4 예산 동향 및 재정 구조

MSP 예산은 최근 3년간(2023~2025년) 연 3억 1,800만 달러로 동결되어 있으며, 선박당 지원금도 동일하게 유지되고 있다. 예산은 전액 연방정부에서 지원되며, 선박 운영사는 운영비용 보고서를 제출해야 한다. 예산의 안정성은 미국 상선대의 지속적 유지와 선원 고용, 선박 현대화에 중요한 역할을 한다.

2.5 전략적 기여도 및 군사 연계성

MSP는 평시에는 미국의 국제 무역 경쟁력 유지와 상선 선원 고용에 기여하고, 비상시에는 국방부의 군수 수송 요구에 즉각 대응할 수 있는 민간 상선대와 글로벌 물류망을 제공한다. 실제로 MSP 선박은 국방부의 글로벌 군수망 접근을 보장하며, 미군의 해외 작전, 재난 대응, 인도적 지원 등 다양한 상황에서 핵심적 역할을 수행한다.

2.6 MSP에 대한 평가 및 최근 이슈

MSP에 대한 미국 정부 보고서는 이 프로그램이 국방부가 요구하는 기동성 요건을 지원하고 미국 국적 선박의 국제 무역 존재를 유지하는 데 긍정적인 영향을 미친다고 평가했다. MSP의 핵심적인 기여는 다음과 같다.

첫째, MSP는 국방부의 전력 전개 및 해상 수송 작전 수행에 필요한 60척의 선박과 관련 복합운송 인프라를 활용 가능하게 한다.

둘째, MSP는 미국 해기사 인력 풀 유지에 결정적인 역할을 한다. MSP 선단 60척은 1,200개의 선원 직위를 제공하며, 이는 총 2,400명의 미국 해기사 고용을 지원한다. 이 인력은 외항 상선 해기사 인력 풀(약 20,500명)을 유지하는데 매우 중요한 비중을 차지하며, MSP가 없었더라면 예비 함대(RRF)와 군사해상 수송 사령부(MSC) 선박을 운용할 숙련된 민간 인력 부족 위험이 심화되었을 것이라고 보고 있다.

특히, MSP는 존스법의 구조적 비효율성에도 불구하고 국가 안보를 유지하는 가장 비용 효율적인 수단으로 평가되었다. 2008년 MARAD의 평가에 따르면, MSP의 연간 예산 지출(FY 2008 기준 1억 5천6백만 달러)은 매우 비용 효율적이며, 만약 MSP가 폐지될 경우 국방부가 MSP 선단의 능력을 복제하기 위해 필요한 자본 지출은 최소 130억 달러에 달할 것으로 추정하였다.

최근에는 선박 노후화에 따른 교체 필요성, 선원 고령화 및 인력 부족, 미·중 전략 경쟁 심화에 따른 해상 수송망 보호 강화 등이 주요 이슈로 부상하고 있다. 2025년 이후 선박 교체 및 친환경 선박 도입, 선원 양성 정책 강화 등이 논의되고 있다.

표 1. 2 MSP의 효과성 및 Sealift 준비 태세 평가

평가 지표	MSP의 영향에 대한 MARAD의 평가	국가 안보 기여도
미국 국적 상선 존재 (국제 무역)	60척의 MSP 선단 유지 지원	국방성의 물류 통합 및 전략적 대응에 필수적인 상업적 네트워크를 제공.
U.S. 해기사 인력 풀 (숙련 인력)	2,400명의 해기사 고용 유지, RRF 및 MSC 선박 운용을 위한 민간 인력 풀의 핵심	전시/비상사태 시 민간 승무원 부족 위험 완화.
비용 효율성	MSP 연간 지출 대비, 상선대 복제 시의 자본 비용($130억) 절감 효과	비용 효율성을 입증하여 프로그램 지속의 중요한 논리적 기반 제공.

3. Cable Security Fleet Program (CSF)

3.1 설립 목적 및 법적 근거

CSF는 해저 통신 케이블의 설치 및 수리 역량을 확보하여, 국가 안보와 통신 인프라 보호를 지원하기 위해 2021년 신설된 프로그램이다. 법적 근거는 46 U.S.C. Chapter 532에 기반한다.

3.2 주관 기관 및 조직 구조

MARAD와 국방부가 공동 주관하며, 미국 국적 해저 케이블 수리선(2025년 기준 2척)을 지정·운영한다.

3.3 최신 운영 현황 및 예산

2023~2024년 예산은 연 1,000만 달러였으나, 2025년 예산 요청은 없으며, 프로그램 축소 또는 종료 가능성이 제기되고 있다. 2023년 기준 운영 일수는 730일로 목표(640일)를 초과 달성하였다.

3.4 최근 이슈 및 정책 변화

2025년에 예산을 요청하지 않았음에도 불구하고, 해저 케이블 인프라에 대한 중국 등 적성국의 위협 증가, 미국 연방통신위원회(FCC)의 안보 규제 강화 등으로 CSF의 역할과 존속 여부가 논의되고 있다. FCC는 최근 중국 등 적성국 업체의 해저 케이블 사업 참여를 제한하고, 미국산 선박 및 신뢰받는 해외 기술의 사용을 장려하는 정책을 발표했다.

3.5 전략적 기여도

CSF는 국가 통신 인프라의 안전성 확보와 사이버·물리적 보안 강화에 기여하며, 비상시 신속한 케이블 수리 역량을 제공한다. 미·중 전략 경쟁 심화와 사이버 위협 증가에 따라 그 중요성이 부각되고 있다.

4. Voluntary Intermodal Sealift Agreement (VISA)

4.1 개요 및 설립 목적

VISA는 1997년 국방물자생산법(Defense Production Act, 50 U.S.C. § 4558) 및 Maritime Security Act에 근거하여 설립된 민간 해운사와 정부 간의 자발적 복합해상운송계약이다. 평시에는 DoD 화물 운송권 우선 부여, 비상시에는 민간 선박 및 복합운송(Intermodal) 자산을 국방 수송에 동원하는 체계를 구축한다.

4.2 주관 기관 및 조직 구조

해사청(MARAD), 국방부, 미 수송사령부(USTRANSCOM)이 공동 주관하며, 미국 국적 선박 운영사(2025년 기준 49개 선사, 104척 이상)가 참여한다. MSP 및 TSP 참여 선박은 VISA에 자동 등록된다.

4.3 운영 구조 및 단계

VISA는 3단계(Stages I~III)로 운영된다. 1·2단계는 사전 계약된 용량, 3단계는 추가 용량 확보로, 국방부의 비상 수송 요구에 따라 단계별로 민간 선박 및 복합운송 자산이 동원된다. 참여 선박은 평시에 국방부 화물 운송권을 우선적으로 부여받는다.

4.4 예산 및 보상 구조

VISA 참여는 자발적이나, 비상 동원 시에는 사전 협상된 계약에 따라 보상이 지급된다. Stage III 동원 시에는 별도 협상 요율이 적용된다.

4.5 전략적 기여도 및 군사 연계성

VISA는 평시-비상시 전환을 유연하게 지원하는 민관 협력 기반의 전략적 해상 수송 체계로, 국방부의 군수 수송 요구를 민간 자산으로 보완한다. MSP와 연계되어 미국 상선대의 전략적 활용도를 극대화한다.

4.6 최근 이슈 및 정책 변화

2024년 10월, VISA는 2029년까지 연장되었으며, 신규 신청자 대상 자격 요건 및 정의가 명확화되었다. 법령 인용 및 운영 절차도 최신화되었다.

5. 화물 우선 적취제도(Cargo Preference)

5.1 개요 및 법적 근거

화물 우선 적취제도는 미국 정부 소유·조달 화물의 일정 비율을 미국 국적 선박으로 운송하도록 의무화하는 제도이다. 주요 법적 근거는 Military Cargo Preference Act of 1904(군수화물 100%), Cargo Preference Act of 1954(민간·농산물 화물 50%), Public Resolution 17(수출입은행 화물 100%) 등이다.

5.2 주관 기관 및 조직 구조

MARAD가 규제 및 집행을 담당하며, 연방 정부 각 부처, 계약자, 공급망 참여자 모두가 준수 의무를 가진다. 위반 시에는 재정적 제재가 부과될 수 있다.

5.3 운영 현황 및 최근 논쟁

화물 우선 적취제도는 미국 상선대의 경제적 기반 유지와 선원 고용, 국가 안보 역량 확보에 기여한다. 그러나 운송비 증가, 화물 운송 지연, 식량 원조 프로그램의 효율성 저하 등 부작용도 지적된다. 최근에는 미중 해운 경쟁 심화, 중국 선박 제재, 미국 국적 선박 우선 운송 비율 확대 논의 등이 주요 이슈로 부상하고 있다.

5.4 전략적 기여도

화물 우선 적취제도는 미국 상선대의 상업적 지속 가능성과 전략적 수송 역량을 동시에 지원하며, 평시에도 미국 국적 선박의 운항과 선원 고용을 보장한다. 이는 비상시 신속한 군수 수송 역량 확보의 기반이 된다.

6. Strategic Sealift Program

6.1 개요 및 역할

Strategic Sealift Program은 국가 비상시 군수 물자 및 필수 물자의 신속한 해상 수송 역량 확보를 목표로, MSP, TSP, CSF, VISA, RRF, NDRF 등 다양한 프로그램을 통합적으로 운영한다. MARAD와 국방부가 공동 주관하며, 미국 해상 수송 전략의 핵심 축을 담당한다.

6.2 최근 정책 변화 및 법안 동향

2024년 국방수권법(NDAA)에서는 NDRF 선박 설계 및 건조 책임이 해군으로 이관되고, 10척 신규 건조 계획이 포함되었다. 또한, 중고 선박 매입, 국내 선박 해체 역량 보고, 해상 수송 인력 풀 평가 등 다양한 정책 변화가 추진되고 있다.

6.3 전략적 기여도

Strategic Sealift Program은 미군의 해외 작전, 재난 대응, 인도적 지원 등 국가 전략적 목표 달성에 필수적인 해상 수송 역량을 제공한다. MSP, VISA, RRF, NDRF 등과의 연계 운영을 통해 평시-비상시 전환의 유연성과 신속성을 확보한다.

7. National Defense Reserve Fleet (NDRF)

그림 2. NDRF 선대 현황(캘리포니아 수이선 베이)

출처: https://news.usni.org/2019/08/22/buzbydeclining-ship-numbers-opportunities
-causing-merchant-marine-talent-loss

7.1 설립 목적 및 법적 근거

NDRF는 1946년 상선매각법(Merchant Ship Sales Act)에 근거하여 설립된 국가 비상시 사용 가능한 정부 소유 예비 선박 상선대이다. MARAD가 주관하며, 주요 정박지는 텍사스 보몬트(Beaumont), 캘리포니아 수이선 베이(Suisun Bay), 버지니아 포트 유스티스(Fort Eustis) 등이다.

7.2 운영 현황

2025년 기준 NDRF는 약 100척(공식 통계는 85~101척, 연도별 변동)에 달하는 다양한 선종(RO/RO, 크레인선, 바지선, 유조선 등)으로 구성되어 있다. 이 중 41~53척은 RRF로 분류되어 신속 동원이 가능하다.

7.3 최근 이슈

NDRF 선박의 노후화가 심각하며, 2032년까지 70% 이상이 수명 종료에 도달할 전망이다. 이에 따라 선박 현대화, 신규 건조, 폐기 및 재활용 정책이 병행되고 있다.

7.4 전략적 기여도

NDRF는 비상시 군수물자 및 필수 물자의 대량 해상 수송을 위한 예비 역량을 제공하며, RRF, Ship Disposal Program 등과 연계되어 운영된다.

8. Ready Reserve Force (RRF)

그림 3. RRF 소속 선박의 배치 위치와 척수(2017)

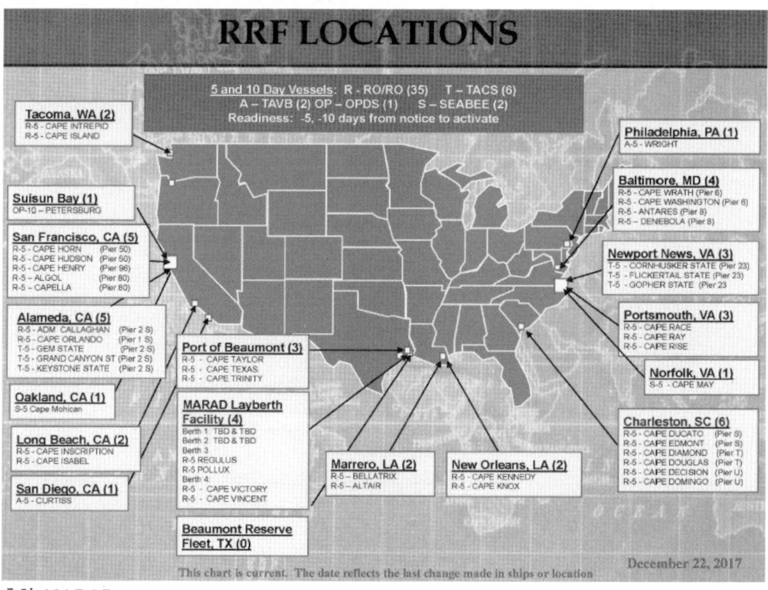

출처: MARAD

8.1 설립 목적 및 법적 근거

RRF는 1976년 NDRF의 하위 프로그램으로 설립되어, 군사 작전 시 신속한 선박 배치를 위한 신속 활성화(Rapid Activation) 예비 선박을 유지한다. MARAD가 주관하며, 국방부와의 협약을 통해 운영된다.

8.2 운영 현황 및 준비태세

2025년 기준 RRF는 41~53척(공식 통계는 46~51척)의 RO/RO, 크레인선, 항공기 정비 지원선(T-AVB) 등으로 구성되어 있다. 선박은 5~10일 내 활성화가 가능하며, 평시에는 최소 인원(10명 내외)으로 유지되고, 동원 시 추가로 승선인원이 배치된다. 최근 10년간 수백 회의 군사·재난·인도적 작전에 투입되었다.

8.3 예산 동향 및 최근 이슈

2025년 7월, MARAD는 RRF 51척 관리·운영을 위해 10년간 62억 달러 규모의 대형 계약을 체결했다. 이는 선박 유지·보수, 활성화, 인력 관리 등 전반에 걸친 대규모 투자로, 선박 노후화와 인력 부족 문제 대응을 위한 조치이다.

8.4 전략적 기여도

RRF는 미국 정부 소유 예비 선박 중 신속 동원이 가능한 핵심 전력으로, 군수 물자, 장비, 인도적 지원품의 긴급 수송에 필수적이다. MSP, VISA 등 민간 선박 동원 체계와 상호 보완적으로 운용된다.

8.5 전략적 취약성

MSP가 해기사 인력이라는 가변 자원(Variable Resource)을 유지하는 데 성공하였음에도 불구하고, 미국의 전략적 해상 수송 능력은 여전히 취약하다. 이는 주로 국가 방위 예비 함대(NDRF/RRF)의 심각한 노후화 문제에서 기인한다.

RRF 선박의 평균 선령은 45년에 달하며, 일부는 증기 기관을 사용할 정도로 구식 선박이다. 이러한 노후화는 대형 드라이 독 시설 부족과 결합하여 유지 보수를 지연시키고, 일부 예비 선대 선박이 선체 부식이나 안전 검사 불합격으로 동원 시 출항 불능 상태에 놓여 있다. 따라서, 정책 입안자들은 MSP와 존스법이 보장하는 선단이 양적인 측면뿐 아니라 현대적 전쟁 환경에 적합한 기술적, 기능적 측면에서도 심각한 취약점을 내포하고 있음을 인지하고 있다.

9. Ship Disposal Program

9.1 설립 목적 및 법적 근거

Ship Disposal Program은 1949년 연방 자산 및 행정 서비스법(Federal Property and Administrative Service Act) 및 2001년 플로이드 D. 스펜스 국방수권법(Floyd D. Spence National Defense Authorization Act)에 근거하여, 노후 선박의 안전하고 환경 친화적인 폐기를 담당한다.

9.2 운영 절차 및 최근 활동

MARAD는 선박 해체·재활용, 인공어초화, SINKEX(실사격 훈련용 침몰), 기부 등 다양한 방식으로 선박을 처분한다.(2023~2025년 연간 4~5척의 선박이 폐기되고 있다.) 그러나 2025년 6월 26일부터는 '홍콩협약' 발효로, 총톤수 500톤 이상 국제 항해선박의 친환경 해체가 의무화되면서 이에 대한 대응책이 필요한 상태이다.

9.3 예산 및 주요 현황

2025년 예산은 600만 달러로, 세계 최초의 원자력 추진 상선((Nuclear-powered Merchant Ship)인 NSS 사바나(NSS Savannah)의 유지비 300만 달러가 포함된다. 선박 해체는 텍사스, 루이지애나 등 지정 재활용 시설에서 이루어진다.

9.4 전략적 기여도

Ship Disposal Program은 노후 선박의 효율적 관리와 환경 지속 가능성 확보를 통해, 전체 선박 운영의 안전성과 신뢰성을 높인다. NDRF, RRF와 연계되어 예비 선박의 현대화와 자원 재활용을 지원한다.

10. US Marine Highway Program (USMHP)

10.1 설립 목적 및 법적 근거

미국 해상 고속도로 프로그램(USMHP, United States Marine Highway Program)는 2007년 에너지 자립 및 안보법(Energy Independence and Security Act), 2012년 해안경비대 및 해상 교통법(Coast Guard and Maritime Transportation Act), 2016년 국방수권법(NDAA) 등에 근거하여, 내륙 수로 및 연안 해상 운송 활성화를 목표로 한다.

10.2 주관 기관 및 운영 현황

MARAD가 주관하며, 2025년 기준 35개 해상 고속도로 노선이 지정되어 있다. 2025년 예산은 1,000만 달러로, 2023년 기준 102,200 TEU의 컨테이너, 780만 트럭·마일의 도로 교통 대체 효과를 달성했다.

10.3 전략적 기여도

USMHP는 육상 교통 혼잡 완화, 환경 영향 저감, 해상 수송 경로 다변화에 기여하며, 재난·비상시 대체 수송망으로서의 역할도 수행한다.

11. 프로그램 간 연계성 및 전략적 해상 수송 역량 유지 분석

표 2. 미국 주요 해운지원정책의 비교

프로 그램명	설립 연도	법적 근거	주관 기관	주요 기능	FY 2025 예산	최근 이슈
MSP	1996	Maritime Security Act	MARAD, DoD	국제 상선 유지, 군수 물자 수송	$318M	선박 교체, 고용 유지
CSF	2021	46 U.S.C. § 53101	MARAD, DoD	해저 케이블 수리선 유지	$0	예산 미요청, 존속 논란
VISA	1997	Defense Production Act	MARAD, USTRANS COM	민간 선박 동원	N/A	2029년까지 연장, 자격 요건 강화
Cargo Preference	1954	1904/1954 Act 등	MARAD	정부 화물 미국 선박 수송	N/A	미중 경쟁, 우선 비율 확대 논의
Strategic Sealift	1941	NSD 28 등	MARAD, DoD	군수물자 수송력 확보	N/A	선박 현대화, 인력 확보
NDRF	1946	Merchant Ship Sales Act	MARAD	예비 선박 유지	DoD 환급	선박 노후화, 신규 건조 추진
RRF	1976	Merchant Ship Sales Act	MARAD, DoD	고속 활성화 선박 유지	DoD 환급	62억 달러 대형 계약 체결
Ship Disposal	2001	40 U.S.C. § 548	MARAD	노후 선박 폐기	$6M	홍콩협약 발효, 친환경 해체

| USMHP | 2007 | 46 U.S.C. § 55601 | MARAD | 내륙 수로 수송 활성화 | $10M | 탄소 감축, 교통 혼잡 완화 |

11.1 구조적 연계성

- **MSP, TSP, CSF, VISA**는 민간 선박을 평시 유지·비상시 동원하는 체계로 상호 연계되어 있다.
- **NDRF, RRF**는 정부 소유 예비 선박으로, RRF는 NDRF의 일부로 신속 동원이 가능하다.
- **Cargo Preference**는 MSP, TSP 선박의 상업적 경쟁력 유지와 전략적 수송 역량 확보에 기여한다.
- **Ship Disposal Program**은 NDRF, RRF의 노후 선박을 효율적으로 관리·폐기하여 전체 선박 운영의 지속 가능성을 높인다.
- **USMHP**는 내륙 수로를 활용해 해상 수송망을 보완하고, 재난·비상시 대체 경로를 제공한다.

11.2 전략적 해상 수송 역량 유지에 대한 프로그램별 역할

- **MSP/VISA**는 평시 미국 상선대 유지, 비상시 신속 동원, 글로벌 물류망 제공한다.
- **RRF/NDRF**는 정부 소유 예비 선박의 신속 동원, 군수물자 및 재난 대응하는 역할을 수행한다.
- **CSF**는 해저 케이블 등 국가 핵심 인프라 보호 및 수리 역량 제공한다.
- **Cargo Preference**는 미국 상선대의 경제적 기반 유지, 선원 고용 보장하는 역할은 한다.
- **Ship Disposal**는 노후 선박의 친환경 폐기, 선박 현대화를 지원하는 역할을 한다.

• **USMHP**는 내륙 수로 활용, 교통 혼잡 완화, 전략적 수송 경로 다변화 역할은 한다.

11.3 최근 국제·지역 안보 환경의 영향

미국의 해운업에 대한 지원은 2000년대 들어 발생한 일련의 글로벌 공급망 혼란에서 주목을 받았다. 대표적으로 2016년 한진해운 도산 시에는 항만하역 및 수송 중단사태가 발생하면서 미국도 유사 위기에 대비한 해상 수송 체계 강화의 필요성을 인식하는 계기가 되었다. COVID-19 팬데믹하에서는 MSP 선박이 글로벌 공급망 유지에 핵심적 역할 수행했다. 또 홍해·수에즈 운하 위기시에는 해상 수송 경로 다변화 및 예비 선박 동원의 중요성이 부각되었다.

나아가 미중 전략 경쟁, 인도-태평양 지역의 군사적 긴장, 해저 케이블 및 공급망 위협, 선박 노후화와 선원 인력 부족 등은 미국 해상 수송 프로그램의 중요성을 더욱 부각시키고 있다. 특히, 중국 해운·조선업에 대한 미국의 제재 강화, 해저 케이블 보안 규제, 미군의 인도-태평양 전개 확대 등은 각 프로그램의 전략적 역할과 정책 방향에 직접적 영향을 미치고 있다. 이에 대하여는 제10장에서 구체적으로 다룬다.

미국의 해양 안보 정책별로 주요 이해관계자 및 민간 파트너는 다음과 같다. 첫째로 MSP/TSP/CSF/VISA는 머스크, APL 마린 등 주요 선사, 선원 노동조합, 민간 선박관리업체, 둘째로 RRF/NDRF는 민간 선박관리업체, 선원 인력 공급사, 셋째로 USMHP는 항만, 내륙 수로 운영자, 제조업체, 지역 정부, 넷째로 Ship Disposal의 경우, 재활용 업체, 환경 규제 기관 등이 깊숙이 관여하고 있다.

12. 결론 및 정책적 시사점

미국의 전략적 해상 수송 및 해양 안보 프로그램들은 상호 보완적 구조와 명확한 법적·제도적 기반 위에서, 평시에는 상선대 유지와 경제적 경쟁력 확보, 비상시에는 군사·재난·인도적 수송 역량 제공이라는 이중적 목표를 효과적으로 수행하고 있다. 최근 미중 전략 경쟁, 공급망 위기, 선박 노후화, 인력 부족 등 복합적 도전 속에서, 각 프로그램의 현대화, 예산 안정성, 민관 협력 강화, 친환경 정책 도입, 인력 양성 등이 핵심 과제로 부상하고 있다.

향후 미국은 선박 현대화 및 친환경화, 선원 인력 풀 확대, 민간 파트너십 강화, 국제 협력 및 규제 대응, 예산 안정성 확보 등을 통해 전략적 해상 수송 역량을 지속적으로 강화해야 할 것이다. 또한, 프로그램 간 연계성과 유연성을 극대화하여, 예측 불가능한 글로벌 위기 상황에서도 신속하고 효과적으로 대응할 수 있는 해상 수송 체계를 유지하는 것이 국가 안보와 경제 번영의 핵심임을 재확인할 필요가 있다.

제8장

선원 인력 부족과 양성체계 축소: 전략적 해상수송의 역설

1. 미국 선원의 현황

1.1 구조적 감소 추세

제2차 세계대전 후부터 현재까지 미국 상선선원(merchant mariner)은 지속적으로 감소하고 있다. 지속적 감소를 초래한 핵심 요인은 미국 국적 선박의 해외이적과 자동화, 고령화 및 신규 해기사 유입 감소, 교육훈련 생태계의 제약, 국제 경쟁에 따른 임금과 근로조건 불균형 등이 복합적으로 작용한 결과이다.

미국인 선원은 전쟁 직후인 1945년 후반 약 250,000명으로 역사상 최고치를 기록했다. 1965년 중반에는 컨테이너화 및 편의치적 확산으로 100,000명 수준으로 감소했고 1985년 중반에는 선박 자동화와 하역 효율화로 약 40,000명까지 감소했다. 2005년 초반에는 미국 국적 상선의 선원은 약 20,000명으로 급감하였으며 2025년 현재, 미국인 상선선원은 12,000~15,000명 수준에 지나지 않는다. 물론 군수 및 예비 선대를 포함한 총 인력은 약 80,000명으로 추산되지만, 실제 상선 운항 인력은 매우 제한적이라고 할 수 있다.

이것이 의미하는 바는 미국인 선원의 지속적 감소는 단순한 해운경기 변동에 따른 것이 아니라 구조적 감소임을 말한다. 이런 현황을 극복하기 위하여 미국정부도 미국인 해기사의 경제안보상의 중요도를 고려하여 1920년대에는 Jones Act 제정하여 미국 내 해운산업 보호 및 미국 선원 고용을 의무화하고, 1996년에는 Maritime Security Program을 도입하여 국가 안보 목적의 상선선원 확보를 지원하도록 했다. 2003년에는 Maritime Security Program을 확대 및 보강하면서 미국인 선원의 확보를 도모하였다. 여기서는 제2차세계대전 이후의 미국선원 변화 추이를 20년 단위로 구분해서 살펴본다.

1.2 1945~1965: 전후 재편과 과잉에서 정상화로

1945~1965년은 전후 질서의 재편과정에서 선원 인력이 과잉에서 정상화되는 시기였다고 할 수 있다. 전시 동원으로 선원 수가 역사적 최고인 약 25만명이었으나, 전후 상업 운항의 정상화와 선박 폐선과 재편으로 급감했다. 편의치적이 본격적으로 확산되면서 미국 국적 선박 비중이 줄어들면서 미국인 선원의 승선 기회도 줄어 들었다. 해기사 양성 고등 교육기관인 연방 해사대학(USMMA, United States Merchant Marine Academy or King's Point)과 주립 해사대학들도 전시의 군수 인재양성에서 상선 항해사와 기관사 양성으로 임무가 전환되었다.

민간 해운의 수요 축소로 졸업생의 상선 취업률은 변동폭이 컸다. 미국 선원 임금은 국내 산업과 비교할 때는 상대적 고임금으로 경쟁력이 있었지만, 장기 승선 근무와 안전과 복지 수준 차이로 신규 유입은 제한적이었다. 하지만 외국 선사 대비 미국인 선원의 인건비는 이미 높아져 고용 측면에서 미국인 선원을 고용하는 것은 부담으로 작용하기 시작했다.

1.3 1965~1985: 컨테이너화 및 자동화와 직무 구조 변화

동 기간 중 컨테이너화와 자동화로 승무 인원 기준이 낮아지고, 미국 국적 외항상선의 편의치적선 전환이 심화되면서 미국인 선원 수는 구조적 감소가 지속되었다. 선박의 대형화와 자동화로 선박당 승무 정원이 줄어든 것이 선원 수 총량 감소에 가속도를 붙였다.

이 시기에 USMMA와 여러 주립 해사대학(예: 캘리포니아, 뉴욕, 매사추세츠 등)이 학사학위와 자격증(USCG 라이선스)연계 교육을 확립했다. 시뮬레이터와 엔진 룸 교육이 확대됐으나, 실습선에서의 실습과 해상승선 기회를 얻지 못하고 대기해야 하는 병목이 심해지면서 상선 취업 대신 해안경비대 및 연방 관련 기관, 항만 산업으로 취업처가 분산되는 경향이 강해졌다.

미국 선원의 임금은 경쟁국가의 선원보다 높았지만 여기에 노사 교섭을 통한 복지 및 연금 강화로 해운기업이 부담해야 하는 전체 부담은 더욱 증가하였다. 동시에 긴 승선 로테이션, 경력단절 위험, 승선 불확실성은 신규 해기 인력 유입에 악영향을 주었다.

1.4 1985~2005: 글로벌화, 편의치적의 심화와 군수 수송 중심 재편

글로벌 해운의 비용 최적화가 심화되며 미국 국적 상선 수가 축소되고, 미국인 선원은 RRF(준비 태세군)와 MSP(해사 안보 프로그램)로 대표되는 군수전략적 수송과 연계된 틈새 영역에 집중되었다. 미국인 선원의 고령화는 더욱 심화되었고, 신규 면허 취득자가 짧은 승선근무 후 타 산업분야로 이직하면서 상선 근무 평균 연수도 줄어들었다.

동 기간 중 해사대학들은 전기기술엔지니어(ETO, Electro-Technical Officer) 역량과 ISM/ISPS 등 국제 규정 준수 교육을 강화했다. 그러나 해기사 양성기관에 대한 정부 및 지자체 등의 공공 재원 지원 부족과 실습선 확보에 제약이 있어 실무 경험에 격차가 발생했고, 졸업생 상당수가 육상 해양산업(에너지, 조선, 항만 운영)으로 유출되었다.

국제 선원 시장에서 편의치적이 보편화되고 저비용 저임금 기국의 해운산업 진출로 인해 경쟁국과의 임금 격차가 확대되었다. 또, 미국 선원은 기본급·오버타임·연금 등 총보수는 높지만 승선 불규칙성과 타 산업과 비교하여고용 안정성이 상대적으로 낮아 직업 매력도가 떨어졌다.

1.5 2005~2025 인력 병목, 자격과 규정 강화, 경쟁력 문제의 고착

미국인 상선 해기사가 필요 인원 대비 부족하다는 점이 미국 정부기관, 의회, 노조 및 해양관련 단체 등에서 반복적으로 지적되었고, RRF 및 군수 수송에 필요한 최소 인력을 충족하는 데도 어려움이 존재했다. 하지만 선원의 고령화와 이직이 누적되며 신규 인력 충원의 지속 가능성이 어려움을 겪고 있다.

2025년 현재 미국의 해기사 양성기관은 크게 연방과 주립 교육기관으로 구분된다. USMMA는 연방 해사대학으로 매년 약 200~250명의 항해사와 기관사를 배출하고 있다. 주립 해사대학 (뉴욕, 캘리포니아, 매사추세츠, 메인, 텍사스 등 5개교)은 각 학교별 연간 100~150명 수준으로 모두 합하여 약 1,000명 수준의 해기사를 배출하고 있다. 해기사 양성기관 졸업생이 군·연방기관·민간 해운으로 진출하고 있지만 졸업생 중 상당수가 상선 대신 해안경비대, 항만과 에너지 산업 등으로 유출되면서 상선 인력 충원으로 직접 연결되지 않는 문제가 있다.

해기사 양성기관들은 STCW(선원의 훈련·자격증명 및 당직근무의 기준에 관한 국제협약) 개정과 USCG 면허 요건 강화로 교육 및 훈련의 비용과 시간 부담이 커졌다. 하지만 주립 해사대학의 입학 정원은 제한적이고, 재학생이나 졸업생이 연습선이나 상선에서 실습 기회를 얻는 데도 병목현상이 여전히 해소되지 못하고 있다. 디지털 항해, 에너지 전환(예: LNG, 하이브리드) 대응 커리큘럼은 확대되었으나 산업 현장의 초급·중견 해기사 부족은 여전한 상태이다.

현재, 미국 선원은 국제 평균 대비 2~3배 임금이 높지만(예: 미국인 선장 및 기관장은 연간 12만~15만 달러 수준으로 동일 직급 외국인 평균은 4만~6만 달러 수준), 장기 승선으로 인한 가정과의 분리, 비연속적 계약, 건강과 복지의 실제 체감 격차로 이직 유인이 크다. 해외 선사의 더 긴 계약과 연속 고용, 다른 산업(오프쇼어, 에너지, 항만, 물류 등)의 보수와 근무 안정성이 해사 교육기관 졸업생이나 승선 중인 해기사에게 보다 다양한 대체 직업 경로를 제시하면서 이직을 강력하게 유도하고 있다.

표1은 20년 단위로 선원 통계 동향, 항해사 및 기관사 양성기관의 실태, 임금과 근로조건 격차를 연결해 설명한다.

표 1. 미국 상선선원 감소 분석 (1945~2025)

시기	선원 통계 추세	해기사 양성기관 실태	임금·근로조건 특징
1945~1965	전후 약 25만 명 → 10만 명 수준으로 급감. 편의치적 본격화.	USMMA(연방 해사대학)·초기 주립 해사대학 설립, 전시 인력에서 상선해기사 양성으로 전환.	미국 내 산업 대비 경쟁력 있었으나 국제 평균보다 인건비 높아짐. 장기 승선 부담 존재.
1965~1985	컨테이너화·자동화로 선박당 인원 감소. 미국적 선박 축소 지속.	주립 해사대학 확대, 시뮬레이터·엔진 룸 교육 강화. 졸업생 일부는 해안 경비대 및 항만 산업으로 유출.	임금·복지 상승했지만 장기 항차·고용 불안정으로 신규 인재 유입 제한.
1985~2005	미국적 상선선원 약 4만 명 → 2만 명 이하. 군수·전략적 수송 중심으로 재편.	국제 규정(STCW) 대응 교육 강화. 실습선 부족, 졸업생 상당수 육상 해양산업으로 진출.	국제 평균 대비 2~3배 임금. 그러나 고용 불안·항차 불규칙성으로 매력도 낮음.
2005~2025	미국적 상선 선원 약 1.2~1.5만 명. 고령화 가속, 신규 충원 부족.	STCW 개정·USCG 면허 요건 강화로 교육비·시간 부담 증가. 정원 제한·승선 실습 병목 발생.	임금은 여전히 국제 평균보다 높지만, 근무 불규칙·가족 단절·복지 체감 격차로 이직 유인 큼.

1.6 선원 감소 요인별 횡단 분석

제2차 세계대전 이후로 미국 선원이 지속적으로 감소하게 된 요인을 횡단 분석하면 다음과 같다. 첫째로 선원 수 감소의 구조적 요인으로 편의치적화, 자동화 및 효율화, 고령화를 들 수 있다. 고비용 및 규제 회피를 위해 선박이 편의치적으로 이동하면서 미국인 선원 수요가 축소되었다. 선박 자동화와 하역 효율화를 추구하는 컨테이너화 및 디지털화로 선박당 필요 인원이 줄어 총 선원 수 감소가 지속되었다. 고령화에도 불구하고 직무 특성과 재승선을 위한로테이션이 청년층 유입을 제한하고, 면허 취득 이후에 타 산업 분야로 이직하면서, 해상 잔류율을 낮췄다.

둘째로 양성기관에서 발생하는 병목 현상의 문제로 정원과 실습의 한계, 교육비와 기회비용 증가, 경로 다양화 등을 들 수 있다. 미국의 해기사 양성 대학의 정원은 미국의 수요 대비 제한적이며, 실습선과 승선 실습을 위한 일반 상선이 부족하여 재학생이 제대로 실습을 받지 못하는 문제가 발생하고 있다. 나아가 STCW 등 강화된 자격 요건으로 교육비와 교육시간이 증가하여 진입 장벽은 더욱 높아졌다. 또 해기사 양성 대학 졸업생이 상선보다 해안경비대, 연방기관, 항만, 오프쇼어, 에너지, 물류 분야 등으로 유출되며 상선 인력 공급이 더욱 약화되었다.

셋째로 임금 및 근로 조건 격차도 급격한 선원 감소의 원인이다. 미국 해기사는 육상직과 비교하여 임금과 연금은 타 산업분야와 비교하여 경쟁력이 있지만 계약의 비연속성, 항차 변동성이 매력도를 낮추는 이른바 총임금과 직업 안정성 사이의 불균형이 문제이다. 국제 해운의 저비용 선원 일반화와 비교해 미국 선원의 인건비가 높아 채용 자체가 줄어들었다. 나아가 삶의 질을 결정하는 요인인 장기 승선, 해상근 무에서 오는 정신적, 신체적 부담, 가족과 사회적 연결의 약화가 이직과 전직을 촉진하고 있다.

결론적으로 미국 상선선원의 감소는 단일 변수로는 설명할 수 없다. 편의치적화, 자동화, 고령화, 해기사 교육시스템의 병목, 국제 임금과의 차이, 육상 산업 분야와의 근로조건 격차 등이 겹치며 구조적인 감소를 만들었다.

미국인 선원의 회복을 위해서는 해기사 교육과 실습 인프라의 확장, 기국과 해운 보조 정책을 통한 상선 수요 창출, 예측 가능한 승선 로테이션과 복지 강화로 직무 매력도를 높이는 종합 접근이 필요하다는 제안들이 있지만 이를 실행하는 것은 예산의 제약과 경제성을 고려했을 때 매우 어려운 실정이다.

2. 미국인 선원의 역할에 대한 개념적 프레임워크

2.1 미국 국가 및 경제 안보에서 상선대(Merchant Marine)의 근본적 역할

미국 해양 전략은 일관되게 미국 상선대가 자국의 대외 교역을 수행하고 해군 보조력(naval auxiliary)으로서 기능할 수 있을 만큼 충분한 규모를 유지해야 한다고 규정하고 있다. 이러한 전략적 해상 수송은 유사시 군수 물자 수송을 지원하고 경제 주권을 유지하며 지정학적 경쟁국에 대한 억제력으로 작용한다는 점에서 국가 안보의 필수적인 요소로 간주된다.

전략적 해상수송(Strategic Sealift) 능력은 크게 크게 두 가지 핵심 축으로 구성된다.

- 긴급 전개 능력: 정부 소유의 준비 태세군(Ready Reserve Force, RRF)이 담당한다.
- 지속 보급 능력: 상업적으로 운영되는 해사 안보 프로그램(MSP/TSP) 선박들이 담당한다.

이 두 구성 요소의 지속가능성은 궁극적으로 미국 국적 선박에 승선할 수 있는 자격을 갖춘 미국인 선원들의 단일하고 통합된 인력 풀에 의존한다. 따라서 미국 상선대의 쇠퇴는 단순히 상업적 손실을 넘어 국가의 전략적 투사 능력을 직접적으로 위협하는 것으로 간주되고 있다.

2.2 전략적 해상수송 자산과 선원: RRF 및 MSP 메커니즘

2.2.1 비상예비물자수송선대 (Ready Reserve Force, RRF)와 선원

RRF는 해사청(MARAD)의 국방 예비 선대(NDRF) 내에 있는 선박들의 하위 집합으로, 미군 병력의 신속한 전 세계 배치를 지원할 준비가 되어 있는 선대이다. 국방부 전략적 해상 수송의 핵심 요소인 RRF는 주로 육군 및 해병대 장비, 전투 지원 장비, 그리고 민간 선박이 동원되기 전 중요 긴급 전개 기간(critical surge periods) 동안 초기 재보급품 수송을 지원하는 역할을 수행한다.

RRF는 정부 소유 긴급 전개 해상수송 능력의 거의 50%를 제공하며, 지정된 5일 또는 10일의 준비 태세 상태 내에서 완전히 작동되어 지정된 선적 부두로 출항할 수 있어야 한다. 이러한 엄격한 가동 시간 요구 사항을 충족하기 위해서는 계약을 맺은 상선 관리자가 활성화 전 시스템 유지보수, 장비 수리, 물류 지원, 그리고 핵심적으로 선원 충원 (manning) 및 운영 관리를 제공해야 한다.

2.2 해상 안보 프로그램 (Maritime Security Program, MSP) 및 탱커 안보 프로그램 (Tanker Security Program, TSP)과 선원

MSP는 미국 선원 기반을 지원하고 유지하는 데 필수적인 재정 지원 프로그램이다. 60척의 상업적으로 유용한 선박들이 MSP에 등록되어 있으며, 이들 선박은 국제 무역에 활발하게 참여하며 국방부에 지속적인 군수 해상수송 능력을 보장한다. MSP는 이 대가로 선박 운영자에게 지원금을 제공하며, 이는 약 2,400명의 고도로 숙련된 미국 상선 선원들에게 고용 기회를 제공함으로써 선원 기반을 유지하는 데 기여한다.

MSP는 외항해운에서 미국 국적선의 존재를 유지하기 위한 "최저선 (floor)" 역할을 한다고 하는 주장도 있다. 최근 시행된 TSP 또한 10척의 탱커 선박에 운영 협정을 부여하여 약 500명에서 600명의 숙련된 미국 상선 선원들(특히 Tankerman-Person-in-Charge 자격증 소지자)에게 지속적인 고용을 제공함으로써 선원 부족 문제를 해소하는 데 일조하고 있다.

2.3 선원 파이프라인의 약화가 해상수송 준비 태세의 가장 큰 위협

미국의 해운 정책이 장기간 표류하면서 발생한 미국 선원 노동력 기반의 장기적인 축소와 해기사 양성 인프라의 동시적인 축소는 국가의 전략적 해상 수송 능력을 실행하는 능력에 실존적인 위협을 가하고 있다. 이 문제는 RRF 및 MSP의 운영 준비 태세를 심각하게 약화시키며, 전략적 해상수송의 취약성을 핵심적인 국가 안보 위험이 되게 하였다. 미국 상선대의 쇠퇴는 수십 년간 지속된 일관성 없는 정책의 결과이며, 현재 해기 인력 부족은 군사 동원 역량의 근본적인 결함을 여실히 보여주고 있다.

3. 축소의 규모: 정량화 및 운영상의 결함

3.1 상업 선대의 제약과 경제적 한계

미국 국적의 외항 상선대는 현저하게 감소하여 현재 외국과의 해상 무역에서 미국 국적 선박은 전체 물동량의 2% 미만을 운송하고 있다. 외항 무역에 종사하는 미국 국적 선박은 MSP 소속 60척을 포함하여 불과 85척으로 구성되어 있다. 우리나라의 국가필수선박이 약 88척이라는 점을 고려하면 미국의 이러한 작은 규모의 선대는 미국 선원 풀을 지속적으로 유지하는 데 필요한 일자리 기반을 제한하는 직접적인 경제적 제약 요인으로 작용한다.

만약 MSP와 화물 우대(cargo preference)와 같은 상호 연결된 지원 프로그램이 중단된다면, 전문가들은 국제 무역에 종사하는 민간 소유의 미국 국적 외항 선대를 운영할 경제적 이유가 더 이상 없을 것이라고 보고 있다. 이는 미국 외항 상선대와 해기사 유지가 전적으로 국가의 재정 지원에 의존하고 있음을 시사한다.

3.2 선원 부족분 추계

해사청은 2017년 Maritime Workforce Working Group에서 작성한 보고서에서 통해 완전 동원 시나리오는 상업적으로 운영되는 미국 국적 선대와 지속적인 군수 해상수송 작전을 동시에 운영하는 경우에 필요한 선원 수에 대한 부족분을 정량화했다. 분석에 따르면, 군수 해상수송 요구를 충족시키기 위해 톤수 제한이 없는 해기사 자격증(mariners with unlimited tonnage credentials)을 가진 미국 선원이 총 13,607명 필요했다. 그러나 당시 활동 중인 가용 인력은 11,768명이 자격을 갖춘 해기사로 추산되었다. 이에 따라 추정된 부족분은 1,839명이었다.

1,839명은 긴급 상황 시 RRF 선박과 전략적 상선대에 승선할 수 있는 자격을 갖춘 선원의 명확하게 드러난 최소한의 부족분일 뿐이다. 이 수치는 모든 자격 선원이 필요할 때 기꺼이 그리고 실제로 국가의 소집에 응할 의향이 있다는 낙관적인 시나리오를 전제로 한 것이었다.

2017년 연구가 발표된 이후 6년 동안, 세계적으로 표준화된 자격증 요건(STCW)과 코로나19 팬데믹의 영향은 미국 선원 유지에 부정적인 영향을 미쳤다. 2023년 5월 11일 미의회 하원 청문회에서 미 해사청 및 해안경비대 관계자들은 이 부족분이 이후 몇 년 동안 증가했을 가능성이 높다고 지적하고 있다.

표 2. 전략적 해상수송 인력 현황 및 의존도

지표	추산된 수치
2017년 추정 선원 부족분	1,839명 (완전 동원 시 13,607명 필요 대비 11,768명 동원 가능)
MSP 직접 고용 선원 수	약 2,400명 (고도로 숙련된 선원)
TSP 직접 고용 선원 수	500~600명 (특수 Tankerman-PIC 요건)
외항 무역 미국 국적 선대 규모	85척 (60척 MSP 포함)

3.3 통계 이상의 전략적 취약성

선원 부족 문제를 분석할 때, 2017년의 정량화된 수치(1,839명 부족)는 실제 운영상의 위험을 과소평가했다고 할 수 있다. 이 수치는 모든 유자격 선원이 비상시에 동원 가능하고 기꺼이 소집에 응할 것이라는 낙관적 가정을 기반으로 했기 때문이다. 고강도 전쟁과 같은 치열한 환경에서 선원의 가용성과 복무 의지는 매우 불확실하다.

따라서 실제 동원 시의 실제 기능적 부족분(functional deficit)은 문서화된 수치보다 훨씬 높을 것으로 예상된다. 더욱이, MSP가 유지하는 2,400명의 선원은 RRF 활성화에 필요한 핵심 인력 풀이며, 이 풀을 대규모로 동원할 경우 상업적 지속가능성이 즉각적으로 위태로워지는 중대한 전략적 딜레마가 발생한다. 이러한 인력 부족은 군수송사령부(USTRANSCOM)와 해군수송사령부(MSC)의 작전에 악영향을 미치며, 심지어 걸프전 당시처럼 전투 군수 지원 부대(CLF, Combat Logistics Force)의 운영에까지 영향을 미쳐 해군 기동부대 작전을 잠재적으로 마비시킬 위험이 있다.

4. 인력 축소의 구조적 및 경제적 동인

4.1 경제적 실패: 지속 불가능한 운영 모델

미국 상선대의 쇠퇴는 본질적으로 경제적 구조의 실패에 뿌리를 두고 있다. 고비용의 미국 규제 환경은 운영 비용을 국제 경쟁사에 비해 상승시키고, 이로 인해 선박들이 외국 등록으로 이탈하는 현상을 초래한다. 연구 결과, MSP와 화물 우대와 같은 정부 지원이 없다면, 외항 무역에서 미국 국적 선대를 운영할 만한 경제적 유인이 사실상 사라진다고 확인되었다. 이는 MSP가 단순한 유지 프로그램이 아니라, 미국 운영자들이 직면하는 근본적인 경제적 불이익을 완화하기 위한 필수적인 경제 안정화 장치(economic necessity program)임을 시사한다.

또한, 최근의 강력한 경제 성장과 역사적으로 낮은 실업률은 잠재적인 신규 해기사 채용 인력을 해상 경력 경로에서 이탈시키는 요인으로 작용하고 있다. 높은 수준의 민간 고용은 해상 근무의 까다로움과 상대적인 불이익을 더욱 두드러지게 한다는 것을 의미한다.

4.2 인력 유지 위기: 사회문화적 및 삶의 질 요인

선원 부족은 단순히 신규 채용의 문제가 아니라 숙련된 인력을 붙잡아 두지 못하는 구조적인 문제이기도 하다. 미국 해운업계 이해관계자들은 선원 모집 및 유지를 돕기 위해 다음과 같은 문제들을 중요하게 논의했다.

- 일과 삶의 균형(Work/Life Balance): 다른 경제 부문의 삶의 질과 비교할 수 있는 더 나은 균형을 제공해야 할 필요성이 있다.
- 선내 문화와 안전: 직장 내 괴롭힘, 성폭력 및 성희롱(SASH)을 포함한 폭력은 선원들에게 부정적인 영향을 미치고, 해상에서의 안전을 위협하며, 우수한 해기사 역량을 지속적으로 유지하는 것을 방해하는 요소이다. 이러한 문화적 문제는 사기 저하와 함께 이직을 유발한다. (이에 대하여는 부록에서 추가적으로 다룬다.)
- 정신 건강 및 스트레스: 현대 선박의 운용 환경은 승무 정원 감축(Crew Reduction)과 이로 인한 고립 및 스트레스 증가를 야기하며, 이에 대응하기 위한 정신 건강 및 스트레스 관리 교육의 필요성이 제기되고 있다. 이는 현대 해상 근무가 승선 근무자에게 부과하는 압력이 증가하고 있음을 반영한다.

4.3 정책적 이중 구속: 국방 상수화와 상업적 비효율성의 긴장

미국 해운 정책의 구조적 약점은 국가 안보 목표를 달성하기 위해 도입된 규제적 메커니즘이 역설적으로 상업적 경쟁력을 훼손하고, 궁극적으로 국방이 의존하는 상선대의 기반을 잠식하는 데 있다. 이는 전략적 해상수송 정책이 상업 효율성 정책과 모순되는 '이중 구속(double bind)' 상황을 초래한다.

미국 의회는 해양 전략을 통해 상선대가 대외 교역 수행과 해군 보조 역할을 모두 수행할 수 있도록 충분한 규모를 유지해야 한다고 규정했으나, 수십 년 동안 이 전략은 일관된 정책 지원을 받지 못했다. 국가 안보 의무를 준수하기 위해 부과되는 고비용의 미국 규제 환경은 상선대의 상업적 비효율성을 초래하는 핵심 동인이다. 미국 국적 선박은 일반적으로 외국 국적 선박에 비해 운영 비용과 자본 비용이 현저히 높다.

해사청에 따르면, 특히 높은 임금과 혜택, 더 높은 의무 승선 인원 요건을 포함하는 선원비가 운영 비용 차이의 가장 큰 부분을 차지한다.

이러한 비용 구조는 외국 국적 선박이 미국 항만과의 국제 무역에서 경쟁하는 것을 막는 국내 법률 (예: MSP, 화물 우대)에 의해 재정 지원이 이루어지지 않는 한, 미국 국적 외항 선박의 상업적 생존 가능성을 사실상 소멸시킨다. 즉, 상선대는 국방이라는 '상수(constant)'를 충족하기 위해 규제와 비용을 감수해야 하며, 이는 상업적 측면에서 '변수(variable)'로 기능하는 효율성을 희생하게 만든다. 그 결과, 국방적인 요인 이외에 상업적인 동기에 근거한 외항해운은 존립이 어렵고 미국 선원 감소에 박차를 가하는 요인으로 작용하고 있다고 할 수 있다.

4.4 내항 보호정책과 외항 경쟁력의 상충

내항 보호 정책의 핵심인 존스법은 미국 해상 안보와 선원 기반 유지에 중요한 역할을 함에도 불구하고, 외항 경쟁력 제고와 상충하는 구조적 긴장관계에 있다. 존스법은 모든 내항 운송이 미국에서 건조, 등록, 소유되고 미국 시민이 운항하는 선박에 의해서만 수행되도록 요구한다. 이 법은 제1차 세계대전 당시 연합국 및 적국 선박이 미국 상업 활동에서 철수하면서 발생한 무역 혼란을 방지하고, 전시 동원에 대비한 상선대와 훈련된 선원 풀을 확보하기 위한 국가 안보적 목적으로 제정되었다. 실제로 이 법은 제2차 세계대전 당시 20만 명 이상의 상선 선원과 수백 척의 상선이 참전하는 데 중요한 기여를 했다.

그러나 존스법의 엄격한 미국 건조(U.S.-built) 요건은 선박 건조 비용을 극도로 높이고, 결국 상업적 비효율성은 심화된다. 외국 국적 선박은 국내 항만 간의 수송(cabotage)이 금지되어 미국 선박과 선원을 보호하는 역할을 하지만, 반대로 외국 선박의 저렴한 운영 비용은 미국 국적 선박이 외항해운에서 경쟁력을 잃게 만드는 근본적인 요인으로 작용한다.

결과적으로, 존스법은 보호된 내항 시장에서 일자리를 유지하여 미국 선원 풀을 지탱하는 (안보 목표 달성) 긍정적 효과를 제공하지만, 국내에서 건조된 선박과 미국인 선원의 높은 임금구조로 인한 높은 운영비용은 외항해운에서 미국 국적 선박의 경쟁력을 저해하고, 이는 곧 전체 미국 상선대 규모와 미국인 선원 일자리의 축소를 초래하는 규모의 문제를 야기한다. 이러한 정책은 국내 일자리 안정화에는 기여하지만, 국제 무역 환경에서 미국 해운 산업이 스스로 성장하여 국방에 필요한 자산을 창출할 기회를 박탈함으로써, 장기적인 전략적 해상 수송 기반의 쇠퇴를 초래하였다.

그림 1. 미국 상선 선원 규모 감소의 악순환

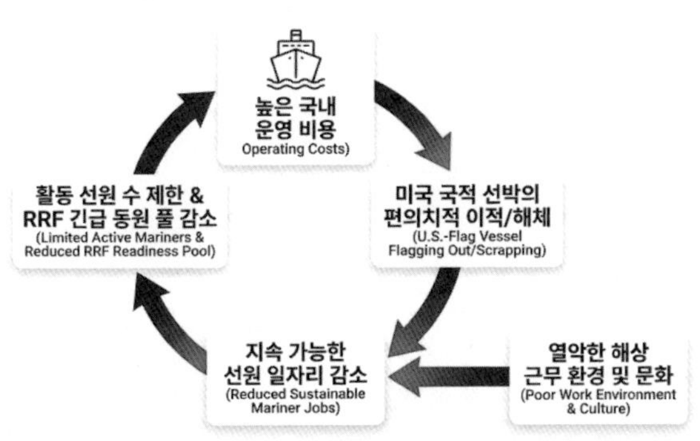

출처: https://graphics.thomsonreuters.com/15/elfaro/

4.5 축소의 악순환: 수요와 공급의 동반 붕괴

이러한 구조적 요인들은 상선대의 축소를 가속화하는 악순환의 고리를 형성한다. 높은 국내 운영 비용으로 인해 미국 국적 선박이 편의치적으로 이적되거나 해체되면, 이는 미국 선원들에게 지속 가능한 일자리가 줄어드는 결과로 이어진다. 일자리 시장이 축소되면 활동 중인 선원 수가 제한되어 RRF를 위한 긴급 동원 풀이 직접적으로 감소한다.

동시에, 해상 근무로 인한 일과 삶의 균형, 부적절한 직장 문화가 잔류 해상인력의 이탈을 촉진한다. 이 상호작용은 정책 결정자들에게 중

대한 시사점을 준다. 즉, 정책적 해법은 선박 및 일자리 수를 늘려 수요 측면을 해결하는 동시에 (MSP/TSP 확장, 선박 재건), 해기사 양성 체계를 개선하고 해기사를 유지하기 위한 문화를 확립하여 공급 측면을 강화해야 한다. 둘 중 하나만으로는 근본적인 문제를 해결할 수 없다.

5. 훈련 및 교육체계의 구조적 문제

5.1 해기사 양성교육 등록자 감소

미국 선원 인력 풀의 장기적인 취약성은 해양 교육 및 훈련(MET, Maritime Education and Training) 시스템의 규모 축소와 효율성 부족에서 기인한다. 2013년 이래로 미국 해기사 교육기관(USMMA 및 주립 해양대학SMAs)에서 해기사 자격증 프로그램에 등록하는 학생들의 비율과 수가 지속적으로 하향 추세이다. 이는 장기적인 인력 파이프라인 예측에 직접적인 악영향을 미친다.

MARAD는 재정 지원을 통해 USMMA를 지원하고, 주립해양대학 재학생에게 톤수 제한없는 상급 해기사 자격증 취득을 조건으로 최대 4년간 64,000달러를 제공하는 학생 인센티브 지급(SIP) 프로그램과 같은 제한적인 연방 지원을 제공하고 있다. 이러한 상당한 재정적 인센티브에도 불구하고 등록률이 하락하고 있다는 사실은 금전적 지원만으로는 직업 경로 자체의 부정적인 인식(예: 열악한 삶의 질)을 상쇄하기에 충분하지 않음을 시사한다.

더욱이, 훈련 시스템 성과를 정확히 평가하는 데 있어 주요한 구조적 장애물은 데이터가 충분하지 않다는 점이다. 주립 해양대학은 전체 학생 집단에 대한 데이터를 집계하여 보고하므로, 상선사관 양성 프로그램에 등록한 학생만을 대상으로 한 시계열적 데이터가 부족하다. 이와 같은 세부 데이터의 부재는 양성시스템의 역량 계획과 성과 평가를 방해하는 심각한 구조적 결함이다.

5.2 규제적 마찰 및 자격증 발급 장애

미국의 선원 부족 문제에 대한 정부의 대응 능력은 규제 및 행정 시스템의 비효율성으로 인해 더욱 복잡하다.

첫째, 미국 해안경비대(USCG)의 정보 기술 시스템은 현재 비상시 필요한 해기 자격 선원 풀의 정확한 세부 정보를 제공하도록 구축되어 있지 않다. 이 데이터 신뢰도의 부족은 MARAD가 동원 시 가용 인력의 실제 규모를 정확히 파악하는 데 방해가 된다.

둘째, 과도한 면허 요건이다. 기존의 면허 요건은 선원들에게 부담으로 작용해왔으며, 이는 국내 표준을 국제 표준(STCW)과 일치시켜 마찰 요소를 제거하기 위한 입법 노력을 필요로 했다. 특히, 살루드 카르바할 및 마이크 에젤 하원의원이 발의한 선원시험 현대화법(2025년 5월)에 따르면 기존 자격증 발급 과정은 지원자가 수년 간의 현장 실습 평가와 별도로 일곱과목의 필기시험에서 동일한 역량을 반복적으로 입증하도록 요구하여, 새로운 해기인력 유입을 저해하고 사이버 보안과 같은 최신 교육에 투입해야 할 시간이 부족하게 하고 있다.

국제해사기구(IMO)의 STCW 협약은 해기사 자격증에 대한 국제적인 표준을 지속적으로 변화시키고 있으며, 2026년 시행 예정인 개정안은 안전, 복지 및 기술 개선을 포함하고 있어 미국 훈련 기관은 신속하게 대응할 필요가 있다.

5.3 기술 격차: 현대 선박에 대한 선원 준비 태세 미흡

해운 산업은 IT기술의 발전으로 커다란 변화를 겪고 있으며, 이는 선원의 교육 및 훈련에 새로운 과제를 제기한다. 현대 선박, 특히자율운항선박(MASS) 시스템을 탑재한 선박은 디지털 시스템, 소프트웨어 유지

보수, 사이버 보안에 대한 강화된 기술 능력을 요구한다.

그러나 현재의 미국 해기사 교육 시스템은 이러한 변화에 충분히 대응하지 못하고 있다. 업계의 불만은 교육 내용(대학에서 가르치는 것)과 실제 해상 운영 요구 사항(현실) 사이에 상당한 괴리가 있음을 지적한다. 특히 IT 역량, 핵심 장비 문제 해결, 최신 전자 항법 시스템(ECDIS) 사용에 대한 교육이 부족하다고 지적하고 있다. 또한, 첨단 기술(VR/AR 등)을 교육에 통합하는 데는 높은 비용과 인프라 부족과 같은 어려움이 따른다.

이러한 교육훈련의 부적절성은 안전에 중대한 영향을 미친다. 부적절한 훈련은 해양 사고의 주요 원인이다. 2015년 10월 1일 바하마 인근 해역에서 미국의 RORO 컨테이너 화물선 엘 파로(El Faro)가 허리케인 호아킨(Joaquin)의 영향권에서 침몰하면서 선원 33명 전원이 사망한 사고 사례에서 볼 수 있듯이, 승무원의 비상 절차 및 기상 평가 훈련 부족은 재앙적인 결과를 초래할 수 있다.

엘 파로 침몰은 단일 요인이 아니라, **기상 판단 오류 → 항로 선택 실패 → 화물 이동 → 침수 → 추진력 상실 → BRM 실패 → 구조적 안전 관리 부재**가 연쇄적으로 결합한 복합적 재난이었다.

이 사고는 미국 해운의 안전규제기관인 USCG와 ABS의 감독부실, 1975년 건조된 40년 된 노후선박 정책, 부적절한 항로선택과 기상판단 실패, 화물 고박 및 적재 문제, 기관실 침수 및 추진력 상실, 선장 중심의 의사결정 구조인 BRM(Bridge Resource Management) 체계의 실패, 선사의 비용절감 중심 경영 등이 사고 원인으로 지적되었다.

결과적으로 엘 파로 침몰 사고는 단순한 해양 사고를 넘어 미국 국적선 안전관리 체계의 구조적 취약성, 노후 선박 운영이 초래하는 위험, 기상 회피 의사결정 시스템의 한계, BRM 문화 취약, 규제기관의 감독부실을 동시에 드러낸 전형적 시스템 실패(Systemic Failure) 사례로 평가된다.

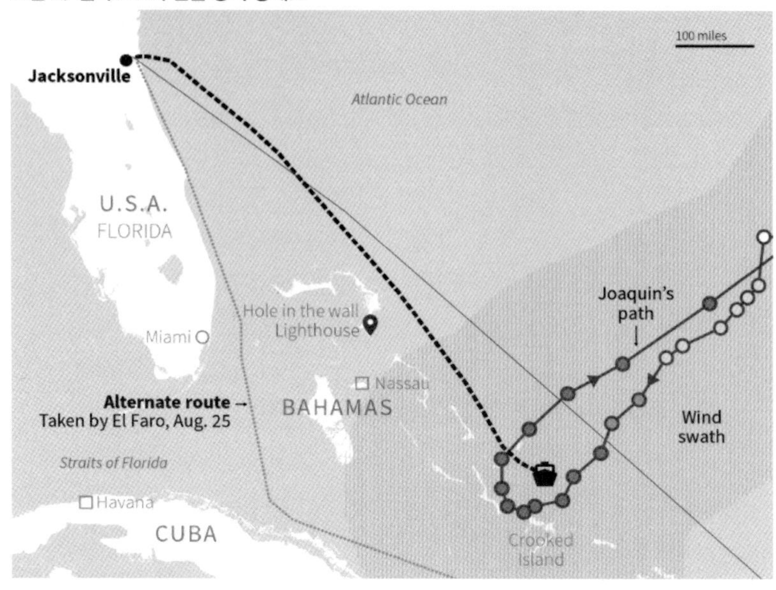

* 화물선 엘파로호는 플로리다 주 잭슨빌항을 출발하여 푸에르토리코상환항으로 항해 중 허리케인 호아킨을 만나 침몰하였음

출처: https://graphics.thomsonreuters.com/15/elfaro/

이를 계기로 선원의 양성교육시스템, 규제기관, 선사의 안전경영을 근본적으로 재검토해야 한다는 지적이 많았다. 해기사 양성교육 훈련의 질적 결함은 단순한 능력 문제가 아니라 생명 안전 문제로 직결되며, 이는 미국이 재정정책에 의존해서 그나마 유지하고 있는 RRF 및 MSP 선박의 안전하고 효율적인 운영 능력을 위협한다.

5.4 정량적 위기와 질적 위기의 복합 작용

미국 선원양성체계의 문제는 양적(등록률 감소) 문제와 질적(커리큘럼 및 기술 격차)문제가 동시에 작용하는 복합 위기이다. RRF 선대는 노후화되고 있지만, 활성화 관리 및 유지보수에 숙련된 인력이 필요하며, 향후 미국 해운이 경쟁력을 가지려면 더 현대적이고 복잡한 선박을 도입해야 할 것이다.

만약 선원 양성 교육 기관이 충분한 수의 선원을 배출하지 못하고, 배출된 선원들이 새로운 선박을 운영하고 유지하는 데 필요한 IT 및 디지털 기술을 갖추지 못한다면, 선원 부족은 단순한 인원수 부족을 넘어 심각한 기능적 역량 격차로 변모하면서 후술하는 RRF/MSP 선대의 운영 준비 태세를 저해하게 될 것이다.

6. 선원부족의 전략적 위험 분석: RRF 및 MSP 준비 태세에 대한 위협

6.1 RRF 활성화 실패 시나리오: 긴급 전개 선대 승선 문제

RRF의 임무는 5일 또는 10일 이내에 완전히 작동되어야 한다는 엄격한 요구사항에 기반한다. 자격을 갖춘 선원의 결정적인 부족은 전체 RRF 선대를 이 짧은 시간 내에 완전히 인력 배치하고 활성화하는 실행 가능성에 직접적인 위협을 가한다.

이러한 인력 부족을 USTRANSCOM과 MSC는 "국가 안보 위험"으로 인식하고 있다. RRF에 대한 대규모 긴급 동원 사태는 항모전단과 상륙함대에 연료, 탄약, 식량, 부품을 보급하는 전시 지속 작전 능력의 기반이 되는 MSC의 전투 군수 지원 부대로부터 부족한 선원을 차출해야 하는 상황을 초래할 수 있으며, 이는 특히 광범위하게 분산된 작전 개념 하에서 장거리 해상 재보급을 수행해야 하는 해군 기동부대 작전을 위태롭게 할 수 있다고 분석되었다.

6.2 경제적 및 지정학적 취약성

선원 기반의 붕괴는 군사적 준비 태세뿐 아니라 미국의 경제 안보에도 중대한 영향을 미친다. 미국은 무역의 약 99%를 외국 국적 선박에 의존하고 있으며, 강력한 해상 수송 능력이 부족하면 글로벌 공급망의 취약성이 증대되어 (예: 코로나19 팬데믹 기간 동안 목격된 혼란) 경제적 주권을 위협받게 된다. 해상수송능력(선박, 선단가용성, 선원, 항만, 운영역량)이 부족하면 물자 이동이 지연 내지는 차질이 발생하고 운임과 비용이 급등한다. 이 결과로 제조업, 의료, 에너지, 농업 등 핵심 산업의 공급이 흔들리고, 국가가 외부 공급자에 의존하는 필수품(예: 반도체, 의약품, 원유, 연료, 농산물 등)에 대해 정책적 선택지(수입 통제, 전략비축 활용, 군사 외교적 대응 등)를 잃게 되는 경제적 주권을 위협받게 된다. 미국 정부는 이를 다음과 같은 차원에서 심각하게 보고 있다.

- 경제적 주권 약화: 해상 수송 능력(선박, 선단 가용성, 선원, 항만, 운영 역량)이 부족하면 물자 이동 차질과 운임 급등이 발생한다. 이는 제조업, 의료, 에너지 등 핵심 산업을 흔들고, 필수품(반도체, 의약품, 원유, 식량 등)에 대한 정책적 선택지를 잃게 만든다.

- 지정학적 억제력 상실: 선원 부족으로 인한 역량 붕괴는 지정학적 영향력을 약화시킨다. 강력한 해사 역량은 중국의 경제적 강압과 군사적 모험에 대한 억제책이다.

- 정책 유연성 상실: 예를 들어, 특정 의약품이나 의료기기 공급이 막힐 때, 자체 수송 능력이 없으면 외교적 양보나 예산 투입 등 제한적 수단밖에 남지 않는다. 주요 공급국(또는 항로 지배국)의 정치적 압력에 취약해질 수밖에 없다.

- 위기 대응 능력 저하: 군사적 상황이나 재난 대응 시 물자의 신속한 이동이 불가능하면 국가의 위기 대응 능력은 본질적으로 약화된다. 자국 국적 선박과 선원에 의존하여 작전을 지속할 능력이 부족하다면, 미국은 글로벌 무역 네트워크에서의 영향력을 상실하고 전략적 경쟁국에게 기득권을 내줄 위험에 처하게 된다.

6.3 운영상의 연쇄 실패: 전략적 해상 수송의 역설

선원 부족이 초래하는 가장 위험한 결과는 전략적 해상수송 역설이다. 긴급 동원이 필요한 위기가 발생하면(RRF 활성화), 이는 상업 선대

(MSP를 통한 지속 보급)에도 엄청난 압력을 가한다. MSP에 고용된 2,400명의 제한된 선원 풀은 RRF의 핵심 선원 공급원이다. 이 제한된 풀이 RRF의 긴급 요구 사항을 충족하기 위해 동원되면, MSP 선박들은 승무원을 잃게 되어 상업적 운영과 군사 보급을 모두 방해받게 된다.

따라서 선원 부족은 단순히 동원 가능한 선원 수가 적다는 것을 의미하는 것이 아니라, 긴급 전개 준비 태세(surge readiness)와 지속 보급 역량(sustainment capacity) 사이의 제로섬(zero-sum) 선택을 강요하고 있다. RRF의 완전한 활성화는 지속적인 상업 및 국방 물류에서 연쇄적인 실패를 의미하는 것과 같으며, 이는 국가 전략적 목표 달성을 근본적으로 위협하는 결함이 되고 있다.

7. 결론

전술한 바와 같은 미국의 선원 기반의 쇠퇴를 초래하는 경제적, 규제적, 문화적 요인들을 해결하기 위해서는 포괄적이고 긴급한 정책 개입이 필수적이다. 미국 선원기반의 재건을 위해 미국 해운계, 정치권 그리고 관련 단체에서 요구하는 대응방안은 다음과 같다.

첫째, MSP/TSP 프로그램의 확대 및 안정적 자금 지원이다.

MSP와 신규 TSP에 대한 완전하고 일관된 자금 지원은 선원 고용 기반을 유지하는 데 중요하다. 이들 프로그램에 등록된 선박의 수를 확대하는 것은 활동 중인 유효한 해기사 자격을 가진 선원의 풀을 직접적으로 증가시키는 가장 확실한 방법이다. MSP는 2,400명의 선원 고용을 직접 지원하며, TSP는 500~600명의 숙련된 탱커 선원 고용을 지원하여 RRF 활성화에 필요한 자격을 갖춘 인력을 보장한다.

둘째, 국내 조선 산업 재건 및 톤수 인센티브 제공이다. 해양 활동 계획(MAP) 및 관련 입법 노력(예: Shipbuilding Innovation Act)의 이행은 미국 조선 산업 기반을 재건하고 미국 국적 톤수 증가를 장려하는 데 필수적이다. 이는 선원 모집에 필요한 장기적인 일자리 안정성을 증가시킨다. 노후화된 RRF 선박을 대체하기 위해 상업적 관행이 기반한 제한적 조선 프로그램의 개선을 가속화하는 것은 현대적인 플랫폼을 제공하고 선원 훈련 및 경험을 향상시키는 데 필요하다.

셋째, 선별적 인력 투자를 통한 선원 공급 증가 및 교육 시스템(MET) 개혁이다. 오늘날의 선박 및 자동화 요구 사항에 맞춰 커리큘럼을 의무적으로 업데이트해야 하며, 특히 자동화, IT, 사이버 보안, 정교한 전자 항법 시스템(ECDIS, E-NAV)에 중점을 두어야 한다. 해사청은 USMMA 및 주립 해양 대학 외에도 더 넓은 상업 부문의 훈련 요구 사항을 분석하기 위해 충분한 인력과 자원을 투입해야 한다. 또 SIP 프로그램의 효과를 평가하고, 핵심 전문 분야로 인력을 유치하기 위해 다른 군 복무 프로그램에서 제공하고 있는 목표 기반 인센티브(예: 기술 기반 보너스)를 모델링하여 채용 인센티브를 극대화하는 방안을 고려해야 한다.

넷째, 규제 및 행정 개혁을 통한 자격증 발급 시스템의 개선이다. USCG는 현재 정확한 인력 평가를 방해하는 데이터 신뢰성 문제를 극복하기 위해 신뢰할 수 있는 전자 해기사 자격증(MMC, E-Merchant Mariner Credential) 시스템을 구축하는 데 긴급히 투자해야 한다. 또 2017년 해양 인력 워킹 그룹(MWWG, Maritime Workforce Working Group) 권고를 이행할 필요가 있다. FY 2024 국방수권법(NDAA)에 따라 설립된 MWWG의 권고 사항을 신속하게 이행하여 격차 평가, 모집 효과 분석, 그리고 자격증 발급 장애 요인 간소화 작업을 수행하는 것이 중요하다.

다섯째, 해기 인력 유지 및 삶의 질 향상을 위한 직장 문화 개선이다. 선원의 이직을 막아 유지율을 개선하고 신규인력을 확보하기 위해 상선대 내의 괴롭힘, 성희롱 및 성폭력을 예방하고 근절하기 위한 강력한 조치가 필요하다. 나아가 직업적 유인책 강화를 위해 RRF 선박에서 약 10명의 상선 선원으로 MARAD 소유 선박을 유지하여 5일 또는 10일 이내에 가동 및 배치할 수 있는 높은 준비 상태를 말하는 Reduced Operating Status(ROS)로 복무한 기간이 상업 선박에서의 서비스 시간과 마찬가지로 자격증 업그레이드에 완전히 반영되도록 MARAD 및 USCG와 협력하여 RRF 참여에 대한 경력 인센티브를 제공해야 한다.

또한, 다른 부문과 비교 가능한 수준의 일과 삶의 질을 제공하기 위한 정책을 시행하고, 의무적인 정신 건강 지원 및 스트레스 관리 교육을 도입해야 한다.

결론적으로 미국 선원 기반의 축소가 단순한 인력 충원 문제를 넘어 경제적 비호환성, 규제적 마찰, 정책적 이중 구속(국방 상수화와 상업적 비효율성의 긴장), 그리고 문화적 이탈에 뿌리를 둔 구조적 실패임을 확인시켜 준다. 특히 내항 보호 정책(존스법)은 안보 기반을 유지하는 동시에, 국제 무역에서의 비경쟁성을 심화시켜 외항 선대의 성장을 저해하고, 결과적으로 미국 선원의 일자리 증가를 억제하는 구조적 모순을 야기한다. 그 결과로 발생하는 인력 파이프라인의 규모 축소는 RRF(긴급 전개) 및 MSP(지속 보급) 구성 요소 모두의 지속가능성을 직접적으로 약화시키며, 고조되는 글로벌 경쟁 시대에 미국의 국가 안보와 경제적 복원력을 심각한 위험에 빠뜨린다.

현재의 선원 부족은 긴급 전개 준비 태세와 지속 보급 역량 사이에서 국가가 선택을 강요받는 전략적 딜레마를 초래한다. 이러한 위험을 완화하고 미국의 전략적 해상 수송 역량을 복원하기 위해서는 선대 재자본화, 규제 현대화, 그리고 인력 삶의 질 개선을 포함하는 긴급하고 지속적이며 총체적인(holistic) 재투자가 요구된다. 정책 결정권자들은 상선대를 경제적 문제가 아닌 국가 전략 산업으로 인식하고 적극적인 지원과 자금 지원을 통해 필수적인 인력 기반을 시급히 재건해야 할 것이다.

표 2. 미국 선원 부족 10가지 요인(2025년 기준)

구분	핵심 원인 (The Core Problem)	산업에 미치는 영향 (Impact on the Industry)	해결 방안 (What Could Help)
1. 인력 고령화	베테랑 선원들의 은퇴 속도가 신규 인력 유입 속도보다 빠름.	경험 및 노하우 손실, 리더십 공백, 승선 인원 부족 심화.	승계 계획 수립, 장기 근속 보너스, 멘토링 프로그램 도입.
2. 낮은 직업 인지도	상선 선원의 역할과 진입 경로에 대해 아는 대중이 거의 없음.	해사대학 지원자 감소, 채용 범위의 한계 발생.	대국민 홍보 캠페인, 고교 방문 홍보, 해양 진로 트랙 개발.
3. 열악한 근무 환경	장기 승선 계약, 고립감, 육체적 피로가 청년층의 진입을 저해함.	번아웃, 조기 이직, 낮은 인력 유지율(Retention).	승선 로테이션 단축, 선내 Wi-Fi 등 통신 복지, 웰니스 투자.
4. 육상직과의 경쟁	육상 산업이 더 높은 급여와 '저녁이 있는 삶'을 제공함.	유능한 선원들의 육상 이직(이탈) 또는 해운업 진입 포기.	경쟁력 있는 급여 인상, 명확한 경력 개발 경로 제시, 직업 이미지 제고.
5. 교육 및 훈련 병목	해사대학 정원 제한 및 실습을 위한 승선 기회(Berth) 부족.	인력 양성 파이프라인 정체, 초급 사관의 숙련도 저하.	교육 예산 확대, 실습선 및 실습 자리 확충, 생도 지원 프로그램.
6. 미국 국적선 감소	미국 국적선 감소로 인해 미국 선원들이 일할 일자리 자체가 줄어듦.	승선 경력(Sea time) 축적 기회 부족, 예비 전력 감소, 외국 선원 의존.	선대 확충 인센티브, 선박 현대화 보조금, 톤수 갱신 프로그램.
7. 복잡한 자격 절차	과도한 서류 작업, 비용, 시험이 진입 장벽으로 작용함.	규제 피로감으로 인한 진입 포기 및 경력 단절.	자격증 발급 절차 간소화, 가이드라인 개선, 면허 취득 비용 지원.
8. 팬데믹의 여파	코로나19로 인한 승선 기간 연장, 건강 위험, 극심한 스트레스 경험.	허리급(중견) 선원들의 대거 이탈 및 복귀 거부.	선원 정신 건강 지원 프로그램, 미래 위기 대비 로테이션 시스템 구축.
9. 정부 지원 미흡	정책적 지원이 제한적이고 예산이 부족하거나 실행 속도가 느림.	인력 회복 프로그램의 정체, 대규모 국가 계획 부재.	직접적인 정부 투자, 신속한 입법 지원, 민관 협력
10. 사회적 인정 부족	선원들의 기여에 대한 대중적 관심이나 문화적 가시성이 낮음.	사기 저하, 채용 동력 약화, 성공적인 롤모델 부재.	국가적 포상 및 인정 캠페인, 교과 과정 내 해양 교육 포함.

출처: https://www.shipuniverse.com/10-reasons-america-doesnt-have-enough-mariners-in-2025/

 미국의 해운정책 -1789~2025년-

부록: 미국 상선대의 선내 조직문화 혁신: EMBARC 프로그램

1. 서론 (Introduction)

미국 해운업계는 오랫동안 남성 중심의 폐쇄적인 조직 문화와 선박이라는 고립된 환경적 특성으로 인해 성폭력 및 성희롱(SASH: Sexual Assault and Sexual Harassment) 문제에 취약하다는 비판을 받아왔다. 이러한 문화는 여성 및 성소수자 선원의 진입을 막고 기존 인력의 이탈을 가속화하여, 결과적으로 국가 안보에 필수적인 '전략적 해상수송(Strategic Sealift)' 인력 기반을 붕괴시키는 주요 원인이 되었다.

이에 미국 연방해사청(MARAD)은 2021년 12월, 승선실습생과 선원의 안전을 보장하기 위한 새로운 표준인 EMBARC (Every Mariner Builds A Respectful Culture)를 도입했다. 여기에서는 EMBARC의 도입 배경이 된 결정적 사건과 프로그램의 구체적인 실행 지침, 그리고 이것이 미국 해운 산업에 미친 법적·제도적 영향을 살펴본다.

2. 추진 배경

2.1 구조적 취약성과 '침묵의 문화'

해운 산업은 전통적으로 수직적인 위계질서가 강하고, 항해 중에는 외부와 단절되는 특성이 있다. 과거에는 선내에서 성폭력 사건이 발생하더라도 선장이 통신 수단을 통제하거나, 가해자가 상급자인 경우가 많아 피해자가 신고조차 하지 못하는 경우가 비일비재했다. 이러한

"괴롭힘, 성폭력 및 성희롱"은 숙련된 해기사가 해상직을 떠나게 만드는 핵심적인 유지(Retention) 실패 요인이었다.

2.2 추진의 결정적 계기: 'Midshipman X' 사건 (2021)

EMBARC 도입의 직접적인 도화선은 2021년 9월, 'Midshipman X'라는 익명(이후 Hope Hicks로 실명 공개)의 미 연방해사대학(USMMA) 여생도가 블로그에 게시한 폭로 글이었다.

- 사건 내용: 그녀는 2019년 승선 실습 과정 중 머스크 라인 선박에서 1기사로부터 강간을 당했으며, 선내의 그 누구도 이를 제지하거나 도와주지 않았다고 폭로했다.
- 충격과 파장: 그녀는 동기 여생도 중 성희롱이나 성폭력을 경험하지 않은 사람이 거의 없다고 증언하여, 이것이 개인의 일탈이 아닌 업계 전반의 구조적 문제임을 드러냈다.

2.3 승선실습(Sea Year) 중단과 긴급 대응

이 폭로는 미국 사회에 큰 충격을 주었고, 연방해사청과 교통부는 즉각적인 대응에 나섰다.

- 실습 전면 중단: 2021년 11월, USMMA 생도들의 상선 승선 실습(Sea Year)이 전면 중단되었다. 이는 해기사 양성 파이프라인의 일시적 마비를 의미했으나, 안전이 담보되지 않은 승선실습교육은 불가능하다는 정부의 강력한 의지였다.
- EMBARC 출범: 실습 재개를 위한 전제 조건으로, 선사들이 준수해야 할 10여 가지의 강력한 안전 및 문화 표준인 EMBARC가 2021년 12월 발표되었다.

3. EMBARC의 주요 내용 및 요구사항

EMBARC는 단순한 캠페인이 아니라, 상업 선사가 미 연방해사대학학생을 실습생으로 받거나, 정부 보조금(MSP)을 수령하기 위해 반드시이행해야 하는 강제적 표준이다.

3.1 안전 관리 시스템(SMS) 내 SASH 정책 통합

- **즉각적인 퇴출**: 선사는 성폭력 및 성희롱(SASH)에 대한 '무관용 원칙(Zero Tolerance)'을 안전 관리 시스템(SMS)에 명문화해야 한다.
- **절차의 구체화**: 사건 발생 시 피해자 보호, 가해자 격리, 증거 보존, 당국 신고 절차를 매뉴얼화하여 모든 선원이 숙지하도록 해야 한다.

3.2 지정 SASH 담당자 (Designated SASH Contact) 운용

- **육상 전담 인력**: 선박 내부의 위계로 인한 신고 누락을 방지하기 위해, 선사는 육상에 'SASH 전담 관리자'를 지정해야 한다.
- **자격 요건**: 이 담당자는 40시간 이상의 전문 피해자 지원 교육을 이수해야 하며, 실습생과 독립적인 소통 채널을 유지해야 한다.
- **정기적 소통**: 담당자는 승선 중인 실습생과 최소 14일마다 직접 연락하여 안전을 확인해야 한다.

3.3 물리적 안전 조치

- 과거 가해자들이 마스터키를 이용해 피해자의 방에 침입했던 사례를 방지하기 위해 물리적 보안이 강화되었다.
- **마스터키 통제 (Master Key Control)**: 마스터키 사용에 대한 엄격한 기록 유지 및 통제 시스템을 갖춰야 한다.
- **잠금 장치**: 실습생의 침실 문에는 안에서 잠글 수 있는 확실한

잠금 장치가 설치되어야 하며, 복도에는 CCTV 등 감시 장비 설치가 권고(이후 의무화)된다.

3.4 통신 접근권 보장 (Communication Access)

- 고립 탈피: 피해자가 선장의 통제를 받지 않고 외부와 소통할 수 있도록, 실습생에게 위성 전화나 인터넷 등 독립적인 통신 수단을 제공해야 한다. 이는 폐쇄된 해상 환경에서 피해자가 고립되는 것을 막는 핵심 장치이다.

3.5 승선 전 검증 및 교육 (Vetting & Training)

- 승선 금지 명단: 성비위 이력이 있는 선원은 실습생이 탑승하는 선박에 승선할 수 없도록 사전에 검증해야 한다.
- 방관자 개입 교육: 모든 선원은 실습생 승선 전에 SASH 예방 교육을 이수해야 하며, 특히 동료의 피해를 목격했을 때 개입하는 '방관자 개입(Bystander Intervention)' 훈련이 의무화된다.

4. 법적 근거의 강화: 2023 회계연도 국방수권법 (NDAA FY2023)

초기 EMBARC는 USMMA 실습생 탑승 선박에 대한 '행정적 지침'이었으나, 2022년 말 통과된 2023 회계연도 국방수권법(NDAA)을 통해 강력한 '연방 법률'로 격상되었다.

4.1 규정의 의무화 및 처벌 강화

- 법적 강제: NDAA는 EMBARC의 주요 내용(마스터키 통제, CCTV 설치, 신고 의무화)을 법제화했다. 이제 상업 선박의 선장이나 운영자가 성폭력 사건을 인지하고도 신고하지 않을 경우, 민·형사상 처벌

을 받게 된다.

- **해기사 면허 취소**: 성폭력 가해자로 판명된 해기사의 면허를 즉각 정지하거나 취소할 수 있는 법적 권한이 해안경비대(USCG)에 부여되었다.

4.2 정부 보조금(MSP)과의 연계

- **자금원 통제**: 미 정부는 해상 안보 프로그램(MSP) 및 탱커 안보 프로그램(TSP)에 참여하여 연방 보조금을 받는 모든 선박이 EMBARC 표준을 준수하도록 의무화했다.
- **의의**: 이는 단순히 도덕적 호소가 아니라, 선사의 수익성(보조금)을 담보로 문화 개선을 강제하는 가장 강력한 수단이 되었다.

5. 시사점

5.1 미국 해운산업의 패러다임 전환

EMBARC는 미국 해운업계가 '생산성과 효율성' 중심에서 '인권과 안전' 중심으로 이동하는 중대한 전환점이다. 이는 성폭력 문제를 개인 간의 갈등이 아닌, 선박의 안전운항을 저해하고 인력 공급망을 파괴하는 '안전(Safety) 및 안보(Security)의 문제'로 재정의했음을 의미한다.

5.2 인력 부족 해결의 열쇠

미국 선원 부족의 핵심 원인 중 하나는 '숙련 인력의 이탈(Retention Failure)'이다. EMBARC는 안전한 근무 환경을 조성함으로써 청년층, 특히 여성 인력의 유입을 늘리고 기존 인력의 이탈을 막아 궁극적으로 전략적 해상수송 역량을 복원하는 데 기여할 것이라고 기대를 받고 있다.

5.3 한국 해운업계에 주는 시사점

한국 역시 해기사 부족과 승선 기피 현상을 겪고 있다. 미국의 EMBARC 사례는 인력 양성이 단순히 교육(Training)의 문제가 아니라, 그들이 일하고 생활하는 문화(Culture)와 환경을 개선하는 것에서 시작되어야 함을 시사한다. 정부가 주도적으로 나서서 폐쇄적인 선내 문화를 혁신하고 표준을 제시한 점은 우리 정책 입안자들에게도 중요한 참고 사례가 될 것이다.

제 9 장

미국 상선대의 선박과 조선업:

선령 노후화와 환경규제 비용 증대

1. 미국 상선대의 현황과 특징

1.1 미국상선대의 구분

MARAD(미 해사청)의 최신 통계(2025년 7월 기준)에 따르면, 1,000톤(GT) 이상의 외항선(Oceangoing Vessel)을 기준으로 한 민간 소유의 미국 국적 상선대는 총 187척(내항용 예인선/바지선 제외, 1,000 GT 이상 외항선 기준)이다. 미국 상선대는 순수 상업적 목적보다는 국가 안보를 위해 유지되는 성격이 강하다. 따라서 전 세계 평균(약 10~12년)보다 선령이 2배 이상 높고, 선박 척수는 경제 규모에 비해 매우 적은 편이다.

미국 상선대는 크게 두 가지 그룹으로 나뉜다. 첫째는 존스법(Jones Act) 선대로 미국 국내 운항, 100% 미국 건조, 미국 선원 탑승이 필수조건을 충족하는 선박으로 주로 미국 본토와 하와이, 알래스카, 푸에르토리코 등을 연결하는 내항 운송을 전담하고 국방 물자 운송보다는 국내 물류망 유지에 집중하고 있으며 평균 선령이 매우 높다. 존스법 선대는 높은 건조 비용과 제한적인 시장 수요로 인해 90척 초반대에서 큰 변동 없이 유지되고 있다. 단순히 존스법 적용 선박 전체로 범위를 넓히면, 미국 내 강과 연안을 오가는 예인선(Tugboat), 바지선(Barge), 페리 등을 포함하여 약 40,000척 이상의 선박이 존재한다. 하지만 국가 안보(전략적 해상수송)의 근간이 되고 원양항해가 가능한 존스법 적용을 받는 대형 내항 상선은 92척에 불과하다.

두 번째는 95척의 국제무역선대로 대부분 해상안보프로그램(MSP, 60척) 및 탱커안보프로그램(TSP, 10척) 등록 선박으로 구성된다. 주로 한국이나 일본에서 건조 후 미국 선적으로 등록한 선박으로 보조금을 받으며 미군 화물 및 국제상업 화물을 운송한다. 또, 존스법 선대에 비하여 선령이 비교적 낮은 특징을 갖고 있다. 2023년까지 약 85척 수준이었던 국제무역선대는 최근 탱커안보프로그램(TSP)의 본격적인 가동과 지정학적 위기 대응을 위한 선박 확보 노력으로 인해 약 95척(93~96척) 수준으로 소폭 증가했다.

표 1. 미국상선대의 특징(2025년 7월 기준, MARAD 자료, 1,000G/T이상 Oceangoing 상선)

구분	선박 용도	주요 건조국	비고
존스법 선대 (92척)	미국 연안/하와이/ 알래스카 운항	미국 (NASSCO, Philly Shipyard, VT Halter, Keppel AmFELS)	법적으로 미국 건조 필수. 선가가 한국/중국 대비 3~5배 비쌈.
국제무역 선대 (95척)	국제 항로/군수 지원	한국 (현대, 삼성), 일본, 일부 유럽	외국에서 건조된 중고선이나 신조선을 사와서 미국 국기를 달음.

1.2 미국 상선대의 선종별 특징

미국 상선대를 선종별 평균 선령, 건조국, 주요 선사 및 보유 척수를 2024년 MARAD 및 주요 해운 리포트를 기준으로 정리하면 다음과 같다. 특이한 점은 벌크선이다. 일반적으로 벌크선은 글로벌 해운에서 가장 많은 비중을 차지하는 반면 미국의 외항 벌크선은 5척 미만에 불과하다. 물론 미국에도 오대호(Great Lakes) 내에서만 운항하는 'Laker'라 불리는 벌크선이 수십 척 존재하나, 이는 오대호 전용으로 건조되어 외항운항에 적합하지 않다. 하지만 이 선박들도 적합한 신조 도크의 부재, 높은 신조선가 등 여러 가지 이유로 적절하게 교체되지 못하여 선령이 40~50년을 넘기는 경우가 많다.

선종 (Vessel Type)	척수 (추산)	평균 선령	주요 건조국	특징
컨테이너선	70~80척	18~25년	한국, 미국 (일부)	외항선(MSP)은 한국 건조가 대다수, 내항선(하와이 등)은 미국 건조
RO-RO선	35~40척	25~30년	일본, 한국, 유럽	군사 물자 수송용으로 중요, 중고선 도입이 많아 선령이 높음
탱커 및 케미컬	50~60척	14~18년	미국	국내 석유 운송용이 대부분이라 미국 건조 비중이 매우 높음
벌크선	5척 이하	35년 이상	미국	외항 벌크선은 거의 전멸 상태. (식량 원조용 소수 존재)

① 컨테이너선

컨테이너선은 가장 규모가 큰 선종이며, 해사 안보 프로그램 (MSP)에 등록된 선박이 많고, 국제 항해에 종사하는 선박은 외국 건조가 대다수이고, 내항(하와이 등)은 미국 건조가 필수이다. 평균 선령은 약 20년으로 외항선은 15년 내외, 내항선은 30년 이상 노후선도 있을 정도로 고선령선박이 많다. 주요 건조국은 외항선 (Maersk, APL 등)은 대부분 한국(HD현대, 삼성중공업) 및 일본 건조 후 미국 선적을 취득하고 있다. 반면 내항선(Matson 등)은 미국 국내의 Philly Shipyard, NASSCO에서 건조하고 있다.

주요 외항 선사들은 세계 최대 선사들의 미국 법인으로 보유 현황은 다음과 같다. Maersk Line Limited (MLL)은 머스크라인의 자회사로 약 20~25척을 보유하고 있다. APL은 CMA CGM의 자회사로 약 9~10척이 있으며 Hapag-Lloyd USA는 하팍로이드의 자회사로 약 5~7척을 보유하고 있다. 반면 내항 전문 선사인 Matson은 약 10~15척\으로 하와이 및 괌 항로를 주력으로 하고 있으며, Pasha Hawaii는 약 4~6척의 컨테이너선을 하와이 항로에서 운항하고 있고 양사의 컨테이너선은 모두 존스법의 적용을 받는 선박이다.

② 탱커(Tankers & Chemical Tankers)

탱커는 미국 내 셰일 오일 및 가스 운송 및 국방부의 연료 보급을 담당하며, 케미컬 탱커의 경우는 보통 석유제품운반선(Product Tanker) 통계에 포함된다. 평균 선령은 15~18년으로 단일선체 퇴출 규제(OPA 90)로 인해 비교적 신조선으로 교체되었다. 주로 NASSCO, Aker Philadelphia 등에서 건조되었다. 이는 미국 내 항만 간 석유 운송은 미국 건조 선박만 가능한 존스법의 규정 때문이다.

주요 선사 및 보유 현황을 살펴보면 미국 최대 탱커 선사인 OSG (Overseas Shipholding Group)가 약 20척 내외, Crowley Maritime이 약 15~18척 (ATB 등 바지선 포함 시 훨씬 많음), APT(American Petroleum Tankers - Kinder Morgan)가 약 10~12척, Seabulk (SEACOR)가 약 6~8척의 탱커선을 보유하고 있다.

③ RO-RO선

미국 상선대의 로로선은 일반적인 상업용 자동차 수출입 수송보다는 미군의 해외 파병 시 전차와 트럭 수송을 위한 전략적 가치가 크다. 평균 선령은 28~30년으로 이는 상업적 경쟁력보다는 정부 보조금으로 유지되므로 선령이 높아지는 결과를 낳았다. 건조국은 과거 건조된 선박은 유럽이나 일본이 많으며, 최근에는 중고선을 매입해 미국 국적으로 변경(Reflagging)하는 경우가 많다. 주요 선사별 보유 현황을 살펴보면 ARC(American Roll-on Roll-off Carrier, 미국 최대 로로 선사)가 약 8~10척, Liberty Maritime이 약 3~5척, Waterman Steamship이 약 2~4척의 로로선을 보유하고 있다.

④ 벌크선(Bulk Carriers)

미국 국적의 외항 벌크선은 매우 적은데 이는 인건비, 고선가로 인한 문제로 국제 경쟁력을 상실했기 때문이다. 평균 선령도 35~50년으로 매우 노후화되어 있으며 주요 선사로는 Schuyler Line이 정부 화물/식량 원조(Food Aid) 운송을 위한 소수 선박을 보유 및 운항중이다.이다. 참고로 오대호(Great Lakes)에서 내항선박을 운항하는 Interlake Steamship 등도 50년 이상 된 선박을 운용 중이다.

1.3 주요 선사별 운항 선박

미국 선사들도 선박과 마찬가지로 크게 미국 건조 선박을 보유하고 존스법에 주로 의존하는 내항 선사와 해외 건조 후 선적을 변경하고 MSP를 활용하는 외항 선사로 구분할 수 있다. 다음은 대표적인 미국선사를 정리한 것이다.

① Matson - 컨테이너/Jones Act 주력

동사는 컨테이너 선을 주력으로 하여 존스법이 적용되는 하와이, 알래스카, 괌 항로를 독점하다시피 하는 내항 선사로, 미국에서 가장 최신화된 선대를 보유 중이다.

표 3. Matson사 소유 선박의 특징

선박명 (Vessel Name)	선종	건조 년도	건조국/조선소	특징
Daniel K. Inouye	컨테이너	2018	미국 (Philly Shipyard)	3,600 TEU급, 미국 건조 컨테이너선 중 최대급
Kaimana Hila	컨테이너	2019	미국 (Philly Shipyard)	위와 자매선(Sister ship)
Lurline	Con-Ro*	2019	미국 (NASSCO)	컨테이너와 자동차 동시 운송 (하와이 특화)
Matsonia	Con-Ro*	2020	미국 (NASSCO)	Lurline의 자매선, LNG 추진 가능
Maunalei	Container	2006	미국 (Aker Philly)	구형 주력 선박

* Con-Ro (Container-Roll on/off): 컨테이너와 자동차를 함께 싣는 겸용선.

② Maersk Line Limited (MLL) - 컨테이너/외항선(MSP) 주력

동사는 세계 최대 선사 머스크의 미국 법인으로, 미군 물자 수

송을 위해 한국 등에서 건조된 배를 미국 선적으로 바꾼 경우가 대부분이다.

표 4. 머스크 미국자회사 보유선박의 특징

(Vessel Name)	선종	건조 년도	원 건조국 (Original Builder)	특징
Maersk Atlanta	Container	2006	한국 (현대중공업)	6,000 TEU급, 미 국방부 화물 운송
Maersk Chicago	Container	2007	한국 (삼성중공업)	MSP 프로그램 등록 선박
Maersk Kinloss	Container	2008	한국 (현대미포)	전략적 요충지 운항용
Maersk Peary	Tanker	2004	한국 (STX조선)	극지 운항용(Ice-class) 탱커, 남극 기지 보급

③ Pasha Hawaii (파샤 하와이) ~ 컨테이너 및 RO-RO선

Matson의 경쟁사로 미국 건조 선박으로 존스법이 적용되는 항로에 취항하고 있으며 최근 친환경 선박 도입에 적극적이다.

표 5. 파샤 하와이사 보유 선박의 특징

선명 (Vessel Name)	선종	건조 년도	건조국/조선소	특징
MV George III	컨테이너	2022	미국 (Keppel AmFELS)	최신 LNG 추진 선박 (텍사스 건조)
MV Janet Marie	컨테이너	2023	미국 (Keppel AmFELS)	위와 자매선
Marjorie C	Con-Ro	2015	미국 (VT Halter)	자동차/컨테이너 겸용

1.4 미국 선박 선령과 글로벌 벤치마크 비교 분석

존스법에 의해 보호되는 미국 내항 선대의 선령은 해당 정책이 낳은 구조적 비효율성을 가장 명확하게 보여주는 정량적 증거다. 현재 미국 건조 선대의 평균 선령은 33년으로, 글로벌 선대의 평균 선령 13년과 비교할 때 20년 이상 노후된 상태이다.

선종별로 보면 선령 격차는 더욱 심각하다. 미국에서 건조된 벌크선 선대는 평균 46년으로, 글로벌 벌크선 선대의 평균 9년에 비해 37년

이나 더 오래되었다. 비교적 현대적인 선박 유형인 컨테이너선조차 미국 선대는 평균 32년으로, 외국 건조 선박의 평균 11년에 비해 현저히 노후화되었다. 탱커를 제외한 존스법 적용 선박의 평균 선령은 30년으로, 다른 선진국 상선대의 평균보다 11년이나 더 높다.

이러한 극심한 선령 노후화는 단지 비효율성에 그치지 않고, 안전 문제와도 직결된다. 오래된 선박은 효율성이 낮을 뿐만 아니라 위험하며, 시간이 지남에 따라 안전 기준과 설계가 개선되었음에도 불구하고 노후 선박들은 이러한 현대적 기능이 부족하거나 장기간 유지 보수가 미흡해 사고 발생 가능성이 높아진다.

정책적 관점에서 볼 때, 존스법은 국내 조선 능력을 강화하고 전시 군수 물자를 수송할 수 있는 강력한 상선대를 육성하려 했으나, 실제로는 정반대의 결과를 낳았다. 신조 선박에 대한 수요 부족으로 인해 미국 선대의 규모는 급격히 감소했으며, 남아 있는 선박들마저 노후화되면서 군사적 수송 요구사항을 충족시키기 위한 적절하고 현대적인 선단을 제공한다는 원래의 목표가 훼손되었다. 실제로 전시 동원 선단인 RRF의 평균 선령은 40년으로, 외국의 상업용 선박의 일반적인 경제적 수명인 20년을 훨씬 초과하고 있다. 따라서 경제 정책의 실패(높은 비용 및 노후 선대)는 미국 국방 전략의 핵심 요소인 해상 수송 능력의 심각한 취약성으로 직접 연결된다는 문제가 제기된다.

표 6. 미국상선대와 글로벌 상선대의 선령비교

선박 유형	미국 존스법 선대 평균 선령 (년)	글로벌 선대 평균 선령 (년)	선령 격차 (년)
전체 미국 건조 선대	33	13	20
벌크선	46	9	37
컨테이너선	32	11	21
(탱커 제외) 존스법 선대	30	19 (선진국)	11

2. 미국 상선대와 조선업

표 7. 미국과 외국의 선박 건조척수 비교

Shipbuilder	2022	2021	2020
China	1794	1708	1216
South Korea	734	626	441
Japan	587	612	533
Europe	319	288	284
United States	5	3	4

출처: https://www.congress.gov/crs-product/IF12534

2.1 미국 주요 조선소

미국 대형 조선소는 상선 수주가 거의 없으며, 대부분 미 해군, 해안경비대 함정이나 국가 지원 상선(해양대 실습선)을 건조 중이다. 순수 상업용 선박은 비용 문제(한국이나 중국 대비 3~5배)로 발주가 매우 어렵다. 그러나 미국 선사들 중에서 존스법을 준수해야 하는 내항해운선사인 Matson과 Pasha는 노후선 교체를 위해 LNG 추진선 등 친환경 선박을 미국 조선소에 비싼 가격에 발주하고 있다. 외항선을 위주로 하는 Maersk나 APL은 여전히 한국과 일본에서 건조된 고품질 중고선을 매입해 미군 물자 수송용(MSP)으로 활용하는 전략을 유지하고 있다. 미국 조선소는 순수 상업용 탱커나 벌크선 수주는 거의 없다. 미국 조선소의 일감은 ①정부(해군, 실습선), ②친환경 규제 대응(Matson의 신조), ③해상풍력(WTIV) 세 가지로 요약할 수 있다.

미국의 주요 조선소는 2025년 기준으로 ① Philly Shipyard (펜실베이니아주), ② GD NASSCO (캘리포니아주 샌디에이고), ③ Keppel AmFELS (텍사스주) 등이 있다. 필리조선소는 상선 건조 경험이 가장 많은 곳이나, 최근에는 정부 발주 물량에 의존하고 있다. 현재 건조 중인 선박으로는 정부가 발주한 NSMV (National Security Multi-Mission Vessel) 5척 시리즈, 해양대 실습선 및 재난 구호용 선박인 Empire State VII (인도 완료), Patriot State (인도 임박) 등이 있으며, 순차 건조 중이다. 최신 수주한 상선은 Matson 사의 컨테이너선 3척 (2022년 계약)으로 약 10억 달러(1조 3천억 원) 규모로 3,600 TEU급 LNG 이중연료 추진선을 2026~2027년 인도 예정이다. 그리고 해상풍력 발전단지용 암석 투하선(SRIV) 1척을 건조 중이다(Great Lakes Dredge & Dock 발주).

GD NASSCO (캘리포니아주 샌디에이고)는 미 서부 최대 조선소로, 상선보다는 미 해군 보급함 건조에 집중하고 있다. 현재 건조 중인 선박은 해군에서 발주한 John Lewis Class (T-AO 205) 급유함 등 미 해군 군수지원함 6척 이상을 연속 건조 중이다. 그리고 해군이 발주한 해상 기지 역할을 하는 특수 목적선(Expeditionary Sea Base, ESB)을 건조중이다. 동 조선소는 최근 상업용 컨테이너선과 탱커 수주 잔량은 거의 소진되었고, 정부 발주에 집중하고 있다.

Keppel AmFELS (텍사스주)는 본래 해양플랜트(Rig) 건조를 중심으로 하던 곳이나 존스법이 적용되는 내항 상선 시장에 진출하여 Pasha Hawaii의 George III, Janet Marie (LNG 컨테이너선) 인도를 마쳤다. 현재 주력하고 있는 해상풍력 설치선(WTIV)인 Charybdis 호를 건조 중(Dominion Energy 발주)으로 이는 미국 최초의 존스법의 적용을 받게 되는 풍력 설치선이다.

2.2 미국 조선업의 문제점

미국은 원자력 잠수함과 항공모함 건조능력을 갖춘 뛰어난 조선국가지만 상업적으로 싸고 빠르게 건조하는 능력은 규모의 경제와 클러스터로 대표되는 산업 생태계에서 나오는데, 미국은 1980년대 이후 정부 보조금 철폐와 함께 이 생태계가 무너졌다. 결국 비싼 선박 가격→선사의 운송 원가 상승 → 미국 물가와 물류비 상승이라는 악순환이 반복되고 있다.

미국 조선소의 상선 건조 비용은 한국이나 중국보다 비용이 3~5배 더 비싸고, 건조 기간도 2배 이상 걸리는 현상을 흔히 존스 액트 프리미엄(Jones Act Premium)이라고 부른다. 이는 단순히 인건비가 높아서만이 아니고 구조적인 산업 생태계의 붕괴와 시장 왜곡이 주된 원인이다. 즉, 존스법은 미국의 조선업과 상선대의 낙후성을 유발하는 주요 구조적 제약으로 작용하고 있다. 미국 조선업의 경쟁력 낙후를 불러온 핵심 원인은 다음 4가지 차원에서 설명할 수 있다.

- 규모의 경제 실종(The "Batch" vs. "One-off"): 미국 조선소의 고비용 구조를 초래하는 가장 결정적인 차이는 '연속 건조' 여부이다. 한중일은 대량 생산 체제인데 반하여 미국은 주문 제작 체제이다. 한중일은 표준화된 설계도면 하나로 같은 배를 10척, 20척씩 생산(Series Production)하고 있어 첫 번째 선박 건조에서 생긴 시행착오가 두 번째 선박을 건조할 때부터는 사라지며 비용이 급격히 낮아지는 학습 효과(Learning Curve)가 극대화된다. 이에 반하여 미국은 상선 발주량이 1년에 1~2척 수준으로 매번 선주가 요구하는 설계가 다르고, 표준화된 모델이 없다. 대량생산으로 시리즈 생산하는 중국이나 한국과 같은 조선 선진국과 한 척 한 척 주문생산을 해야 하는 미국은 생산비용에서 격차가 발생할 수밖에 없다.

- 기자재 공급망(Supply Chain)의 붕괴: 미국 조선과 한중일의 조선업에는 엔진, 펌프, 철강 등 부품 생태계의 경쟁력 차이가 있다. 한중

일 조선업의 경우, 조선소 반경 수십 km 내에 엔진, 프로펠러, 페인트, 철강 등 모든 기자재 업체가 집적된 조선산업 클러스터를 이루고 있어 가격 경쟁력이 높고 물류비도 낮다. 이에 반하여 미국은 상선용 조선기자재 산업이 거의 전멸 상태이다. 예를 들어 선박용 엔진의 경우, 만(MAN)이나 바르질라(Wärtsilä)의 설계를 가져와 라이선스 생산을 해야 하는데, 생산량이 적어서 단가가 매우 높으며, 특수강의 경우 군함용 고사양 철강 위주라 상선에 쓰기에는 과도하게 비싸고 무겁다. 그 결과, 주요 부품을 해외에서 비싸게 사 오거나, 국내 소수 독점 업체가 요구하는 비싼 가격을 지불할 수밖에 없다.

- 시설 낙후 및 자동화 부재: 한국 조선소는 로봇 용접, 거대한 트랜스포터를 활용한 블록 이동 등 최첨단 공장인 반면 미국 상선 조선소는 상대적으로 설비가 노후한 상태이다. 이는 투자 유인 부족이 첫째 이유이다. 수주량이 없으니 조선소는 수천억 원이 드는 최신 설비(자동화 로봇, 대형 크레인 등)에 투자할 이유가 없어진다. 둘째는 노동 생산성 저하로 설비가 낡으니 사람이 직접 용접하고 나르는 비중이 높다. 같은 크기의 선박을 건조하는 데 한국보다 3~4배 많은 인시(Man-hours)를 필요로 한다.

- 보호 무역의 역설 (The Jones Act Trap): 법적으로 미국 내 운항 선박은 무조건 미국에서 건조할 것을 강제하다 보니 발생한 부작용으로 경쟁이 없는 상황이 만들어졌다. 미국 조선소 입장에서는 어차피 Matson이나 Pasha 같은 존스법을 사업 기반으로 하는 선사들이 존스법을 준수하려면 자기들에게 발주할 수밖에 없다는 것을 알고 있기에 굳이 기술 혁신을 하거나 원가를 절감하여 선가를 낮출 유인이 없다. 그러나 시간이 지남에 따라 존스법은 다른 보호주의 정책들과 달리 국내 무역에 초점을 맞춘다는 점에서 독특하며, OECD 국가들 중 가장 엄격한 해운 산업 규제로 평가받는다. 이러

한 엄격한 요건, 특히 '미국 건조' 조항은 국제적인 경쟁을 완전히 차단함으로써, 미국 조선소가 세계 시장에서 경쟁 우위를 상실하게 했고, 이는 미국 건조 선박 가격의 폭등이라는 결과를 낳았다.

- 군함 위주의 설계 관습: 또 군함 위주의 설계 관습은 상선 건조에 더 악영향을 주었다. 미국 조선소의 주 고객은 미 해군이다. 해군 함정은 비용 효율보다 생존성과 성능이 우선이다. 이러한 과잉 엔지니어링(Gold-plating) 습관이 상선 건조에도 악영향을 주어, 불필요하게 스펙이 높고 비싼 선박이 건조되는 환경이다.

표 8. 한미조선소의 건조능력 비교: 5만 톤급 탱커 (MR Tanker) 1척 건조 시

구분	한국 (HD현대/삼성 등)	미국 (Philly/NASSCO 등)	차이
건조 비용	약 $45~50 Million (약 600억 원)	약 $150~200 Million (약 2,500억 원 이상)	3~4배
건조 기간	계약 후 1.5~2년	계약 후 3~4년	2배
설계 방식	표준 선형 (Standard Design)	맞춤형 설계 (Custom Design)	효율성 격차
주요 부품	국산화 95% 이상	수입 또는 고비용 라이선스	공급망 격차

3. 선박 교체 지연으로 인한 문제

3.1 자본 지출(CAPEX)에 대한 비용 승수 효과

미국 상선대의 선박 교체 투자가 지연되는 주요 원인은 신규 선박 건조에 필요한 초기 자본 지출, 즉 설비투자비용(CAPEX)이 국제 시장 가격에 비해 비정상적으로 높다는 점이다. 전술한 바와 같이 미국에서 건조된 원양 상선은 외국에서 건조된 선박에 비해 4배에서 5배까지 비용이 더 많이 드는 것으로 추정된다. 예를 들어, 미국의 연안 유조선(Coastal Tanker)은 척당 1억 달러에서 1억 3,500만 달러가 소요되는데, 이는 세계 시장 가격의 최소 3배에 달하는 수준이다.

이러한 막대한 자본 장벽은 선사들이 신규 건조를 결정하는 데 있어 가장 큰 저해 요인으로 작용한다. 선사들은 국내 규제에 의해 독점적으로 보호되는 독점 운송 항로(Captive Market)에서 운영하기 때문에, 새로운 선박을 구매하여 막대한 초기 비용을 감당하기보다는 기존 선박을 유지하는 전략을 택하게 된다. 즉, 존스법 환경 하에서 선사들의 투자 결정은 전통적인 경제 모델의 최적 교체 주기와 괴리된다. 미국에서 건조한 신규 선박 취득 비용과 기존 선박의 비정상적인 차이로 인해, 현금흐름할인법(NPV)으로 계산 시에는 수명이 다한 선박을 교체하는 것보다 수명을 연장하는 전략이 훨씬 유리한 것으로 나타난다. 이는 정책적으로 초래된 '고비용' 구조가 자본 투자 인센티브를 박탈하고 노후 선박의 유지 보수를 장려하는 결과로 이어진다. 일반적인 차량 관리 연구에서도 교체 비용이 높을 경우 최적의 수명이 10~11년 범위 이상으로 연장되는 경향이 있음이 확인되는데, 해운업에서는 존스법으로 인해 이러한 현상이 극단적으로 나타난다.

특히, 하와이와 푸에르토리코와 같은 고립된 시장에서 활동하는 선사들은 경쟁이 제한적이기 때문에 노후 선박 운영으로 인한 높은 생애주기 비용을 최종 소비자에게 운임 형태로 전가할 수 있는 구조적 이점이 있다. 이러한 독점적 시장 환경이 신규 투자에 대한 경제적 압력을 완화시켜 선대 노후화가 지속되도록 허용한다.

3.2 선령 증가로 인한 운영 및 재무적 비효율성(OPEX 침식)

존스법 선박은 신조선 교체투입을 늦추게 함으로써 신규 선박 건조에 필요한 설비투자비용(CAPEX)는 절약했을 지 모르나, 장기적으로는 운영 비용(OPEX)의 지속적인 증가에 직면하게 된다. 선령이 증가함에 따라 유지 보수 및 수리(M&R, Maintenance & Repair) 비용이 급격히 상승하기 때문이다. 일반적으로 10년 미만 선박의 M&R 비용은 총 운영 비용의 약 10%를 차지하지만, 노후 선박의 경우 이 비율은 20%에서 30%까지 증가하는 것으로 추정된다. 이는 초기 자본 지출(CAPEX)이 높더라도 신조 선박이 장기적으로는 낮은 M&R 및 효율성 덕분에 더 나은 수익을 제공한다는 일반적인 해운 경제의 원칙과 일치한다.

노후 선박은 본질적으로 고장 발생 가능성이 높으며, 현대적인 안전 설계 및 기능이 부족하다. '엘 파로(El Faro)호' 침몰 사고(승무원 33명 전원 사망)와 같은 대형 사건들은 노후 선박이 극한 환경에 노출될 경우 발생하는 심각한 안전 위험을 강조하며, 선대 노후화가 단순한 경제 문제를 넘어 인명 안전 문제로 비화될 수 있음을 보여준다.

존스법의 영향으로 이미 미국 국적 선박의 총 평균 운영 비용은 외국 국적 선박에 비해 2.7배로 현저하게 높다. 이 격차의 주요 원인은 인건비이다. 미국 국적 선박의 승무원은 외국 국적 선박의 승무원보다 평균 5.3배 많은 급여를 받고 있다. 이러한 높은 고정 운영 비용은 노후화된 선박의 낮은 연료 효율성(신조 선박 대비 높은 탄소 집약도) 및 증가된 유지 보수 비용과 결합되어, 새로운 자본 투자를 정당화하기 더욱 어렵게 만든다.

결론적으로, 존스법이 부여하는 보호주의(경쟁 부재)의 장벽은 선사들이 막대한 설비투자 지출을 피하기 위해 비효율적인 운영비용(2.7배 높은 운영 비용, M&R 비용 증가)을 수용할 수밖에 없게 유도한다. 이러한 구조는 선사들로 하여금 신기술 도입이나 안전성 개선에 대한 시장의 압력을 느끼지 않게 하며, 궁극적으로 미국 선대가 국제 해운 산업의 기술 발전 속도에 뒤처지는 결과를 낳는다. 선박의 노후화가 심화될수록 비효율성과 안전 문제가 더욱 확대되어, 장기적인 관점에서 볼 때 정책이 실패하는 부정적 피드백 루프가 형성된다.

표 9. 미국상선의 비용적 특징

비용 항목	미국적 선박 비용 (외국 선박 대비 배수)	주요 경제적 동인
건조 비용	3배에서 5배 이상 높음	존스법 "미국 건조" 요건
운영 비용	2.7배 높음	높은 인건비, 유지보수, 세금
승무원 비용 구성 요소	5.3배 높음	미국 노동 및 승무원 규정
유지보수 및 수리 (노후 선박)	OPEX의 20%~30% 수준	선령 및 기술적 노후화

3.3 규제 준수를 통한 재무적 부담 증대: 개조(Retrofit)의 딜레마

미국 해안경비대는 미국 국적 선박에 대한 광범위한 검사를 수행하며, 2024년에만 21,187건의 검사를 통해 30,634건의 결함이 발견되었다. 40척의 선박이 심각한 기준 미달 조건으로 인해 억류 조치되었다. 이는 미국 상선대가 지속적으로 안전 기준을 충족하기 위해서 많은 문제가 있음을 시사하며, 이는 선사들에게 가동 중단, 수리, 그리고 잠재적 벌금으로 이어지는 비용이 부과됨을 의미한다. USCG는 선박

검사에 대해 연간 수수료를 부과하며, 전통적인 검사 외에도 제3자 감사를 활용하는 대체 준수 프로그램(ACP, Compliance Program)이나 능률화된 검사 프로그램(SIP, Streamlined Inspection Program)을 통해 상대적으로 낮은 수수료를 적용하여 소유주들의 부담을 완화하려는 시도를 하고 있다. 그러나 근본적인 재무적 부담은 검사 수수료 자체가 아니라 노후 선체에서 발견되는 수많은 결함을 시정하는 데 드는 막대한 비용이다.

나아가 국제 및 국내 환경 규제의 강화는 존스법 선대에 새로운 형태의 대규모 자본 지출을 강제하고 있다.

① 선박평형수 관리 시스템 (BWMS) 설치: 침입성 수생 생물종 확산을 방지하기 위한 국제 협약 준수는 모든 선박에 BWMS 설치를 의무화한다. BWMS 설치를 위한 추정 자본 비용은 선박당 50만 달러에서 3백만 달러에 달하는 상당한 규모이다. 이는 마진이 낮은 노후 선박 운영자에게 예기치 않은 대규모 CAPEX 부담으로 작용한다.

② 질소산화물(NOx) 배출 통제 구역 (ECA) 준수: 북미 지역 및 미국 카리브해 지역은 NOx Tier III 배출 통제 구역(ECA)으로 지정되어 있다. 2016년 1월 1일 이후 건조된 선박에 설치되는 엔진은 Tier III 요건을 충족해야 하며, 이는 주로 선택적 촉매 환원(SCR) 시스템과 같은 값비싼 후처리 시스템을 요구한다. Tier III는 주로 신조 또는 주요 엔진 교체에 적용되지만, 규제 환경이 강화될 경우 노후 엔진에 유사한 표준 준수를 위한 개조를 요구할 수 있으며, 이는 기술적으로 복잡하고 비용이 많이 들어 선박 교체 압력을 가중시킨다.

이러한 환경 규제 준수를 위한 강제적인 개조(Retrofit)는 노후 선박의 경제적 수명을 결정하는 요인이다. 일반적으로 선령이 높은 선박에 대한 개조는 남은 운영 수명 동안 설비투자 비용을 회수하지 못해 경제적 타당성이 낮다. 일부 첨단 환경 기술(예: 특정 대체 연료 시스템)은 물리적 또는 기술적 제약으로 인해 기존의 노후 선체에는 설치 자체가 불가능할 수 있으며, 개조 비용이 신조 비용보다 더 비싸게 책정되는 경우도 발생한다. 이러한 규제 준수 비용은 노후 선박의 잔존 가치를 즉시 침식하는 기능을 한다. 선박 평형수 처리시스템(BWMS, Ballast Water Management System) 설치와 같은 강제적 설비투자는 노후 선박의 수익성 있는 운영 기간을 단축시키기 때문에, 노골적인 선령 제한 정책이 없더라도 경제적 측면에서 선박의 조기 폐선을 유도하는 기제로 작용하는 것이다. 더욱이, 노후 선박은 본질적으로 신조 선박보다 탄소 집약도가 높아서 IMO의 탄소 집약도 지수(CII, Carbon Intensity Indicator)와 같은 운영 효율성 의무를 준수하기가 더 어렵고 비용도 많이 든다.

이러한 상황은 미국 선사들로 하여금 새로운 투자 자체를 꺼리게 만든다. 미래의 환경 규제(예: 정확한 CO2 가격 책정, 대체 연료 의무화)에 대한 불확실성이 크기 때문에, 선사들은 5~10년 내에 구식이 될 수 있는 과도기적 기술에 막대한 자본을 투자하기를 주저한다. 이러한 정책 불확실성은 선박 교체 프로세스를 마비시켜, 미국 상선대가 노후하고 비효율적인 현재 상태에 머물게 하는 주요 원인이 된다.

3.4 글로벌 탈탄소화 의무에 대한 취약성

존스법에 묶인 미국의 노후 선대는 현대적인 외국 선박에 비해 탄소 배출량이 현저히 높다. 사례 연구에 따르면, 오래된 컨테이너선은 연간 수만 톤의 CO2를 배출한다(예: 40년 된 컨테이너선이 연간 83,000톤, 43년 된 선박이 69,000톤). 이러한 높은 배출 프로파일은 미국 선박을 국제해사기구(IMO)가 추진하는 탈탄소화 목표 및 규제에 매우 취약하게 했다. IMO는 구속력 있는 배출 목표를 채택하고 넷-제로 프레임워크를 향해 나아가고 있으며, 이는 전 세계 해운 부문의 상업적 벤치마크가 되고 있다. 존스법 선박은 주로 미국 국내 규제를 따르지만, 글로벌 표준에 상응하는 수준을 맞추지 못할 경우 상업적으로 비경쟁적이고 물류 운영자에게 매력적이지 않은 자산이 될 위험이 있다.

전 세계적으로 해상 운송 부문에 탄소세 부과 가능성이 논의되고 있으며, 금융 모델링에 따르면 2030년까지 톤당 $75의 탄소세가 부과되는 시나리오가 현실적이다. 이러한 탄소 부과금을 높은 배출량을 가진 노후 선박(예: 연간 CO2 80,000톤 배출)에 적용할 경우, 기존의 높은 운영 비용 외에 연간 약 600만 달러(80,000톤 × $75)의 추가 준수 비용이 발생한다. 이 금액은 대부분의 노후 선박의 경제적 지속 가능성을 위협하며, 향후 10년 이내에 운영 중단을 강제할 수 있다. 금융 시장 참여자들은 이제 투자 결정에서 탄소 위험(Carbon Risk)을 주요 요소로 고려하고 있다. 노후화되고 탄소 집약적인 미국 해운 기업들은 높은 위험 감수(Risk-taking)의 대가로 더 높은 위험 프리미엄을 요구받을 수 있으며, 이는 해당 부문의 자본 조달 비용 상승으로 이어진다.

3.5 좌초 자산 위험(Stranded Asset Risk, SAR)

좌초 자산은 기후 변화 대응 조치나 규제 변화로 인해 예기치 않게 가치가 조기에 하락하거나 부채로 전환되는 물리적 자산(이 경우 선박)을 의미한다. 존스법 선대에 대한 좌초 자산 위험 시나리오는 다음과 같다. 1억 달러 이상의 높은 설비투자 비용으로 건조된 미국 선박이 20년 이상 운항하다가, 갑작스러운 저탄소 대체 연료 전환 의무 또는 대규모 탄소세에 직면하여 재정적으로 감당할 수 없는 개조 비용이 발생하거나 조기 폐선이 강제될 경우, 해당 자산의 잔존 가치는 '좌초'된다.

현재의 투자 지연은 기업들이 필연적인 탈탄소화 경로에 맞춰 자본을 전환하는 대신, 높은 위험에 처할 수 있는 자산에 막대한 자본을 묶어두는 결과를 초래하고 있다. 미국 선대가 탈탄소화 목표를 달성하기 위해서는 대체 연료 생산 규모 확대, 항만 인프라 업그레이드 등 막대한 투자가 필요하며, 이 과정에서 기존의 고비용 존스법 선박을 얼마나 빠르게 교체할 수 있느냐가 핵심 과제가 된다.

이러한 상황은 세대 간 형평성 문제로 이어진다. 존스법 선박의 평균 수명이 글로벌 표준의 두 배에 달한다는 점을 감안할 때, 규제 불확실성으로 인해 오늘날 건조되는 신조 선박들이 여전히 기존 연료를 사용하고 있다면, 이들 역시 10~15년 내에 좌초 자산이 될 위험이 있다. 이는 현 세대의 정책 실패(노후 선대)로 인한 막대한 전환 비용을 차세대 선주들에게 전가하게 되며, 결국 대규모 정부 개입을 요구할 가능성이 높다.

4. 결론: 고선령, 고비용, 그리고 규제의 불가피한 교차점

미국 해운 정책은 국내 조선업 보호(존스법)라는 국가 안보 목표와 경제적 효율성 및 환경 규제 준수(글로벌 표준)라는 목표 사이의 핵심 충돌을 해결해야 한다. 국방 관계자들조차 미국 국적 상선대의 규모 감소가 현재 정책에 대한 재평가를 필요로 함을 인정하고 있다. 미국 의회에서는 새롭게 250척 규모의 미국 국적 상선대를 조성하는 것을 목표로 하는 초당적 지지를 받는 SHIPS Act와 같은 법안이 제안되었으나, 정치적 지연에 직면해 있다. 이러한 입법 노력의 지연은 필요한 선대 현대화 투자를 더욱 늦추는 결과를 초래한다.

미국 존스법 선대의 노후화는 자연스러운 현상이 아니라, '미국 건조' 의무가 부과하는 치명적인 설비투자 비용 승수 효과의 직접적이고 예측 가능한 결과이다. 이 구조적 비효율성은 투자를 지연시켰고, 그 결과로 오늘날의 미국적 상선대는 안전 및 환경 규제 준수를 위한 필수적인 자본 지출(BWMS, NOx 저감 등)과 높은 유지보수/운영 비용의 재정적 압박에 직면해 있다. 이러한 규제 비용은 노후 선박의 잔여 경제적 수명을 파괴하며, 미국적 상선대를 금융 시장에서 고위험 '좌초 자산'으로 만들고 있다.

본 분석의 결과는 미국의 정책 프레임워크가 경제적으로 지속 불가능하며 환경적으로 무책임하다는 점을 명확히 보여준다. 현대화를 달성하고 재정적 위험을 완화하기 위해서는 정치적 관성을 극복하고 구조적 개혁을 단행해야 한다. 가장 효과적인 해결책은 존스법의 근본적인 '미국 건조' 요건을 조건부로 완화하거나, 적어도 미국 건조 선박의 비용 격차를 메울 수 있는 고도로 효율적이고 목표 지향적인 재정 인센티브를 제공하는 것이다. 만약 이러한 구조적 문제를 해결하는 데 실패한다면, 미국 국내 해운 부문은 지속적으로 비효율적이고 오염을 유발하는 노후 선박에 의존하게 될 것이며, 결국 불가피한 시장성 상실(Market Irrelevance)과 대규모 재무적 상각(Financial Write-offs)이라는 결과를 맞이하게 될 것이다.

제 10 장

미중 해양갈등과 최신 정책동향

1. 미중 해양갈등의 배경과 충돌 사례

1.1 미중 해양갈등의 배경

미중 해양 갈등은 자유항행 원칙을 둘러싼 군사·정책 충돌과 경제적 공급망 경쟁이 결합된 문제이며, 미국 내 조선·해운 재건 입법(예: SHIPS for America)과 동맹 협력(해리티지 보고서의 다국가적 접근, MASGA 논의)이 해법의 핵심 축이다.

구체적으로는 미중 해양갈등의 배경은 양국간 지정학적 패권경쟁, 중국의 군사팽창과 군민융합, 미국 해운조선업의 쇠퇴 등 3가지로 정리할 수 있다.

첫째로 미중 양국간 지정학적 패권 경쟁이다. 미국은 '인도-태평양 전략'을 통해 아시아 동맹을 결속시키고 중국을 봉쇄하려는 반면, 중국은 이른바 제1도련선(First Island Chain) 내부의 제해권을 장악하여 미군의 접근을 거부(반접근 및 지역거부, A2/AD, Anti-access/Area denial)하고, 대양 해군으로 나아가려고 하는 양상이다. 최근 미중 충돌은 이 원칙을 둘러싼 항행권 주장과 영유권 충돌, 그리고 이를 시험하는 미 해군의 항행의 자유 작전(FONOP, Freedom of Navigation Operations)으로 표출되고 있다. 이러한 작전은 지역 안보·외교적 긴장을 고조시키며, 경제적 공급망 안정성 문제와 맞물려 전략적 경쟁이 심화되고 있다.

둘째로 해리티지 재단 보고서에 따르면, 중국은 세계 최대 규모의 조선업과 상선단을 보유하고 있으며, 이를 군사적 목적과 결합한 '군민융합(Civil-Military Fusion)' 전략을 구사하고 있다. 군민융합이란 평시에는 상선으로 활동하다가 유사시 군수 지원이나 봉쇄 작전에 투입될 수 있는 능력이다. 후술하는 해리티지 재단 보고서는 이러한 군사적 갈등이 단순한 영유권 분쟁을 넘어 경제 안보의 문제로 확장되었음을 지적하고 있다. 중국은 전 세계 상선단의 상당수를 통제하고 있으며, 유사시 미국에 대한 경제적 강압(economic coercion) 수단으로 해운을 이용할 수 있다는 우려가 제기되었다.

셋째로 미국 해운조선업의 쇠퇴로 인하여 해양국가 미국의 기반이 붕괴 수준에 이르렀기 때문이다. 중국과는 정반대로 미국은 외항해운과 상선건조 조선업의 세계 시장 점유율 1% 미만으로 해군 함정의 유지보수(MRO)와 전시 보급 능력에 심각한 공백이 발생했다. 현재 미국 항구에 입항하는 8만 척 이상의 선박 중 미국 국적, 미국 소유, 미국인 선원 선박은 200척 미만에 불과하여, 위기 시 독자적인 보급 및 작전 수행 능력이 의심받는 상황으로 이는 중국이 해양 통제권을 강화하는 데 자신감을 주는 요인이 되고 있다.

1.2 미중 간의 해양 충돌 사례

해운을 둘러싼 전략적 가치(해상교통로·자원)와 중국의 해군과 해경의 전력 증강, 미국의 인도·태평양 전략이 충돌하면서 경쟁이 구조화되었다. 2000년대 들어서 미중 해양 갈등은 '단발성 정찰기 충돌'에서 '상시적 회색지대 분쟁'으로 변화했다고 보아야 할 것이다.

2000년 이후 미중간 해양충돌을 10년 단위 시계열적으로 분석하면 초기 탐색기, 긴장 고조기, 전면적 대립기로 구분할 수 있다. 2000년대 초반은 초기 탐색기로 주요 충돌사례로는 첫째로 2001년 4월에 발생한 EP-3 정찰기 충돌 사건 (하이난섬 인근)이 있다. 미 해군 정찰기와 중국 전투기가 공중 충돌하고, 미군 승무원이 억류되면서 외교적 위기가 발생하였다. 둘째로는 2009년 3월에 발생한 USNS 임페커블(Impeccable) 사건이 있다. 이는 남중국해에서 미 해군 음향측정선을 중국 선박 5척이 포위하고 위협 기동한 사건이다.

2010년대는 긴장 고조기로 남지나해에서 중국의 인공섬 건설이 본격화되면서 미중 갈등이 빈번하게 발생하였다. 2012년 중국이 스카버러 암초를 사실상 장악한 이후 수비(Subi), 미스치프(Mischief), 피어리크로스 등 여러 환초를 대규모 매립한 후, 군사기지화하여 긴장을 고조시켰다. 2012년의 스카버러 암초의 영유권을 둘러싼 필리핀과 중국 충돌 이후로 2013년 12월의 USS 카우펜스(Cowpens) 사건은 남중국해에서 중국 군함이 미 순양함의 진로를 가로막아 충돌 직전까지 가는 상황으로 발전하였다.

중국의 대규모 인공섬 건설 및 군사기지화가 본격적으로 추진되자, 미국은 이에 맞서 항행의 자유 작전이 본격화하였다. 2015년 USS 라센(USS Lassen) 호를 스프래틀리 군도의 중국매립지 인근에서 운용하는 등 대중국 항행의 자유 작전을 강화했으며, "우리의 역할은 자유항행과 중요한 해상수로의 개방성 확보"라며 중국의 일방 주장에 대응했다. 2016년 7월에는 국제상설중재재판소에서 중국의 9단선이 무효라는 판정이 내려졌다. 또 2016년 12월에는 중국 해군이 필리핀 수빅만 인근에서 미 해군 수중드론(UUV, Unmanned Underwater Vehicle)을 나포했다가 반환한 사건이 발생하였다. 결정적으로 2018년 9~10월에는 USS Decatur와 중국 함정의 근접 충돌이 발생하였다.

2020년대는 전면적 대립기로 주요 충돌사례로는 첫째, 2023년 2월/8월, 남중국해 세컨드 토마스 암초(Second Thomas Shoal)에서의 충돌이 있다. 중국 해경이 필리핀 보급선에 군사용 레이저 조준 및 물대포 발사하자, 미국은 상호방위조약 발동 가능성을 경고하며 강경 대응하였다. 2024~2025년에는 사비나 암초(Sabina Shoal) 등에서 중국 해경선과 필리핀 선박 간의 충돌이 빈번하게 발생하였다.

미국은 대만 해협·동중국해에서도 정기적인 자유항행 작전을 실시하고 있다. 예를 들어 2023년 6월 미국 구축함 청훈(USS Chung-Hoon)호가 대만 해협을 통과하자 중국 구축함이 무리한 급선회 기동으로 충돌 위기를 조성했다는 미 국방부 발표가 있었다. 센카쿠 열도(중국명 댜오위다오)를 둘러싼 일본-중국 간 갈등도 지속되고 있어, 대만 해협과 동중국해를 통과하는 국제 항로의 안정성도 위협을 받고 있다.

2. 항행의 자유와 미중 갈등

2.1. 항해의 자유

항행의 자유 이론이란, 전 세계의 바다를 일국이 독점하거나 과도하게 통제할 수 없으며, 모든 국가가 일정한 조건 아래 해양을 자유롭게 이용할 권리가 있다는 국제법적·정치적 원리를 설명하는 이론 체계이다. 현대적으로는 국제해양법(UNCLOS), 해양패권 이론, 글로벌 거버넌스가 결합된 형태로 발전해 왔다.

항행의 자유 이론은 UNCLOS에서 구체적으로 법제화되었고, 핵심 조항은 UNCLOS 제87조: 공해의 자유(항행, 상공비행, 군사 이용 포함), 제58조: EEZ에서 공해의 자유 원칙 적용, 제17~32조: 영해에서의 무해통항, 제19조: 무해통항의 기준(군사훈련·첩보활동·무력사용 등은 불가)등을 규정하고 있다. 핵심 내용은 EEZ는 연안국이 자원에 대한 권리를 가질 뿐, 항행 자유는 제한할 수 없고, 공해는 모든 국가에게 개방되며, 군함은 EEZ에서 통상작전, 정찰, 훈련 수행이 가능하다는 점이다.

미국이 항행의 자유 작전에 적극적인 이유는 첫째, 국제법상 항행의 자유를 유지함으로써 중국, 이란 등의 국가가 설정한 과도한 영해, 내수, 직선기선, 군함 통항 제한 주장에 대한 법적 반박을 위한 것이다. 둘째로는 미국의 관행적 권리를 보호하기 위하여 국제관습법에서 항행과 상공통과권이 약화되는 것을 방지하려는 것이다. 셋째로 미군의 작전 공간 확보하기 위하여 미 해군의 작전이 특정 국가의 규정에 제한을 받지 않도록 유지함으로써 작전상 접근(operational access)을 가능케 하려는 것이다.

따라서 미중 해양갈등의 핵심은 항행의 자유를 둘러싼 갈등이다. 미국과 중국은 남중국해와 대만 해협 등에서 '항행의 자유(Freedom of Navigation)'를 두고 치열하게 대립하고 있다. 중국은 역사적 권리를 주장하며 배타적 통제권을 강화하려 하지만, 미국은 이를 국제법상 항행의 자유를 침해하는 행위로 간주하고 '항행의 자유 작전(FONOPs, Freedom of Navigation Operations)'으로 맞서고 있다. 해양의 자유(FON)는 국제법(UNCLOS 관습 등)에 기반해 군사·상업 활동의 자유를 보장하려는 원칙이다.

2.2 유엔해양법협약(UNCLOS) 해석 차이

미중 해양갈등에서 주요 규범은 유엔해양법협약(UNCLOS)이며, 2016년 국제상설중재재판소에서 내려진 판정은 중국의 9단선 주장을 사실상 배척했다는 점이 국제법적 기준으로 작용한다. 미국은 UNCLOS 비당사국이지만 항행의 자유 원칙을 근거로 해당 수역에서 군사 및 민간 선박의 통항을 지속한다.

① 미국(항행의 자유): 배타적경제수역(EEZ)은 '공해(High Seas)'의 성격을 가지므로, 타국의 군함이 자유롭게 항행하고 군사 활동(정찰, 훈련)을 할 수 있다고 주장하고 있다.

이에 대하여 중국은 연안국 관할권을 근거로 EEZ 내에서의 군사 활동은 연안국의 안보를 위협하므로 사전 허가나 통제가 필요하다고 주장하며, 미국의 정찰 활동을 '항행의 자유' 남용으로 간주한다.

남중국해 중재재판 (2016 PCA Ruling)은 필리핀이 제소한 사건으로 국제상설중재재판소(PCA)는 중국의 '9단 선(Nine-Dash Line)'에 근거한 역사적 권리 주장이 법적 근거가 없다고 판결했다. 또한, 중국이 건설한 인공섬들은 '섬'이 아닌 '암초'나 '간출지'이므로 영해나 EEZ를 갖지 못한다고 명시했다. 하지만 중국은 이 판결을 전면 거부하고 있다.

한편 미중 갈등 및 남중국해에서의 영토문제에 대응하기 위하여 중국은 2021년 해경법(Coast Guard Law)을 제정하여, 자국 관할 해역에서 외국 선박에 대한 무기 사용을 허가했다. 이는 국제법상 무력 사용 금지 원칙과 충돌하며 주변국의 강한 반발을 사고 있다.

2.3 해양갈등에 대한 미·중의 대응방안

미국은 항행의 자유 작전을 지속하면서 동맹·파트너십 강화(한·미·일·호주·필리핀·인도 등 협력 포함)로 억제를 지속하고자 하고 있다. 이에 대하여 중국은 해양주권 주장을 강화하고 법리적 반박과 지역 영향력 확대하는 방식으로 대응하고 있다.

① 미국 : 군사적으로는 항행의 자유 작전(FONOPs)을 지속적으로 수행하면서 동맹국(필리핀, 일본, 호주)과 연합 훈련 및 공동 순찰을 실시하고 있으며 분산형 물류를 추진하면서 대형 항만 의존도를 낮추고 해상 환적을 늘려 중국의 공격과 봉쇄를 회피하려고 한다. 외교적으로는 AUKUS, Quad 등 소다자 안보 협의체를 강화하고, 해양 국가 그룹(MGN) 창설을 제안하여 한국, 일본 등 조선 강국과 연합하여 중국의 조선 패권에 대항하려고 한다. 산업과 입법 차원에서는 SHIPS for America Act 등의 조선업 재건을 위한 입법을 추진하고 있다.

② 중국 : 군사적으로는 대함 탄도미사일 등을 이용하여 반접근/지역거부(A2/AD) 능력을 강화하고, 회색지대 전술(Gray Zone Tactics)을 채용하여 해경과 해상민병대(어선으로 위장)를 앞세워 물리적 충돌을 유발하고 있다. 또 인공섬을 군사 기지화하고 레이더 감시망을 구축하고 있다. 외교적으로는 일대일로(BRI, One belt One Road initiative)를 통한 우군 확보 및 항만 거점 마련을 추진하고 남중국해에서 발생하는 분쟁·충돌 위험

을 줄이고, 분쟁 당사국 간 행동 규범을 마련하기 위해 ASEAN과 중국이 협상 중인 규범적·정치적 합의(규범 문서)인 '남중국해 행동준칙(COC, Code of Conduct in the South China Sea)' 협상을 지연시키는 전술로 현상 변경을 고착화시키고 있다. 나아가 주변국(필리핀, 베트남)에 대한 경제적 압박도 동시에 실시하고 있다. 산업 및 입법차원에서는 해경법과 해상교통안전법 개정으로 관할권을 강화하고 국영 해운 및 조선 기업에 막대한 보조금을 지급하여 시장을 장악하여 해상 패권을 공고히 하려고 한다.

표 1. 미중의 해양갈등 대응 방안 (Response Strategies)

구분	미국 (USA)	중국 (China)
군사	항행의 자유 작전(FONOPs) 지속 수행. 동맹국(필리핀, 일본, 호주)과 연합 훈련 및 공동 순찰. 분산형 물류(New Intermodalism): 대형 항만 의존도를 낮추고 해상 환적을 늘려 중국의 공격/봉쇄 회피.	반접근/지역거부(A2/AD) 능력 강화 (대함 탄도미사일 등). 회색지대 전술(Gray Zone Tactics): 해경과 해상민병대(어선으로 위장)를 앞세워 물리적 충돌 유발. 인공섬의 군사 기지화 및 레이더 감시망 구축.
외교/ 동맹	AUKUS, Quad 등 소다자 안보 협의체 강화. 해양 국가 그룹(MGN) 창설 제안: 한국, 일본 등 조선 강국과 연합하여 중국의 조선 패권에 대항.	일대일로(BRI)를 통한 우군 확보 및 항만 거점 마련. '남중국해 행동준칙(COC)' 협상 지연 전술로 현상 변경 고착화. 주변국(필리핀, 베트남)에 대한 경제적 압박.
산업/법	SHIPS for America Act: 조선업 재건을 위한 입법 추진. MASGA: 한국 등 동맹국 조선소 활용 (MRO) 및 기술 협력 추진.	해경법/해상교통안전법 개정으로 관할권 강화. 국영 해운/조선 기업에 막대한 보조금 지급으로 시장 장악.

3. 미중 해양갈등이 국제해운에 미치는 영향

3.1 미중 무역갈등

미중 간의 무역분쟁은 주요 무역거점의 화물 흐름과 비용에 직접적인 영향을 미치고 있다. WTO 연구에 따르면 2018년 이후 양국 간 관세율은 평균 17%까지 상승했고, 이로 인해 2019년 미중 교역량이 크게 감소하며 동아시아 공급망이 재편되었다. 2018년 트럼프 행정부는 중국산 철강·알루미늄 등에 고율 관세(25%)를 부과한 데 이어 같은 해 중국산 수입품 2,000억 달러 규모에 10~25% 관세를 적용했다. 중국도 이에 대응해 미국산 제품에 보복관세를 매겼다. 2020년 1월 양국은 '1단계 합의'를 체결해 미국은 일부 관세를 낮추었으나, 신종 코로나 사태로 목표 달성은 어려웠다. 이후 분쟁은 완화되지 않고 오히려 고조되었는데, 2024년부터 중국의 첨단산업 수출규제 강화와 미국의 수입규제(반도체·배터리 분야) 등 비관세 장벽도 등장했다.

2025년 들어 양국은 다시 관세 폭탄을 주고받았다. 미국은 중국산 수입품에 최고 145%의 관세를 부과했고, 중국은 이에 맞서 4월부터 미국산 제품에 34%의 추가 관세를 부과하는 등 보복 조치를 시행했다 중국 재무부는 이러한 조치가 WTO 규범 위반이라며 항의했고, 미국과 중국 기업들은 서로의 블랙리스트(예: '신뢰할 수 없는 기관' 명단)를 확대 적용하는 등 경제·외교 갈등이 수출입 규제 전반으로 확산되고 있다.

3.2 글로벌 해상물동량에 미친 영향

UNCTAD에 따르면 글로벌 해상물동량은 무역불확실성과 정책 충격으로 성장세가 둔화되고 있다. 2024년 전 세계 해상무역량은 약 127억 2,000만톤으로 전년 대비 2.2% 증가에 그쳤다. 이는 최근 10년 평균(1.8%)보다 다소 높은 수준이나, 장기 평균 성장률(2.9%)에는 못 미치는 수치다. UNCTAD는 성장 둔화의 배경으로 세계 GDP 대비 무역 약화, 글로벌 가치사슬 정체, 반복적 경제충격, 관세 장벽 상승 및 무역정책 불확실성 증가 등을 지적했다. 실제로 WTO 연구는 관세 충격 자체가 세계 GDP에는 미미한 영향을 주었지만(약 0.1%p 감소), 관세 전쟁에서 비롯된 '무역정책 불확실성'이 글로벌 경제에 가장 큰 손실을 초래했다고 분석했다.

미중 간 무역장벽 확대로 양국 간 해상교역도 크게 위축됐다. UNCTAD 조사에 따르면, 2025년 초 미국과 중국 양방향 컨테이너 선적량은 세 차례 뚜렷한 변동을 보였다. 1분기에는 고관세 예고에 대비해 사전 출하가 증가한 결과, 미중 간 교역량이 전년 동기 대비 약 10% 일시 급증했다. 그러나 4~5월 미국의 중국 수입제품 관세율이 145%로 급등하자 물동량이 급격히 감소했고, 선사들은 불필요한 선복을 줄이기 위해 블랭크 세일링(Blank Sailing, 임시 결항)을 늘려 공급을 조절했다. 실제로 5월 중 미국발 화물량은 전년 동기 대비 50% 이상 급감했고, 미서안 항만으로 향하는 선복 공급 능력이 20% 감소했다. 이후 5월 중순 이후 3개월간 한시적 관세 유예(30%로 인하)가 발표되자 잠시 반등세가 나타났지만, 누적 물량은 여전히 전년 수준을 밑돌았다. 이처럼 고율 관세와 규제로 인한 선박 전환 및 적체, 선적 지연 등 부작용이 글로벌 해상물동량의 변동성을 키우고 있다.

3.3 주요 해운노선의 운임·운항·선복 변화

아시아~북미 항로에서는 해운시장 변동성이 특히 뚜렷했다. 앞서 언급한 바와 같이 2025년 1분기 중국발 물동량 급증은 전반적 컨테이너 운임 상승을 이끌었다. 그러나 4월 미국의 145% 관세 부과로 동안과 서안 모두에서 신규 선적이 급감했고, 이때부터 해운사들은 태평양 항로에서 대대적인 블랭크 세일링 조치를 취했다. 예를 들어, 머스크는 주요 항로 서비스를 지속하는 대신 보다 소형선 투입으로 대응했고, MSC는 4월 한 달간 예정된 아시아-미국 항차의 약 30%를 취소했다.

그 결과 5월 이후 상하이-LA 운임은 약 $2,172(FEU 기준)까지 하락했고, 상하이-뉴욕 운임도 $2,922로 낮아졌다. 반면 아시아~유럽 노선은 비교적 강세를 보였다. 2025년 11월 상하이-제노아 항로 운임은 $2,319로 전주 대비 6% 상승했고, 상하이-로테르담은 $2,193로 8% 올랐다.

한편 공급능력 측면에서도 태평양 항로의 유효 공급 물량이 줄어들며 단기 운임 하락 압력이 완화되었다. 이처럼 주요 동서 항로에서 운임과 선박 재배치가 정책 변화에 민감하게 반응하면서, 선사들은 수요 예측과 시장 신호에 따라 탄력적으로 용선 전략을 조정하고 있다.

3.4 공급망 다변화 및 제조 기지 이전에 따른 구조적 변화

미중 갈등은 전통적 공급망의 변혁을 촉진했다. 유럽·미국 기업들은 중국 의존도를 낮추기 위해 제조기지를 동남아(베트남, 인도네시아 등), 남아시아(인도, 방글라데시 등), 중남미(멕시코 및 중앙아메리카 각국) 등으로 이전하고 있으며, 이는 해운 네트워크에도 영향을 미치고 있다. UNCTAD는 "기업들이 지정학적 긴장과 공급망 혼란에 대응해 단일 소싱 모델에서 다원화된 멀티 소싱 네트워크로 이동하고 있다"면서, "공급망이 다각화됨에 따라 새로운 소비 허브가 부상하면서 해상 운송 경로는 지역 내·외 교역이 모두 증가해 더욱 복잡해지고 있다"고 분석했다.

실제로 UNCTAD 데이터에서 비주류 루트(인도·동남아 등)와 역내(인트라리저널) 교역이 강한 성장세를 보이는 것을 확인할 수 있다. 예를 들어 2024년 중남미·아프리카 등 남북 간 교역과 아시아·아프리카(남남) 교역이 각각 크게 증가했으며, 인도 아대륙과 동남아 간 교역(비주류 동서 교역)도 연 5~8% 성장했다. 같은 기간 역내 컨테이너 물동량은 약 4,722만 TEU로 전년 대비 5.6% 증가했으며, 세계 총 물동량의 대략 28%를 차지했다. 이처럼 공급망 리쇼어링·니어쇼어링 추세는 전체 해상 물류 패턴을 지역화·분산화시키면서 항로 포트폴리오에 변화를 주고 있다.

3.5 주요 해운사 및 물류기업의 대응 전략

선사들은 불확실한 환경에서 유연성 강화를 최우선으로 대응 중이다. 특히 태평양항로에서 MSC, ZIM, Ocean Alliance(코스코·에버그린·CMA·OOCL)가 복수의 아시아-미국 정기선 서비스를 중단하며 선복 조정을 단행했다. 반면 머스크·하팍로이드는 주요 노선을 유지하되, 수요가 둔화된 항로에 소형 선박을 투입하여 비용 효율을 높이는 전략을 취했다. 선복 감축 비율로 보면, MSC는 4월에 예정된 항차의 30%를 취소하며 가장 적극적으로 규모를 줄였고, HMM·양밍 등이 결성한 Premier Alliance도 5월 중 약 20% 감축하였다.

이러한 운항·선대 조정 외에도, 글로벌 선사들은 공급망 서비스를 강화하고 있다. 예를 들어, 머스크는 해상운송뿐 아니라 화물 추적·관세 서비스·내륙 운송을 결합한 종합물류 솔루션을 강조하고 있으며, CMA CGM 등도 철도·육상 교통망 투자를 늘리고 있다. 물류기업들은 고객의 공급망 다변화를 지원하기 위해 대체 항로 및 조달지 컨설팅, 재고 분산형 물류센터 네트워크 확장 등을 확대하고 있다. 이처럼 주요 기업들은 선복 공급의 탄력적 운영과 종합물류 서비스 강화로 무역갈등에 따른 충격을 최소화하고자 노력하고 있다.

미중 갈등은 해운 계약·보험 및 노선 관리 분야에도 영향을 미치고 있다. 무역전쟁이 해상 부문으로 확산되면서, 양국 정부는 상대국 선박에 상호 부두사용료(항만 요금)를 부과하기로 했다. 미국의 조치에 대응하여 중국 정부는 곧바로 '중국 특별항만부과금' 제도를 발표했다. 2025년 10월 말부터 미국과 중국은 자국과 연관된 상대국 선박에 각각 별도의 추가 항만부과금을 부과하기로 했는데, 비록 미중 간의 잠정합의로 시행이 유예되기는 했지만 앞으로 다시 실행될 수 있는 가능성이 있어 이에 대한 주의 깊은 대응이 필요하다.

이는 전통적인 항행 비용 구조에 새로운 변수로 작용할 수 있기 때문이다. BIMCO는 이에 대응하여 이 요금 부담을 조정하기 위한 정기용선계약 특약조항을 발간했다. 이처럼 계약서 조항이 잇달아 개정되면서 임대차 계약 시 항만비용 부담 주체가 명확히 반영되고 있다.

보험 및 위험 관리 측면에서도 변화가 감지된다. 보험업계에 따르면, 갈등이 격화되면서 양국이 서로의 선박에 세금을 부과하는 등 기존 항로와 패턴이 왜곡되고 있어, 보험사들은 이를 위험 요소로 주시하고 있다. 특히 미국 재무부의 대 중국 제재 가이드라인은 SOLAS(해상안전협약) 기준 하에 AIS(자동식별장치) 신호의 이상 유무를 점검할 것을 권고하고 있다. 해상보험사들은 선박이 AIS 신호를 고의로 끄거나 불합리한 항로 이탈 시도를 할 경우 보험 계약을 무효화할 수 있다고 경고하며, 보험 인수 시 철저한 AIS 추적과 선박 이력 검증을 요구하고 있다. 이처럼 선사들은 평시보다 엄격한 준법 감시(Compliance)와 리스크 관리 절차를 마련하고 있으며, 항로 선택 시에도 정치·경제적 충돌을 우회하는 옵션을 적극 검토하고 있다.

결론적으로, 미중 무역분쟁은 국제해운 시장의 공급·수요, 비용 구조, 규제 환경 등을 복합적으로 변화시키고 있으며, 관련 기업과 정책 당국은 지속적인 상황 분석과 유연한 대응을 통해 불확실성에 대비할 필요가 있다.

4. 해리티지재단 보고서

미국의 대표적인 보수성향 싱크탱크인 해리티지재단은 2023년 8월 16일, 미국 해사분야 경쟁력 재건-"Rebuilding America's Maritime Strength: A Shipping Proof-of-Concept Demonstration"(Brent D. Sadler and Peter St Onge)-이라는 정책보고서를 발표하였다. 당 보고서는 전술한 미중간의 패권경쟁으로 인한 해양갈등을 극복하기 위하여 해사산업을 재건해야 하며 미국 상선대·조선업의 쇠퇴와 다국적 협력(일본·한국·필리핀 등)을 통한 재건 필요성, 그리고 해운과 항공이 연계한 '신개념복합운송'(multi-modalism) 시범사업을 제안했다.

본 보고서(『미국의 해양력 재건: 해운 개념 증명 데모』)의 핵심 내용은 다음과 같다.

첫째는 문제진단으로 미국의 현주소를 설명하였다. 미국 항구에 도착하는 8만 척 이상의 선박 중 미국 국적, 소유, 미국인 선원이 승선한 선박은 200척 미만에 불과할 정도로 상업해운이 위축되었고, 존스법의 의도와 달리 미국산 선박은 규제와 노동 비용 등으로 인해 해외 건조 선박보다 약 26배 비싸 경쟁력을 잃었다고 지적하고 있다.

둘째로 중국의 위협에 대하여는 다음과 같다. 중국은 세계 최대의 상선대와 조선업을 보유하고 있으며, 막대한 정부 보조금(2010~2018년 간

1,320억 달러)을 지원받고 있다. 중국은 '군민융합' 전략을 통해 상업용 선박을 군사적 필요에 활용하며 글로벌 해운을 장악하려 한다고 지적하였다. 해리티지 보고서는 미국이 자국 상선단 부족으로 인해, 위기 시 중국 선박이나 중국 통제 항만에 의존해야 하는 상황을 "경제적 강압에 취약한 상태"로 경고하고 있다. 중국이 대만 봉쇄 등을 감행할 경우, 전 세계 물동량의 30%가 지나는 남중국해 항로가 마비될 수 있는 공급망의 무기화를 경고하고 있다. 그 결과, 분쟁 지역 항행 시 전쟁 보험료 급등 및 선박 우회로 인한 연료비와 시간 비용이 증가하고 미중 무역 갈등과 연계된 관세 및 항만 수수료 보복 조치는 해운사 비용의 직접적 상승요인이 되는 등 운송 비용 및 불확실성이 증가할 것이라고 주장하였다.

셋째, 안보 위험에 대하여 현재 미국은 평시 경제를 외국 해운에 의존하고 있어 위기 시 중국과 같은 비우호적 국가의 경제적 강압(예: 공급망 차단)에 취약하다고 보았다. 그 결과 글로벌 공급망이 분절화될 수 있음을 주장하였다. 디리스킹(De-risking) 기조에 따라 글로벌 공급망이 '친미 블록'과 '친중 블록'으로 재편되면서, 해운 항로 역시 효율성보다는 안보 논리에 따라 이원화될 가능성이 높다고 하였다.

해리티지 재단은 이에 대비해 미국이 동맹국 선박을 활용할 수 있는 체계를 구축하고, 유사시 항만 기능을 대체할 수 있는 신개념의 복합운송(New Intermodalism)을 제안하였다. 보고서는 거대해진 컨테이너선이 입항할 수 있는 항구가 제한적인 문제를 해결하기 위해, 공해상에서 드론, 헬기, 소형 선박을 이용해 화물을 하역하고 육지로 이송하는 혁신적인 물류 개념을 제안하였다. 초대형 컨테이너선은 해안에서 12해리 이상 떨어진 공해상에 머무르고 화물을 소형 선박으로 옮기거나 헬리콥터, 드론, 비행선 같은 수직 이착륙 항공기를 이용해 이송하는데 소형 선박은 항구로, 항공기는 인근 공항이나 배송지로 화물을 수송하도록 하였다. 이로 인한 기대 효과로 막대한 비용이 드는 항만 준설이나 크레인 확충 없이도 물류 처리가 가능하며, 내륙 운송(트럭, 철도)의 혼잡을 줄일 수 있다는 점을 들었다. 이는 미국의 노후한 항만 인프라 개선 비용을 절감하고 물류 유연성을 높이는 방안이 될 것으로 보았다.

해리티지재단의 보고서는 전략적 제언으로 동맹과의 협력을 제안하였다. 미국 단독으로는 중국의 거대 조선업에 대항하기 어렵다는 점을 인정하고, '해양 국가 그룹(Maritime Group of Nations, MGN)' 창설을 제안하였다. 교통부장관 주도로 한국, 일본, 필리핀 등 신뢰할 수 있는 동맹국과 협력하여 조선 기술과 해운 조선 인력을 공유하고, 중국에 대항하는 해양 블록을 형성해야 한다고 주장하였다. 구체적으로는 한국과 일본은 미국과의 조약 동맹국이자, 중국과 경쟁할 수 있는 유일한 조선 강국이므로 초기 멤버에 반드시 포함되어야 한다고 보았다. 그 외에 숙련된 선원을 보유한 필리핀, 인도네시아, 폴란드, 베트남 및 대형 상선을 보유한 그리스, 독일, 노르웨이 등의 참여를 권장하였다.

실행을 위한 권고 사항으로 신개념의 복합운송을 테스트하고 증명(Proof-of-Concept)할 것을 제안하였다. 오대호 지역에서 드론 등을 활용하여 초기 시연을 진행하고, 이후 미 동부 해안이나 푸에르토리코 등에서 포괄적인 시연을 추진하여 기술과 비용 효율성을 입증할 것을 제안하였다. 그리고 실행력을 높이기 위하여 의회 특별 위원회 구성을 제안하였다. 의회에는 '미국 해사분야 전반의 경쟁력 회복을 위한 특별 위원회'를 설립하여 해사청(MARAD), 해안경비대, 해군과 함께 관련 정책을 주도할 것을 제안하고 있다.

결론적으로 해리티지재단 보고서는 후술하는 SHIPS for America Act와 MASGA와 같은 최근 미국이 추진하고 있는 해사산업 경쟁력 강화 정책의 기초를 이루고 있음을 알 수 있다.

5. Ships for America ACT

SHIPS 법안은 해리티지 재단이 지적한 미국의 해양력 쇠퇴 문제를 입법적으로 해결하기 위한 노력의 일환이다. 이 법안은 미국의 상선·조선산업 붕괴와 전략적 취약성을 배경으로, 자국 조선·항만·해운 역량을 대대적으로 재건하려는 시도다. 주요 기제는 ⑴ 재정적 인센티브(투자세액공제 등), ⑵ 항만·조선 인프라 투자(신탁기금), ⑶ 중국 연관 선박·조선에 대한 항만 사용료·제한 등 보호주의적 장치로 구성된다. 의회·행정부의 지지 속에 법안(여러 차례 제안된 안들)은 2024~2025년 재도입·정비되어 심의·입법 논의가 진행 중이며(의안 전문 공개), 행정부 차원의 실행계획(항만수수료 부과안 등)과 연계되어 실무적 파급력이 커지고 있다.

5.1 제안 배경

본 법안의 제안 배경은 크게 세 가지로 나누어 볼 수 있다. 첫째, 전략적 취약성 인식으로 미국의 외항해운업과 조선업의 쇠퇴로 비상시 군수지원·전시수송(Sealift) 능력이 약화되었다는 평가가 법안 제안의 핵심 동기다. 실무자·노조·정책입안자들은 '미국이 외국(특히 중국)에 해운·조선 의존도가 높다'는 점을 국가안보 리스크로 규정했다.

둘째, 중국의 조선·해운 경쟁력 상승으로 중국이 선박 건조, 컨테이너 제조, 글로벌 물류에 걸쳐 지배력을 확대하자, 미국 내에서 '공정무역·공정경쟁' 차원에서 대응 필요성이 커졌다. 이 배경에서 '중국 연관 선박에 항만 요금 부과' 등 직접적 규제 수단이 제안·검토되었다.

셋째, 정치적 컨센서스로 이 법안은 초당적인, 그리고 상하 양원 모두에 후원자가 존재하며 노동조합·조선업계·안보분야 로비의 지지를 일부 받아 왔다. 이는 입법가능성을 높이는 요인이지만, 동시다발적으로 경제적 비용·무역·외교적 반발을 야기할 소지도 있다.

현재 진행 상태를 2024~2025년도 기준으로 살펴보면 다음과 같다.

① 입법 상태 : SHIPS 법안은 2024~2025년에 걸쳐 하원·상원에 여러 차례 제출·재도입되었고(예: H.R.10493(118th), S.1541(119th) 등), 완전한 텍스트가 의회·의원실을 통해 공개되어 있다. 다만 본문과 부속 조항은 의원 발의 버전마다 일부 차이가 있다.

② 행정부와 집행 동향 : 대통령 행정지침과 무역·산업부처 차원의 후속조치가 병행되고 있다. 예를 들어 2025년 상반기 백악관 정책선언('해양산업 재건')과 더불어, USTR·항만당국의 중국 연관 선박 대상 항만요금 부과 계획이 보도되었다(요금 체계·면제 규정 등은 발표 과정 중). 이들은 법적·국제무역적 논쟁을 불러올 소지가 있다.

③ 이해관계자 반응 : 노조·산업계는 자금지원과 신탁기금 조성 등 입법 조치에 적극적이며, 국제선사, 글로벌 포워더, 외교 채널은 비용·보복 리스크를 우려해 대안을 요구하고 있다.

5.2 주요 내용

법안의 핵심조항과 해사산업 진흥을 위한 메커니즘은 현재 공개된 법안 내용과 의원실의 법안 설명서를 종합하여 정리한 것으로 다음과 같다.

1) 재정적 인센티브 및 세제지원

- 투자세액공제(ITC): 조선소 현대화·자동화, 친환경 설비 투자 등

에 대해 일정 비율(예: 25%)의 세액공제를 제공하여 국내 조선업 투자 유인을 창출하는 안이 포함되었다.

2) Maritime Security Trust Fund(해사안보신탁기금)

- 항만시설·조선소 인프라 투자, 해기사·기술자 훈련, 상선 건조 지원을 위한 전용기금 조성과 운용을 규정. 기금 출처로 항만 사용료·세수 일부를 지정하는 안이 포함되었다.

3) 공급망·상선 증대 목표

- 미국 국적(US-flag) 상선 수를 대폭 늘리는 목표(예: 상업적 장거리 선박 수를 수십→수백 척 규모로 증대)를 명문화하고, 정부 조달 시 자국 선박 우대, MSP(Maritime Security Program) 같은 프로그램 확충을 명시하였다.

4) 중국 연관 선박·조선업 규제(항만수수료 등)

- 법안 또는 연계 행정조치 초안에는 중국 국적·중국 건조·중국 국영기업 소유 선박에 대해 항만사용료를 부과하거나, 일부 공공 조달·연료·보조금에서 제한을 두는 방안이 포함·검토되었다. 행정부 차원에서도 중국 연관 선박에 대한 별도 요금 계획이 발표되어 법안과 병행되는 실효성 확보 시도가 포착된다.

5) 인력·교육·안전 규정 강화

- 상선 승선인력(상선 해기사) 확보와 훈련 확대, 해사 교육·자격 유지 및 보수 교육프로그램 지원, 안전·보안 기준 향상 등을 위한 지원 규정이 포함된다. 이는 장기적 운항 능력 보강을 목적으로 한 것이다.

5.3 법안의 예상 효과(정책·산업·국제관계 관점에서의 해석)

1) 긍정적 효과(국내산업·안보 관점)

- 단기적으로는 조선소 투자·고용 창출, 해기사 양성에 기여하고, 중장기적으로는 무너진 전시 수송(Sealift) 능력 향상과 공급망 탄

력성 제고에 기여할 수 있다. 정부 조달 우대는 국내 선사·조선 업자의 안정적 수주 확보로 이어질 가능성이 있다.

2) 부정적 효과·비용(무역·물류·세계 해운시장 관점)

- 운송비용 상승: 중국 연관 선박에 대한 항만요금 부과나 사용제 한은 글로벌 선사 비용 상승을 초래하고, 이는 소비자 가격·물류 비 인상으로 전가될 가능성이 있다. 주요 항로에서 미국 발착 노 선을 이용하는 화주는 대체선사·노선 탐색으로 비용·복잡성 증 가를 경험할 것이다.
- 보복·무역갈등 심화: 중국의 보복(상호 요금·제한·통관 지연 등) 및 WTO 제소 위험이 존재하며, 국제 해운질서의 정치화로 이어 질 수 있다. 이는 글로벌 공급망의 불안정성을 가중시킬 소지가 있다.

3) 산업 구조적 영향

- 단기간 내 미국 조선소가 대량의 상선을 건조하기에는 인력·생 산능력·공급망(블록·기자재 등)에서 한계가 있어, 목표 달성은 비용· 시간 측면에서 도전적이다. 해체된 조선 생태계를 복원하는 데 는 다년간의 정책 일관성·재원 투입·민간 참여가 필요하다.

5.4 법적·국제무역적 리스크

본 법안의 가장 큰 법적 리스크는 WTO와 국제법 문제이다. 첫째, 특 정국(예: 중국) 또는 중국 연관 기업을 표적으로 한 차별적 수수료·제한은 다자무역체제 규범(최혜국 대우, 비차별 원칙)에 저촉될 소지가 있다. 미국은 '국가안보 예외'(GATT 21조 등)를 근거로 방어할 수 있으나, 국제사법·분 쟁해결 과정에서 논쟁을 피하기 어렵다.

둘째, 항만·해운 규정과 관습의 정치화 문제이다. 항만 사용료·공공 항만정책의 무기화는 항만·물류의 공공재적 성격과 글로벌 공급망의 예측 가능성을 훼손할 수 있다. 이에 대하여 이해관계자 반응과 실무적 대응을 살펴보면 다음과 같다. 노조와 조선업계는 본 법안의 성립을 강하게 지지하며, 안정적 자금지원과 신규 수주 확보를 기대하고 있다. 글로벌 선사와 포워더 업계는 비용·영업 차질에 대하여 우려를 표명(대체 노선·얼라이언스와의 협상 등)하였다. 일부 선사들은 미국 항로 비중을 줄이고 다른 허브항만을 활용할 것을 검토하였다.

샛째, 외교·무역계는 장기적 외교적 보복 가능성과 WTO 분쟁 리스크를 우려하고 있다. 일부 학자는 '전략적 자립' 목표는 타당하나 실행 수단의 비효율·고비용을 지적하였다. 그러나 해리티지 재단은 이 법안이 중국의 해양 팽창에 맞서 미국의 조선업 생태계를 복원하고, 전시 및 평시의 공급망 안정성을 확보하는 데 필수적이라고 보고 있다.

국가안보 관점에서 해운·조선 강화는 타당한 정책 목표라고 할 수 있다. 그러나 수단의 효율성에는 문제가 있다. 항만요금 부과 등 표적 보호주의 수단은 비용 전가·무역갈등·국제법적 분쟁을 유발할 가능성이 크며, 장기적으로는 글로벌 해운시장과 미국 소비자에게 부담을 준다. 또 실행 가능성도 매우 어려운 상황이라고 할 것이다. 미국 조선업 복원에는 수년간의 민관 협력·기술·공급망(특히 블록·엔진·특수강 등) 재구축이 필요하므로, '급격한 수치(예: 80→330척)' 증가는 현실적·재정적 제약에 직면할 것이다.

실현을 위해서 초기에는 '인센티브+인력육성+공공조달 우대'에 중점을 둘 것으로 보이고, 보호주의적 조치는 국제협의·예외 규정과 병행하여 신중히 시행할 것으로 보인다. 나아가 동맹국(예: 일본·한국·EU)과 공급망·조선 협력 프로그램을 마련해 비용·기술을 분담하는 다자 메커니즘을 창출하려고 하고 있다. 또 미국도 항만요금·제한 부과시 WTO·양자협의에서 방어 가능한 명분(안보·공정경쟁 조사결과 등)을 문서화하고 절차의 투명성을 제고해야 할 것이다. 나아가 법안 실행 전 조선능력 확충의 비용(세제감면·공공투자) 대비 기대되는 안보·경제 효과를 정량적으로 평가할 독립적 연구가 수행되어야 할 것이다.

결론적으로 SHIPS 법안은 미국의 해운·조선 역량을 국가안보·경제적 관점에서 재건하려는 전략적 시도로서 큰 정책적 의미를 지닌다. 그러나 그 수단(특히 중국 연관 선박 대상 요금·제한)은 국제무역 규범과 글로벌 해운시장의 구조적 특성을 고려할 때 신중히 설계되어야 한다. 실무적 성공은 정책 일관성, 충분한 재원, 민관 협력, 국제협력의 동시 충족에 달려 있다. 학술적 후속 연구는 법안의 부분별 비용·효과(예: 해운 비용 변화, 조선업 고용 창출, 공급망 복원력 향상)를 정량적으로 추정하여 정책 조정에 기여해야 한다.

6. MASGA

6.1 배경 및 전략적 동인

MASGA('Make American Shipbuilding Great Again')는 트럼프 전 대통령의 정치 슬로건인 'MAGA'에서 파생된 용어로, "미국 조선업을 다시 위대하게 만들자"는 정치·외교적 슬로건이자 산업협력 프레임으로 부상했다. 그 배경에는 첫째, 미국 조선업 쇠퇴가 있다. 미국은 지난 수십 년간 상업용 대형선 건조 능력과 민간·군용 조선 역량이 급격히 축소되어 왔고, 현재 상업용 선박 건조 시장 점유율은 사실상 미미한 수준이다. 이런 구조적 약점은 공급망·군수 능력(특히 전시 수송 및 해군 전력 유지) 측면에서 국가안보 리스크로 인식된다. CSIS·AP 보고서는 중국의 조선 능력 확장과 미·동맹의 취약성을 강조하며, 이에 대응한 대규모 투자·산업 정책 필요성을 제기하고 있다.

둘째, 무역 협상의 레버리지 역할이다. 한국은 한미 무역 또는 관세 협상 국면에서 MASGA 프로젝트를 핵심 카드로 제시하여, 이를 통해 한국은 조선 기술과 자본을 미국에 제공하는 대신 관세 유예 또는 수혜를 얻으려는 전략을 구사하고 있다. 한국이 제안한 MASGA(보고된 규모 약 1,500억 달러)는 단순 민간 투자를 넘어 무역·안보 협상에서의 레버리지로 기능했다. 미국 측은 대규모 외국 투자를 통해 조선소 현대화와 인력 훈련, MRO(정비·유지보수) 역량을 확보할 수 있다고 판단한다(또는 최소한 실무적 검토에 착수했다). Reuters·WSJ 등은 MASGA가 한·미 간 무역·관세 협상의 핵심 트레이드오프로 활용되었다고 보도하였다.

셋째, 산업 안보 및 동맹 강화 측면이다. MASGA는 단순히 상업적 협력이 아니라 산업안보(industrial security) 측면에서 중요한 의미를 가진다. 한국 기업이 미국 함정 유지보수(MRO), 군함 건조 등에도 참여함으로써 한미 방산·산업 동맹을 심화시킬 수 있다는 전망이 있다. 특히 미국은 기술 이전, 인력 훈련, 공급망 복원 등에서 한국의 경험과 역량을 활용하려는 의지가 있다. 이는 MASGA가 해리티지 보고서가 주창한 MGN의 실현 도구임을 말하는 것이다. 해리티지 보고서에서 제안한 해양 국가 그룹(MGN)의 구체적인 실행 모델이 바로 MASGA라고 볼 수 있다. 해리티지 보고서는 미국이 단기간에 자체 역량만으로 중국을 따라잡는 것은 불가능하므로, 한국이나 일본과 같은 동맹국의 조선 역량을 활용해야 한다고 명시하고 있다.

넷째, 의회나 행정부의 기능적 관심을 들 수 있다. 미국 의회 차원에서도 전술한 SHIPS for America 등 관련 입법 움직임이 활발하다. 이는 단순한 시장 투자만으로는 해결되기 어려운 법·규제(예: 조달 우대, Jones Act 관련 예외 논의, MSP 확대 등) 문제를 제도적으로 다루려는 시도임을 보여준다.

6.2 MASGA의 주요 내용과 현재 진행상황

현재 보도된 내용을 중심으로 보면 다음과 같다. 첫째, 한국의 대규모 투자 약속이다. 보도상 약 1,500억달러(한국측 제시) 규모의 투자 패키지(조선소 건설·인수, 디지털·자동화 설비, 기자재·부품 공급망 투자, 인력훈련 등)가 제안되었고 이는 미국의 낙후한 조선 인프라를 빠르게 보강하기 위한 재원이다. 둘째, 미국 현지 조선소 인수 및 합작이다. 한국 대형 조선사(한화·HD현대·삼성 등)가 미국 현지 조선소를 인수하거나 파트너십을 맺어 생산·정비 능력을 현지화한다는 계획(예: Philly Shipyard 인수 사례 등)이다. 셋째, 인력 훈련 및 기술이전이다. 미국 조선산업의 숙련인력 부족 문제를 해결하기 위한 교육·훈련 프로그램(전직 노동자·기술자 재교육, 조선학·현장 훈련), 스마트조선·자동화 기술의 이전·공동 R&D 등이 포함된다. 넷째, MRO(유지보수) 및 군수 협력이다. 미 해군 함정의 정비 및 업그레이드 계약과 연계해 안정적 물량을 확보하는 방안(전략적으로는 전시지원 능력 보강)이 포함된다. 다섯째는 규제 및 제도 연계로 미국 의회·행정부가 존스법과 조달 규정 등 관련 법제를 동맹사에 대한 예외 허용이나 신속한 인허가 절차 마련 등, 검토하고 조정할 가능성을 포함한다.

현재 진행 상황은 다음과 같다.

① 외교·정책 레벨 : 한미 정상 및 ·장관급 회담에서 MASGA가 공식 의제로 논의되었고(백악관 언급·보도), 한미 간 관세 협상에서 MASGA 패키지는 핵심 제안으로 논의되었고, 미국 측에서도 긍정적인 반응이 보이면서 구체화 움직임이 나타나고 있다. 미국 행정부 차원의 실무검토가 진행 중이다.

② 기업 차원 : 일부 한국 기업의 미국 내 인수·투자(예: 한화의 Philly Shipyard 인수, 현대의 투자의향 보도)가 이미 진행 또는 검토 단계에 있다. 한국의 주요 조선사들이 MASGA TF(Task Force)를 구성하여 미국 내 신규 조선소 인수, 건설, 인력 양성 계획을 구체적으로 검토 중이다. 또 AI 기반 스마트 조선소 협력을 논의하고 있으며, 자동화 기술을 미국 조선소에 적용하는 계획이 거론되고 있으며 민간자금과 공적 유인이 결합된 형태로 실무협상이 이뤄지고 있다.

③ 법제 차원 : SHIPS 법안과 유사한 의회 논의가 병행되며, 규제 예외·조달 우대·재정지원 방식 등이 미국 의회의 심의 대상이 되고 있다. 미국에서는 "규제 완화(regulatory easing)"가 필요하다는 언급이 일부 보도에 나왔고, 상선 및 군함 건조를 위한 제도적 장벽 해소 여부가 관건이라는 분석이 있다. 의회의 비준·법제화는 프로젝트 실현의 핵심 전

제다.

④ 초기 실무 성과(정비·MRO) : 보도에 따르면 상대적으로 리스크가 낮은 MRO 계약이 타결되거나 협상이 진행 중이며, 이는 MASGA의 빠른 가시적 성과로 해석된다. 다만 상대적으로 고위험의 대규모 조선소 재건은 중장기 사업이다.

6.3 핵심 논점과 리스크

미국내에서 MASGA에 대한 학계 및 싱크탱크에서 주장하는 핵심 논점과 리스크는 다음과 같다. Reuters는 "'Make America Shipbuilding Great Again' package key to reaching trade deal" 이라는 2025년 7월 31일 자 보도에서 한국이 제시한 약 1,500억 달러 규모의 MASGA 패키지가 한·미 관세 협상에서 핵심 역할을 했다고 보도했다. 한국 대형 조선사의 미국 내 투자·조선소 현대화 제안이 주요 내용으로 보도되며, 실무 협상과 초기 투자 논의가 진행 중이라고 하였다.

미국 의회에 마크 켈리 상원의원에 의해 제안된 SHIPS 관련 입법 문서 『SHIPS for America Act (S.1541/H.R.3151, 119th Congress)』에는 미국 내 조선·상선 역량 강화를 위한 세제·재정·조달 우대 조치들이 포함되어 있다. 의회심의는 MASGA같은 외국 투자 제안과 병행하여 법적·예산적 틀을 마련하는 과정에 중요하다.

랜드(Rand) 연구소는 "United States Navy Force Structure: The Challenge of Global Crisis Response라는 2025년 7월 17일 발표한 미 해군 전력·산업기반 분석 보고서에서 전시·평시 물자수송(Sealift) 및 군함 건조 역량을 확보하기 위해 산업(조선·MRO) 기반의 장기적 투자 필요성을 강조하였다. 조선 인프라·인력 부족이 전략적 병목이라는 점을 정량적·정책적으로 진단하였다.

CSIS(Center for Strategic and International Studies)는 중국이 상선 건조에서 압도적 우위를 점하고 있는 현실을 진단하고, 미국 정책은 일시적 변동을 줄 수는 있으나 장기적 시장 지배력 축소는 어렵다고 보고 동맹을 통한 산업대응의 필요성도 제시하였다. AP는 2025년 3월 12일자 "China's shipbuilding dominance poses risks"란 보도에서 CSIS의 분석을 보도하며 중국의 시장지배와 미 전략적 취약성을 부각하였다. 미국이 정책적 대응(관세·요금·규제 등)이 필요하지만, 국제적 반작용·법적 쟁점도 있음을 강조하였다.

브루킹스연구소는 2024년 6월 20일 발표한 "Strengthening America's defense industrial base"이란 정책분석 보고서에서 방위·전략산업의 회복을 위해 지역기반·산업정책, 인력훈련, 공공재정 투입의 장기적 로드맵을 제시하고 조선·해운 분야에 적용할 수 있는 일반적 정책수단(세제·보조·지역개발)도 함께 제시하였다.

CNAS(Center for a new American Security)는 2025년 4월 8일 제시한 "Creating a Multinational Shipbuilding Coalition"이란 제목의 보고서에서 동맹(한국·일본·EU 등)과의 다자적 협력 모델을 제안하며 단일국가의 대규모 공적부담을 분담하고 기술·조달 네트워크를 결합하면 조선 역량 회복을 가속할 수 있다는 전략적 권고를 제시하였다.

Atlantic Council은 2025년 11월 4일 발표한 "A next-generation agenda: South Korea / US cooperation"이란 보고서에서 한미 협력의 전략적·경제적 이점을 강조하며, 기술 이전·인력개발·지역 공급망 연계를 통해 공동 이익을 추구할 것을 권고하고 전망과 정책 대안을 제시하였다.

Business Insider는 2025년 8월 7일의 "South Korean shipyard picked up a US Navy repair job"이란 보도에서 한국 조선사가 미국 해군의 MRO 계약을 수주한 사례 보도하면서 MASGA 관련 실무협력의 가시적 사례로 인용하였다. 초기 MRO 성과는 단기적 성공지표가 될 수 있다고 하였다.

MarineLink는 2025년 11월 26일자, "Chinese sanctions on Hanwha

Put $150B South Korea-US Shipbuilding Plan at Risk"란 보도에서 산업·무역 관점에서 MASGA와 관련된 국제 반응(예: 중국의 조치 가능성), 기업들의 리스크·보상 구조, 금융·공급망 문제를 보도하고 산업계 실무 우려와 정치적 영향 등을 분석하였다.

이와 같이 미국의 학계나 싱크탱크는 공통적으로 중국의 상선 건조우위와 미국 조선업과 상선 건조 기반의 약화를 전략적인 취약점으로 널리 인식하고 있다. 이를 극복하기 위한 정책으로 MASGA와 같은 대규모 외국 자본+공적지원 모델은 장기적 산업회복을 앞당길 수 있으나, 법적(무역·조달), 재정적, 공급망·노동력 제약 등 현실적 제약이 크다고 보고 있다. CNAS와 브루킹스연구소는 다자 협력·단계적 접근을 권고하였다. 실무적으로는 MRO 계약 체결 등은 단기적 성과로 긍정적이나, 핵심 부품·엔진·특수강의 미국 현지화는 장기간 소요된다고 분석하였다.

미국 내에서 MASGA를 둘러싼 핵심 논점은 크게 정책적 정당성, 실행가능성, 제도적, 법률적 문제, 동맹 및 국제정치 문제로 구분할 수 있다. 첫째, 국가안보와 시장개입 차원에서 정책적 정당성에 대한 논쟁이 있다. 찬성 관점에서는 전략적 산업인 조선과 해운산업은 국가안보와 직결되므로, 민간투자와 함께 공적지원(조달우대·세제·직업훈련 등)을 통해 복원해야 한다는 주장이다. 미국 일부 보고서는 중국의 시장지배로 인해 장기적 전략투자가 필요하다고 본다. 반대 관점에서는 대규모 보호·보조는 시장을 왜곡하고 비용을 전가하여 운임과 조달비용을 상승시키며 무역과 외교에서 국제보복의 위험을 초래할 수 있다는 우려를 제기한다.

둘째, 공급망과 인력, 시간으로 실행가능성에 대한 논쟁이 있다. 핵심은 미국 내 조선업 복원에 필요한 숙련인력과 부품·엔진·특수강 등 공급망을 얼마나 단기간에 재구성할 수 있는가에 대한 의문이다. 다수의 연구는 수년에서 수십 년이 걸리는 구조적 작업이라고 평가하고 있다. 외국자본 투입은 생산성 향상에는 기여하지만, 핵심 부품의 현지화는 추가 시간이 필요하다고 본다.

셋째, 제도와 법률적 문제이다. 존스법 등 기존 법률의 유연성·개정 여부가 실무적 성패를 좌우하므로 의회가 MASGA의 실행을 위해 수용 가능한 '예외·조건'을 마련할 수 있는지가 관건이다.

넷째, 동맹 및 국제정치의 문제이다. 동맹(한국)과의 산업통합은 한미 안보협력의 심화로 이어질 수 있지만, 중국의 반발 및 글로벌 공급망 재편으로 이어질 위험도 있다. 미 학계는 MASGA가 인도·태평양 전략의 산업적 연장선으로 기능할 수 있음을 주목한다.

따라서 MASGA 프로젝트는 전략적 기회이지만, 다음과 같은 리스크와 과제가 존재한다. 첫째는 제도적·규제적 장벽이다. 미국 내 조선소 인수 또는 건설은 규제, 노동법, 인허가 등이 문제가 될 수 있다. 특히 상선과 군함 건조를 위한 규제 완화 또는 제도 설계가 필요하다.

둘째는 노동력 문제이다. 미국 조선업은 숙련된 기능공, 기술자 부족이 심각하다는 지적이 있다. MASGA가 인력 양성 계획을 포함하더라도, 단기 내 충분한 숙련 노동력을 확보하기는 어려울 수 있다. 또한, 노동조합 및 미국 내 노사관계 리스크가 장기 협력에서 걸림돌이 될 수 있다는 분석이 일부에서 제기된다.

셋째, 재무 리스크 및 자본 회수 문제이다. 1,500억 달러 규모는 매우 큰 투자이므로, 프로젝트가 실패하거나 예상 수익이 낮으면 한국 기업과 미국 측 모두에 재무적 부담이 클 수 있다. 투자 회수 구조, 수주 확보 가능성, 운영 및 유지보수 계약 확보 등이 매우 중요하다.

넷째는 정치·외교적 리스크이다. 한-미 조선 동맹 강화는 중국의 전략적 경계 대상이 될 수 있다. 또 한국 기업의 미국 내 투자에 대해 미국 내 일자리·기술 이전 논란이 있거나, 미국 여론의 반응, 노동 쟁점이 발생할 여지도 있다.

마지막으로 지속가능성 문제이다. 단기적 투자는 가능하더라도, 장기적 조선소 운영, 유지보수 네트워크 구축, 기술 이전의 지속성 확보는 쉽지 않다. 따라서 한국 기업과 미국 기업 간의 "이익 공유 구조" 설계, 공동 R&D, 미래 기술(자율선박 등)에 대한 지속적 협력 모델이 필요하다는 지적이 있다.

6.4 결론

MASGA 프로젝트는 중국을 견제하기 위한 미국 조선업 재건과 한미 산업안보 동맹 강화를 목표로 하는 매우 전략적인 협력 구상이다. 한국은 자본, 기술, 인력을 제공함으로써 미국 조선업에 대한 실질적인 재투자를 제안했고, 미국은 이를 산업 자립성 및 해양 전략 역량 강화의 기회로 활용할 가능성이 있다. 그러나 프로젝트의 성공을 위해서는 규제, 노동, 재무, 지속 가능성 측면에서 많은 도전이 존재한다. 장기적 관점에서는 MASGA가 단순한 투자 사업을 넘어서 한미 산업안보 통합 모델이 될 여지가 크며, 미래 선박 기술 협력의 중심이 될 수 있다.

종합적으로 해리티지 재단의 보고서와 'SHIPS for America Act', 그리고 'MASGA' 이니셔티브는 모두 하나의 목표를 가리키고 있다. 바로 "중국의 해양 굴기에 맞선 미국 해양력의 복원"이다. 미국은 입법(SHIPS Act)과 기술 혁신(New Intermodalism)을 추진하는 동시에, 부족한 하드웨어 역량을 한국과 같은 동맹의 힘(MASGA/MGN)을 빌려 채우려 하고 있다. 이는 한국 조선업계에 미국 방산 시장과 내항상선 건조 시장 진출의 길을 열어주고, 한국 해운업계에는 미국 정부 화물 수송 시장 진출의 기회가 될 수 있다. 하지만 동시에 미국 업계 내부의 저항, 중국의 견제와 글로벌 해운시장의 교란에 따른 혼란이라는 위험도 상존함을 시사한다.

참고문헌

제1장 ───────────────────────────────────

Albion, Robert G., and Jennie Barnes Pope(1942), Sea Lanes in Wartime: The American Experience, 1775~1945. New York: Norton, (Reprint: Archon, 1968).

Caleb Petitt(2025), "Against Maritime Subsidies", Independent Institute.

Christopher J. McMahon(2016), "The U.S. Merchant Marine: Back to the Future?", Naval War College Review, 69(1)

Colin Grabow(2021), "Protectionism and the Development of the U.S. Maritime Industry", Cato Institute.

De la Pedraja, Ren (1992). The Rise & Decline of U.S. Merchant Shipping in the Twentieth Century. New York: Twayne Publishers

Douglas A. Irwin(2010), "Revenue or Reciprocity? Founding Feuds over Early U.S. Trade Policy", National Bureau of Economic Research. NBER Working Paper. pp.89-120

Fordham BO(2019). "The Domestic Politics of World Power: Explaining Debates over the United States Battleship Fleet, 1890~91". International Organization. 73(2), pp.435-468.

Gibson, Andrew(2001). The Abandoned Ocean: A History of United States Maritime Policy, University of South Carolina Press

Goldberg, Mark H.(1991), The Hog Islanders. Kings Point, NY: American Merchant Marine Museum, (1992). Caviar & Cargo: The C3 Passenger Ships. American Merchant Marine Museum, (1993). Going Bananas: 100 Years of American Fruit Ships in the Caribbean. American Merchant Marine Museum, (1994). The Shipping Board's "Agency Ships, Part I: The "Sub Boats." American Merchant Marine Museum, (1996). Stately President Liners: American Passenger Liners of the Interwar Years. American Merchant Marine Museum,

Greenwald, Richard(2001), "The Failure of America's Maritime Policy", Journal of Policy History, 13(04)

Kelly, R. W.(1918), and Frank J. Allen. The Shipbuilding Industry. Boston: Houghton Mifflin,

Lane C. Kendall(1938), "American Shipping Subsidies", U.S. Naval Institute Proceedings

64(4), U.S. Naval Institute

Lane, Frederick C.(1951), Ships for Victory: A History of Shipbuilding under the U.S. Maritime Commission in World War II. Baltimore: Johns Hopkins University Press, (2011 reprint).

Marc-William Palen(2016), "Foreign Trade Policy from the Revolution to World War I." American History. Published online: 22 November 2016

Merrill R.T.(1952), "The Decade of Transition Our Early Steam Navy and Merchant Marine." U.S. Naval Institute Proceedings. 78(9). U.S. Naval Institute.

RAYMOND L. COHN(2005), "The Transition from Sail to Steam in Immigration to the United States." The Journal of Economic History, 65(2), pp.469-495. Cambridge University Press.

De la Pedraja, R.(1994), Historical Dictionary of the U.S. Merchant Marine & Shipping Industry. Westport, CT: Greenwood Press,

Reorganization Plan No. 21 of 1950. U.S. Government Printing Office, 1950

Robert W. Gruendel(1980), "The Weakening Grip of United States Cabotage Law." Fordham International Law Journal, 4(2).

Shipping Act of 1916, 39 Stat. 728 (Sept. 7, 1916).

United States Maritime Commission(1940). America Builds Ships

William W. Olney(2019), "Cabotage Sabotage? The Curious Case of the Jones Act", UHERO Working Paper No. 2019-6, UHERO

제2장 ————————

Albion, R. G., & Pope, J. B. (1942). Sea Lanes in Wartime: The American Experience, 1775~1945. W. W. Norton & Company. (Reprinted by Archon, 1968).

Benjamin O. Fordham (2018). "The Domestic Politics of World Power: Explaining Debates over the United States Battleship Fleet, 1890~91". International Organization, 45(4).

Caleb Petitt(2025). "Against Maritime Subsidies". Independent Institute.

Christopher J. McMahon (2016). "The U.S. Merchant Marine: Back to the Future? ", Naval War College Review. Vol.69(1)

Cohn R. L.,(2005), "The Transition from Sail to Steam in Immigration to the United States". The Journal of Economic History. 65(2), pp.494-495

Colin Grabow (2021). "Protectionism and the Development of the U.S. Maritime Industry". Cato Institute.

De la Pedraja, R. (1992). The Rise & Decline of U.S. Merchant Shipping in the Twentieth Century. Twayne Publishers.

De la Pedraja, R. (1994). A Historical Dictionary of the U.S. Merchant Marine & Shipping Industry. Greenwood Press.

Gibson, A., & Donovan, A. (2000). The Abandoned Ocean: A History of United States Maritime Policy. University of South Carolina Press.

Goldberg, M. H. (1991). The 'Hog Islanders'. American Merchant Marine Museum.

---(1992). Caviar & Cargo: The C3 Passenger Ships. American Merchant Marine Museum.

---(1993). Going Bananas: 100 Years of American Fruit Ships in the Caribbean. American Merchant Marine Museum.

---(1994). The Shipping Board's 'Agency Ships', Part I, the 'Sub Boats'. American Merchant Marine Museum.

---(1996). Stately President Liners: American Passenger Liners of the Interwar Years. American Merchant Marine Museum.

Irwin, D. A., & Sylla, R. E. (Eds.). (2010). "Founding Choices: American Economic Policy in the 1790s". National Bureau of Economic Research (NBER),

Kelly, R. W., & Allen, F. J. (1918). The Shipbuilding Industry. Houghton Mifflin.

Lane C. Kendall (1938, April). "American Shipping Subsidies". U.S. Naval Institute Proceedings, Vol. 64(4). U.S. Naval Institute,

Lane, F. C. (1951). Ships for Victory: A History of Shipbuilding under the U.S. Maritime Commission in WWII. Johns Hopkins University Press. (Reprinted 2011).

Merrill R. T. (1952, September). "The Decade of Transition - Our Early Steam Navy and Merchant Marine". U.S. Naval Institute Proceedings, Vol. 78(9). U.S. Naval Institute,

Palen M.,(2016). U.S. Foreign Trade Policy from the Revolution to World War I.

University of Exeter. Chapter. https://hdl.handle.net/10871/30471

Richard A. Greenwald (2001). "The Failure of America's Maritime Policy". Journal of
Policy History 13(04),

Robert W. Gruendel(1980), "The Weakening Grip of United States Cabotage Law".
Fordham International Law Journal. 4(2)

Shipping Act of 1916, 39 Stat. 728 (1916).

U.S. Government Printing Office. (1950). Reorganization Plan No. 21 of 1950.

U.S. Maritime Commission. (1940). America Builds Ships.

William W. Olney (2019). "Cabotage Sabotage? The Curious Case of the Jones Act",
UHERO Working Paper No. 2019-6. University of Hawaii Economic Research
Organization.

제3장 ——————————————————————————————

Bess, H. D. (1982). "Motor Carrier Deregulation: A Decade of Legal and Economic
Conflict". Transportation Law Journal, 12(4).

Catholic University Law Review(1969), "Impact of Containerization on Laws
Concerning the Maritime Shipping Industry", Catholic University Law Review,
18(3), Available at:http://scholarship.law.edu/lawreview/vol18/iss3/8

Christopher J. McMahon(2016), The U.S. Merchant Marine: Back to the Future?, Naval
War College Review 69(1), pp.87-108

Collison, F. M. (1989)." Prospects and Problems of the Container Revolution".
Transportation Law Journal, 17(2).

Congressional Research Service (CRS). (2019). Shipping Under the Jones Act: Legislative
and Regulatory Background (Report No. R45725).

Congressional Research Service (CRS). (2021). U.S. Maritime Administration (MARAD)
Shipping and Shipbuilding Support Programs (Report No. R46654).

Ducruet C., et al. (2025). "How Containerization Reshaped Global Trade ? And Our
Cities". Econ Pol Forum. Vol.26, ifo Institute.

Eisenhower School for National Security and Resource Strategy. (2023). Navigating the
Waves: Assessing and Addressing Key Issues in U.S. Shipbuilding and Repair

(Industry Study Report). National Defense University.

Electronic Code of Federal Regulations (eCFR). (n.d.). Part 289?Insurance of
Construction-Differential Subsidy Vessels, Operating-Differential Subsidy
Vessels and of Vessels Sold or Adjusted Under the Merchant Ship Sales Act 1946.
46 C.F.R. § 289.

Friedmann, P. A., & Devine, J. A. (1986). "The Demise of Regulation in Ocean
Shipping". Vanderbilt Journal of Transnational Law, 19.

Gibson, A. E. (1971, March). "The Merchant Marine Act of 1970". U.S. Naval Institute
Proceedings, 97(3), U.S. Naval Institute

Hessman, J. D. (1961, January). "The Merchant Marine And National Security". U.S.
Naval Institute Proceedings, 87(1), U.S. Naval Institute

Levinson, M. (2006). "Container Shipping and the Decline of New York, 1955-1975".
Business History Review, 80(1), pp.49-80.

Mahnken, T. G. (2017). Forward Presence in the Modern Navy: From the Cold War to
a Future Tailored Force. Naval History and Heritage Command.

Merchant Marine Act of 1936 Amendment, H.R. 2457, 87th Cong. (1961).

Roy G. Bowman(1971). "The Merchant Marine Act of 1970". Journal of Maritime Law
and Commerce, 2(4), pp.715-734

Shipping Act of 1984, Pub. L. No. 98-237, 98 Stat. 67 (1984).

Surface Transportation Assistance Act of 1982, Pub. L. No. 97-424 (1983). (Referred to
in "Palace Coup").

U.S. Department of Transportation. (2009). Final Report: Maritime Security Program
(MSP) Impact Evaluation.

U.S. Government Accountability Office (GAO). (1982). Maritime Subsidy Requirements
Hinder U.S.-Flag Operators' Competitive Position (Report No. CED-82-2).

U.S. Maritime Administration (MARAD). (1970). Annual Report of the Maritime
Administration 1970.

Webert M.,(1987). "Ownership and Control: A Red Herring in the Decline of the
Merchant Marine". Transportation Law Journal, 16(1). pp.107-132

https://highways.dot.gov/highway-history/federal-aid-legislation/palace-couppresident-ronald-reagan-and-surface

제4장 ———————————————————————————

Albion R. G., Pope J. B.,(1942). Sea Lanes in Wartime: The American Experience, 1775~1945. W. W. Norton & Company.

Atlantic Council. (n.d.). What Attacks on Shipping Mean for the Global Maritime Order.

Bowman R. G.,(1971), "he Merchant Marine Act of 1970", Journal of Maritime Law and Commerce, 2(4), pp.715-734

Caleb Petitt(2025), "Against Maritime Subsidies", Independent Institute.

Carlson D. R.,(1981), "The Jones Act and Choice of Law", International Lawyer, 15(1), pp.49-75

Chrysouli, A. (2018). An Analysis of the Possible Impact of the IMO 2020 Regulation in the Market Structure of the Liner Industry [Master's thesis]. Erasmus University Rotterdam.

Coalition for a Prosperous America. (n.d.). New CPA Economic Report Focuses on Growing Crisis for American Shipbuilding Industry.

Code of Federal Regulations. (n.d.). 46 C.F.R. § 289 (Insurance of Construction-Differential Subsidy Vessels...).

Committee on Transportation and Infrastructure. (2023). Assessing the Shortage of United States Mariners (Serial No. 118-22). U.S. House of Representatives.

Congressional Research Service (CRS). (2019). Shipping Under the Jones Act: Legislative and Regulatory Background (R45725).

Congressional Research Service (CRS). (2021). U.S. Maritime Administration (MARAD) Shipping and Shipbuilding Support Programs (R46654).

De la Pedraja, R. (1992). The Rise & Decline of U.S. Merchant Shipping in the Twentieth Century. Twayne Publishers.

De la Pedraja, R. (1994). A Historical Dictionary of the U.S. Merchant Marine & Shipping Industry. Greenwood Press.

Ducruet C., et al. (2025). "How Containerization Reshaped Global Trade ? And Our Cities". Econ Pol Forum. Vol.26, ifo Institute.

Eisenhower School. (2023). Navigating the Waves: Assessing and Addressing Key Issues in U.S. Shipbuilding and Repair.

Federal Maritime Commission (FMC). (n.d.). FMC History.

Furse T.,(2023), "The Political Economy of U.S. Maritime Strategy in the Indo-Pacific", The Pacific Review, 36(3), pp.662-690,

Gibson, A., & Donovan, A. (2000). The Abandoned Ocean: A History of United States Maritime Policy. University of South Carolina Press.

Goldberg, M. H. (Series). The 'Hog Islanders' (1991); Caviar & Cargo (1992); Going Bananas (1993); The Shipping Board's 'Agency Ships' (1994); Stately President Liners (1996). American Merchant Marine Museum.

Government Accountability Office (GAO). (1982). Maritime Subsidy Requirements Hinder U.S.-Flag Operators' Competitive Position (CED-82-2).

Government Accountability Office (GAO). (2025). Commercial Shipbuilding: Maritime Administration Needs to Improve Financial Assistance Programs (GAO-25-107304).

Grabow, C. (2018). The Jones Act: A Burden America Can No Longer Bear. Cato Institute.

Jones Act (Merchant Marine Act of 1920), Section 27, Pub. L. No. 66-261.

Kennedy, S. (2024). America's Maritime Blind Spot: How China is Gaining the Upper Hand. Wilson Center.

Kenton W.,(2025). Understanding the Jones Act. Investopedia.

Lane, F. C., (2001). Ships for Victory: A History of Shipbuilding under the U.S. Maritime Commission in WWII. Johns Hopkins University Press.

Levinson, M. (2006). "Container Shipping and the Decline of New York, 1955~1975", Business History Review, 80(1), pp.49-80

Loyola, M. (2020). The Grim Reality of the Jones Act. ISSUE ANALYSIS 2020, NO. 5 JUNE 2020, Competitive Enterprise Institute.

Mahnken, T. G. (2017). Forward Presence in the Modern Navy: From the Cold War to a Future Tailored Force. Naval History and Heritage Command.

Maritime Security Act of 1996, Pub. L. No. 104~239.

McKinsey & Company. (2017). Container Shipping: The Next 50 Years.

Merchant Marine Act of 1936 Amendment, H.R. 2457, 87th Cong. (1961).

Merchant Marine Act of 1936, Pub. L. No. 74-835.

Military Sealift Command. (2020). National Maritime Day: Merchant Mariners of Military Sealift Command.

Navy League of the United States. (2021). Legislative Path to a New Maritime Transportation Strategy.

Raymond L. Cohn(2005), "The Transition from Sail to Steam in Immigration to the United States". The Journal of Economic History. 65(2), pp.469-495

Reorganization Plan No. 21 of 1950.

Richard F. Weingroff. "Palace Coup: President Ronald Reagan and the Surface Transportation Assistance Act of 1982". Federal Highway Administration.

Robert W. Gruendel(1980), The Weakening Grip of United States Cabotage Law, Fordham International Law Journal, 4(2), pp.391-408

Rolander, A. (2025). The Dangerous Collapse of US Strategic Sealift Capacity. The Strategist (ASPI).

Sacasas R., Glaskowsky Jr N. A.,(1989). "Motor Carrier Deregulation: A Decade of Legal and Economic Conflict". Transportation Law Journal, 18(2). pp.189-217

Sagers C.,(2006). "The Demise of Regulation in Ocean Shipping". Vanderbilt Journal of Transnational Law, 39, pp.779-818

Sailor's Union of the Pacific. (2024). The Maritime Security Program.

Schmeltzer, E., Peavy, R A(1970), Prospects and Problems of the Container Revolution. Transportation Law Journal, 2(2), pp.260-299

Shipping Act of 1916, 39 Stat. 728.

Shipping Act of 1984, Pub. L. No. 98-237.

Surface Transportation Assistance Act of 1982 (STAA), Pub. L. No. 97-424.

Swaine, M. D. (2025, May). Memorandum on Reducing the Risk of U.S.-China Conflict in Maritime East Asia. Carnegie Endowment.

U.S. Department of Transportation. (2009). Final Report: Maritime Security Program Impact Evaluation.

U.S. Maritime Administration (MARAD). (1940). America Builds Ships.

U.S. Maritime Administration (MARAD). (Various Years). Annual Reports (1970, 2001).

U.S. Naval Institute Proceedings. (Various Issues). American Shipping Subsidies (1938);
The Decade of Transition (1952); The Merchant Marine And National Security
(1961); The Merchant Marine Act of 1970 (1971).

U.S. Navy Reserve. (n.d.). Strategic Sealift Officer Force (OPNAVINST 1534.1F).

Webert M.,(1987). "Ownership and Control: A Red Herring in the Decline of the
Merchant Marine". Transportation Law Journal, 16(1). pp.107-132

Webert M.,(2017). Ownership and Control: A Red Herring in the Decline of the
Merchant Marine. Transportation Law Journal, 44(2), pp.107-132

William W. Olney(2019), "Cabotage Sabotage? The Curious Case of the Jones Act",
UHERO Working Paper No. 2019-6, UHERO

Winston & Strawn LLP.(2018), Jones Act Administrative Waivers.

제5장 ───

Vincent S. H., Mercier S.,(2015). The Cost of Cargo Preference for International Food
Aid Programs.American Enterprise Institute (AEI).

Grabow, C.(2018). Rust Buckets: How the Jones Act Undermines U.S. Shipbuilding and
National Security. Cato Institute.

Grabow,C.(2019). Rust Buckets: How the Jones Act Undermines U.S. Shipbuilding and
National Security.(Updated analysis), Cato Institute.

Clark B., Walton T. A.,(2019). Taking Back The SEAS. Center for Strategic and
Budgetary Assessments (CSBA).

Walton,T.A.,et. al.(2020). Strengthening the U.S. Defense Maritime Industrial Base.
Center for Strategic and Budgetary Assessments (CSBA)

The White House(1995). National Security Strategy of Engagement and Enlargement.

Schnepf R.,(2016). International Food Aid Programs: Background and Issues.
Congressional Research Service (CRS).

Frittelli,J.(2003). The Jones Act: An Overview. Congressional Research Service (CRS).

Frittelli, J.,(2015), Cargo Preferences for U.S.-Flag Shipping, Congressional Research

Service (CRS).

Frittelli, J.,(2020). Federal Freight Policy: In Brief, Congressional Research Service (CRS).

Goldman B.,(2022). U.S. Maritime Administration (MARAD) Shipping and Shipbuilding Support Programs, Congressional Research Service (CRS).

O'Rourke R.,(2025). Navy Force Structure and Shipbuilding Plans. Congressional Research Service (CRS).

Government Accountability Office. (2018). Maritime Security: DOT Needs to Better Assess the Effectiveness of Its Programs.

Gibson A.,(2001). The Abandoned Ocean: A History of United States Maritime Policy, University of South Carolina Press

MARAD(2011). Comparison of U.S. and Foreign-Flag Operating Costs.

MARAD(2017). Maritime Workforce Working Group Report.

MARAD(2023). FY 2023 Federal Agency Bill of Landing Submissions Report

MARAD(1950~1996). Annual Reports of the Maritime Administration.

Mercogliano, S. R.(2017). Fourth Arm of Defense: Sealift and Maritime Logistics in the Vietnam War. NAVAL HISTORY & HERITAGE COMMAND, Department of Navy

National Defense Authorization Act for Fiscal Year 2021.

Navy League. (2021). Legislative Path to a New Maritime Transportation Strategy.

Porter, M. E. (1990). The Competitive Advantage of Nations. Free Press.

10U.S.C.§2218:NationalDefenseSealiftFund.

46U.S.C.§57100:NationalDefenseReserveFleet.

MerchantMarineActof1920(JonesAct),46U.S.C.§50101etseq.

MerchantMarineActof1936,Pub.L.No.74-835,49Stat.1985;Section11.

MaritimeSecurityActof1996,Pub.L.104-239.

U. S. Congress. House. Committee on Merchant Marine and Fisheries. Subcommittee on Merchant Marine(1980), Omnibus Maritime Bill, U.S. Government Printing Office

U.S. International Trade Commission (USITC). (2002). The Economic Effects of Significant U.S. Import Restraints.

American Maritime Partnership (AMP). Jones Act ~ Cornerstone of US Maritime Safety & Security. (https://www.americanmaritimepartnership.com/u-s-maritime-industry/jones-act-overview/)

Case, E., (2025). Case, Moylan Introduce Jones Act Reform Bill. Hawaii Free Press. 2025/2/15

Deloitte Center for Government Insights(2025). Revitalizing US Shipbuilding: Innovation and Competitiveness. Deloitte Insights.

Financial Analyst. (2025, May 15). "Trump's Shipbuilding Revival Faces Jones Act & Global Gap" By Felicity Hurley

Frittelli, J(2017). Waivers of Jones Act Shipping Requirements (Report No. IN10790). Congressional Research Service (CRS).

Frittelli, J(2019), Shipping Under the Jones Act: Legislative and Regulatory Background (Report No. R45725). Congressional Research Service (CRS)

Grabow, C.,(2019). "Rust Buckets: How the Jones Act Undermines U.S. Shipbuilding and National Security". Policy Analysis No. 882, Cato Institute.

Grassroot Institute of Hawaii. (2020, July). Quantifying the Cost of the Jones Act to Hawaii.

Grassroot Institute of Hawaii. (2025, September). Time to Retire the Jones Act's U.S.-Build Requirement by Keli'i Akina,

Grout G.,(2024). "Cabotage: Australia Can Issue Substantial Fines". Gard.

H.R. 3940, 119th Cong. (2025). To Repeal the Jones Act Restrictions on Coastwise Trade.

Hillberry R., Jimenez M. I.,(2024, April). "The Effect of the Jones Act on Puerto Rico", Research Brief in Economic Policy, No. 380. Cato Institute.

Kenton W.,(2025). Understanding the Jones Act. Investopedia.

Matthew P. Funaiole M. P., et al(2025), Unpacking the White House's Executive Order on Restoring the U.S. Shipbuilding Industry. Center for Strategic and International Studies (CSIS).

Merchant Marine Act of 1920, 46 U.S.C. App. Ch. 24.

O'Brien, R. C. (2021). "The Jones Act Is Essential for U.S. National Security". The
    National Interest.

Papavizas, C. (2018). Jones Act Administrative Waivers. TULANE MARITIME LAW
    JOURNAL, Vol. 42, pp.317-357

Sturrup E., Stolz D.,(2023, December). Jones Act Shipping Case Studies: Feasibility of
    U.S. Domestic Green Corridors with hydrogen and wind assist. International
    Council on Clean Transportation (ICCT).

Zhichao James Xi(2025). "The Jones Act Stifles American Progress, But Must Remain".
    Eagleton Political Journal. Rutgers University.

"Injured Seamen & Legal Claims Under the Jones Act". Justia(2025).

"Japan 'Faces Important Decisions' Regarding Cabotage Rules and Offshore Wind" by
    David Foxwell. Riviera Maritime Media(2024/10/30)

"Japan's Development of the Offshore Wind Industry and Maritime Cabotage Rules".
    Watson Farley & Williams(2024/09/23)

"Jones Act and Negligence". Maritime Injury Guide.

"Lee Introduces the Open America's Waters Act to Repeal Jones Act, Boost Coastal
    Trade". Office of Senator Mike Lee. (2025, June).

"Requests to Waive the Navigation Laws"(Last Modified: Jun 01, 2023). U.S. Customs
    and Border Protection (CBP).

"The Jones Act". Maritime Injury Center(2024).

제7장

Chris Benson(2025, July 30). "DOT approves $6B in contracts for upkeep on reserve
    fleet of ships". UPI.

Erasto T., et al(2024, July). Navigating Security Dilemmas in Indo-Pacific Waters.
    Stockholm International Peace Research Institute (SIPRI).

Maritime Administration(2024), Voluntary Intermodal Sealift Agreement (VISA);
    Extension and Modification. (2024, October 18). Federal Register.

U.S. Department of Transportation(2024, March). Budget Estimates Fiscal Year 2025,
    Maritime Administration.

U.S. Maritime Administration (2024, April). Maritime Administration Strategic Plan FY
2022-2026.

"2024 회계연도 국방수권법(National Defense Authorization Act for Fiscal Year 2024)", 세
계법제정보센터

"MARAD Awards $6.2 Billion in Contracts to Strengthen U.S. Strategic Sealift
Capability". National Defense Transportation Association (NDTA)(2025/07/30).

"National Defense Authorization Act for Fiscal Year 2024, Pub. L. No. 118-31, H.R. 2670
(2023)". Congress.gov

"National Defense Reserve Fleet (NDRF) Inventory Archive". U.S. Maritime
Administration (MARAD). Last updated: Thursday, December 11, 2025

"Statutory and Implementing Authority". U.S. Maritime Administration (MARAD). Last
updated: Monday, June 30, 2025

"USDOT Strengthens Economic Supply Chain and Defense Operations". U.S.
Department of Transportation (2023).

제8장 ————————————————————————————————————

Alop A.,(2019), "The Challenges of the Digital Technology Era for Maritime Education
and Training", 2019 European Navigation Conference (ENC)

Carbajal, S.(2025). "Carbajal, Ezell Introduce Bill to Modernize Coast Guard's Merchant
Mariner Credentialing"(Press Release). U.S. House of Representatives.

CLARK B., et al.(2023). Strengthening the U.S. Defense Maritime Industrial Base. Center
for Strategic and Budgetary Assessments (CSBA).

Deluzio, C.(2025). "Deluzio Proposal to Boost Innovation in American Commercial
Shipbuilding and Jobs Included in Larger 'SHIPS Act' Package"(Press Release),
U.S. House of Representatives.

EDWARD J. FISHER(2002), Merchant Marine Seamen Shortage and Its Impact Upon
Strategic Sealift (Report No. ADA401051). Defense Technical Information
Center (DTIC).

Linares L., Asselin R.,(2023), National Security Multi-Mission (NSMV) Program, NDTA-
USTRANSCOM 2023 Fall Meeting, MARAD

McMahon C.,(2016), "The U.S. Merchant Marine: Back to the Future?", Naval War College Review, 69(1), pp.1-22

Mestrovic T., et al(2024). "Challenges for the Education and Training of Seafarers in the Context of Autonomous Shipping: Bibliometric Analysis and Systematic Literature Review". Applied Sciences, 14(8),

Robert T. Wiley (2001), A Potential Shortage of Mariners: Its Impact on Strategic Sealift and Combat Logistics Force Operations (Report No. ADA389533). Defense Technical Information Center (DTIC).

Rolander A.,(2025), "The Dangerous Collapse of U.S. Strategic Sealift Capacity. The Strategist", Australian Strategic Policy Institute (ASPI)

Salem A., Hassan M.,(2025). "The Role of New Technologies and Digital Transformation in Enhancing Maritime Education and Training". AIN Journal, Vol. 49

U.S. Congress. (2023). Assessing the Shortage of United States Mariners (Hearing Document). House Committee on Transportation and Infrastructure.

U.S. Department of Transportation (DOT). (2024). Budget Estimates Fiscal Year 2025: Maritime Administration. Last updated: March 11, 2024

U.S. Department of Transportation (DOT). (2024). Posture and Readiness of the Mobility Enterprise: TRANSCOM and MARAD.

U.S. Government Accountability Office (GAO). (1994). Strategic Sealift: Summary of Workshop on Crewing the Ready Reserve Force (Report No. NSIAD-94-177).

U.S. Government Accountability Office (GAO). (1995). Ready Reserve Force: Ship Readiness Has Improved, But Other Concerns Remain (Report No. NSIAD-95-24).

U.S. Government Accountability Office (GAO). (2014). U.S. Merchant Marine: Maritime Administration Should Assess Potential Mariner-Training Needs (Report No. GAO-14-212).

U.S. Government Accountability Office (GAO). (2017). Navy Readiness: Actions Needed to Maintain Viable Surge Sealift and Combat Logistics Fleets (Report No. GAO-17-503).

U.S. Government Accountability Office (GAO). (2022). Maritime Administration: Actions
     Needed to Enhance Cargo Preference Oversight.(Report No. GAO-22-105160)

U.S. Maritime Administration (2017). Ready Reserve Force (RRF) Fact Sheet (2017) &
     RRF Overview.

U.S. Maritime Administration (MARAD). (2009). Maritime Security Program Impact
     Evaluation: Final Report.(Project No.: 1025-000)

Utsav Mathur, Lindsey F. Swiger, Matthew Melbourn(2025). "Landmark Executive
     Order: Restoring America's Maritime Dominance", Norton Rose Fulbright.

Volpe Center(2023), "Development of a Mariner Workforce Strategic Plan"., U.S.
     Department of Transportation, December 16, 2024

Webert M.,(1987). "Ownership and Control: A Red Herring in the Decline of the
     Merchant Marine". Transportation Law Journal, 16(1). pp.107-132

"National Security Multi-Mission Vessel", U.S. Maritime Administration (MARAD). Last
     updated: July 8, 2024

"No Shortage of Good Ideas to Address the Mariner Shortage". Waterways Council.
     (2024/05/20).

"Office of Strategic Sealift". U.S. Maritime Administration (MARAD). Last updated:
     August 11, 2025

"Regaining U.S. Maritime Power Requires a Revolution in Shipping" by Sadler B., &
     Ongr P. S., The Heritage Foundation(2023/05/15).

"SECNAV Del Toro Delivers Keynote Address at WEST 2024"(Speech). U.S. NAVY

"STCW 2025 Updates and Global Maritime Changes". SeaEmploy(2025/07/28).

"Student Incentive Payment (SIP) Program". U.S. Maritime Administration (MARAD).
     Last updated: June 30, 2025

"The Deficiency in the U.S. Merchant Fleet: A National Security and Economic Crisis"
     by Gros, P. (2025/05/10). Medium.

"What Areas of Seafarer's Training Could Be Introduced or Enhanced". UK Maritime
     & Coastguard Agency, Published 1 May 2020

"Why Inadequate Training for Maritime Workers Is So Dangerous" by Lewis, Kullman,
     Sterbcow & Abramson, LLC, Updated on September 14, 2025

日本国土交通省(2023), 国土交通白書2023

제9장 ————————————————————————

Caleb Petitt(2025), "Against Maritime Subsidies", Independent Institute. (2025, October 20).

Chaudhary N.,(2024), From Stranded Assets to Assets-at-Risk: Reframing the narrative for European private financial institutions, Institute for Climate Economics (I4CE). (2024, June).

Elise Sturrup and Douglas Stolz(2023), Jones Act Shipping Case Studies: The Feasibility of U.S. Domestic Green Corridors, International Council on Clean Transportation (ICCT)

Frittelli, J.,(2015), Cargo Preferences for U.S.-Flag Shipping(Report No. R44254). Congressional Research Service (CRS). (2015).

Frittelli, J.,(2019). Shipping Under the Jones Act: Legislative and Regulatory Background(Report No. R45725). Congressional Research Service (CRS).

Grabow, C.(2018). Rust Buckets: How the Jones Act Undermines U.S. Shipbuilding and National Security. Cato Institute.

Grabow,C.(2019). Rust Buckets: How the Jones Act Undermines U.S. Shipbuilding and National Security.(Updated analysis), Cato Institute.

Grassroot Institute of Hawaii. (2020). Quantifying the Cost of the Jones Act to Hawaii, Grassroot Institute of Hawaii POLICY BRIEF, JULY 2020

Grennes T.,(2018), Sacrificing Safety Is an Unintended Consequence of the Jones Act. Mercatus Center, George Maston University

Grennes, T. (2017). An Economic Analysis of the Jones Act. Mercatus Center.

Hebert D.,(2025), "What Is the Jones Act　and Can It Be Fixed?", AIER Explainer No. 16, American Institute for Economic Research (AIER)

Ian W.H. Parry, Dirk Heine, Kelley Kizzier, Tristan Smith(2018), Carbon Taxation for International Maritime Fuels: Assessing the Options(Working Paper No. 18/203). International Monetary Fund (IMF).

Igor Hernandez, et al. (2019). A Cost-Benefit Analysis of the Jones Act: Petroleum

Product Tankers. Rice University Baker Institute for Public Policy.

Jan Hoffmann(2020). "Decarbonizing Maritime Transport: Estimating Fleet Renewal Trends". UNCTAD Transport and Trade Facilitation Newsletter N°85 - First Quarter 2020, Article No. 45, United Nations Conference on Trade and Development (UNCTAD).

Jonathan Helton(2021). Jones Act Needs an Update, and So Does the Jones Act Fleet. Grassroot Institute of Hawaii.

Kate Altemus Cullen(2025), "Stranded Assets, Climate Litigation, and the Role of U.S. Federal Agencies", Berkeley Public Policy Journal(online)

Margaronis S.,(2025), "A US Shipbuilding Strategy Starts with Passing the Ships Act", American Journal of Transportation (AJOT, Aug 04, 2025 online)

Merritt R.,(2024), The Jones Act and Puerto Rico, UCF Global Perspectives. (2024, March 28).

Michael Hansen(2016), Valuing the Jones Act Fleet. Grassroot Institute of Hawaii.

of the Fundaci   n Francisco Carvajal

Olney, W. W. (2020). Cabotage Sabotage? The Curious Case of the Jones Act (UHERO Working Paper No. 2019-6). University of Hawaii.

Puerto Rico Government Development Bank. (2015). The Impact of Jones Act(1920) on the Economy of Puerto Rico, Discussion Paper Prepared under the Auspices

The White House. (2025, April). Presidential Actions, Executive Order on Restoring America's Maritime Dominance.

U.S. Coast Guard (USCG). (2023). Small Entity Compliance Guide for the User Fees for Inspected Towing Vessels Final Rule, CG–REG 28 Dec 2023

U.S. Coast Guard (USCG). (2024). 2024 Flag State Control Annual Report.

U.S. Department of Transportation (DOT), (2024, December), An Action Plan for Maritime Energy and Emissions Innovation.

U.S. Environmental Protection Agency (EPA)(2025, Feb.), Large Marine Engine Technology Evaluation Final Report(EPA-420-R-25-007).

U.S. Maritime Administration (MARAD).(2011, Sept.). Comparison of U.S. and Foreign-Flag Operating Costs.

Utsav Mathur, Lindsey F. Swiger, Matthew Melbourn(2025). "Landmark Executive
        Order: Restoring America's Maritime Dominance", Norton Rose Fulbright.
"Keeping Up with the Jones Act　Has a Protectionist Law Outlived its Usefulness?"
        by Jackie Benton, Texas Comptroller of Public Accounts. (2016/01).
"Report Finds Cabotage Laws Expanding Worldwide", Workboat(online), October 22,
        2025
"Retrofit Vs Newbuild? 45% Of Ships Today Will Not Comply". Ship Nerd News, May 29,
        2023
"Shipping Gears Up for Massive Investments in Decarbonization". International
        Maritime Organization (IMO)(2025/06/09).

제10장 ───

Bradley Martin(2025), United States Navy Force Structure: The Challenge of Global
        Crisis Response, RAND Corporation
Eddy Bekkers & Sofia Schroeter(2020), Economic Analysis of U.S.~China Trade
        Conflict, World Trade Organization (WTO)
Lauren D. Gilbert, Kester Abbott, Hannah Heewon Seo(2025), A Next-Generation
        Agenda for South Korea-US-Australia Security Cooperation, The Scowcroft
        Center for Strategy and Security
Michael E. O'Hanlon & Alejandra Rocha(2024), Strengthening America's Defense
        Industrial Base, Brookings Institution(June 20, 2024)
Office of Senator Baldwin & Senator Young. (2025), SHIPS for America Act (Full Text
        PDF).
Sadler, B., & St. Onge, P. (2023). Rebuilding America's Maritime Strength: A Shipping
        Proof-of-Concept Demonstration. The Heritage Foundation.
SHIPS for America Act of 2024, H.R. 10493, 118th Cong. (2024).
SHIPS for America Act of 2025, S. 1541, 119th Cong. (2025).
The White House. (2025, April). Presidential Actions, Executive Order on Restoring
        America's Maritime Dominance.
United Nations Conference on Trade and Development (UNCTAD). (2025). Review of
        Maritime Transport 2025.

약어	영문 명칭 (Full Name)	한글 의미 및 설명
A		
ABS	American Bureau of Shipping	미국선급협회
A2/AD	Anti-access/Area denial	반접근 지역 거부
B		
BIMCO	Baltic and International Maritime Council	발틱국제해운협의회
C		
	Cargo Prefernce	화물 우선 적취 제도
CBP	Customs and Border Protection	미 관세국경보호청
CCC	Commodity Credit Corporation	상품신용공사 (농무부 산하)
CDS	Construction Differential Subsidy	건조차액보조금 (1936년 상선법의 핵심 제도)
CLF	Combat Logistics Force	전투 군수 지원 부대
CSAC	Cargo Systems Assessing System	화물시스템 평가체계
CSBA	Center for Strategic and Budgetary Assessments	전략예산평가센터
CSF	Cable Security Fleet	케이블 안보 선대
D		
DOD	Department of Defense	미 국방부
DOT	Department of Transportation	미 교통부
DWT	Deadweight Tonnage	재화중량톤수 (선박이 적재할 수 있는 화물의 중량)
E		
EISA	Energy Independence and Security Act	에너지 자립 및 안보법
ESB	Expeditionary Sea Base	원정해상기지함
ETO	Electro-Technical Officer	전기기술엔지니어
EUSC	Effective U.S. Control (ships)	실질적 미국 지배 선박 (편의치적선 중 미 정부가 통제 가능한 선박)
EXIM Bank	Export-Import Bank of the United States	미국 수출입은행
F		
FMC	Federal Maritime Commission	미 연방해사위원회 (해운 규제 및 감독 기구)
FOC	Flag of Convenience	편의치적 (세금, 선원 규제 회피를 위해 제3국에 선박 등록)
FOIP	Free and Open Indo-Pacific	자유롭고 개방적인 인도-태평양

약어	영문 명칭 (Full Name)	한글 의미 및 설명
FONOP	Freedom of Navigation Operations	항행의 자유 작전
G		
GAO	Government Accountability Office	미 회계감사원
GT	Gross Tonnage	총톤수
I		
IMO	International Maritime Organization	국제해사기구
JMA	Jones Merchant Marine Act (1920)	존스법 (미국 연안 해운 보호법, 상선법 제27조)
L		
LNG	Liquefied Natural Gas	액화천연가스
M		
MARAD	Maritime Administration	미 해사청 (교통부 산하, 해운 정책 및 보조금 집행)
MASGA	Make America's Shipbuilding Great Again	미국 조선업의 부흥을 위한 정치적 구호
MDA	Maritime Domain Awareness	해상 영역 인식 (해양 안보 정보 공유 체계)
MMA	Merchant Marine Act	상선법 (1920년, 1936년, 1970년 등)
MMC	E-Merchant Mariner Credential	전자 해기사 자격증
MOTR Plan	Maritime Operational Threat Response Plan	해상 위협 대응 작전 계획
MSA	Maritime Security Act	해사 안보법
MSC	Military Sealift Command	군사해상수송사령부 (미 해군 수송 담당)
MSP	Maritime Security Program	해사보안프로그램 (미국 국적선 유지를 위한 운영 보조금 제도)
MWWG	Maritime Workforce Working Group	해양 인력 워킹 그룹
N		
NDAA	National Defense Authorization Act	국방수권법 (매년 국방 예산을 결정하는 법안)
NDRF	National Defense Reserve Fleet	국방예비선대 (비상시를 대비해 특정 정박지에 정박 중인 퇴역 상선대)
NSMV	National Security Multi-Mission Vessel	국가안보 다목적 실습선

약어	영문 명칭 (Full Name)	한글 의미 및 설명
O		
ODA	Official Development Assistance	공적개발원조
ODS	Operating Differential Subsidy	운영차액보조금 (외국 선사와의 운항비 차액 보전 제도, 현재 폐지)
OECD	Organization for Economic Cooperation and Development	경제협력개발기구
OMA	Ocean Mail Act	해양우편법 (초기 해운 보조금의 형태)
OPDS	Offshore Petroleum Discharge System	해상 유류 분배 체계
OSRA	Ocean Shipping Reform Act	외항해운개혁법 (1998년, 2022년)
P		
PL 480	Public Law 480	공법 480호 (미국 농산물 원조법, 화물우선적취 적용)
R		
Ro-Ro	Roll-on/Roll-off (ship)	로로선 (차량 등 바퀴 달린 화물을 싣는 선박)
RRF	Ready Reserve Force	비상예비물자수송선대 (NDRF 중 5~10일 내 출동 가능한 선박)
S		
SAR	Stranded Asset Risk	좌초 자산 위험
SDP	Ship Disposal Program	선박 폐기 프로그램, 국방예비선대 중 노후 선박 폐기 프로그램
Sealift		해상 수송
SHIPS Act	SHIPS for America Act	미국을 위한 선박법 (2024-2025 발의, 조선업 재건 법안)
SIP	Student Incentive Payment	미국 상선·해양안보 인력을 확보하기 위해 주립 상선대학생에게 연간 8,000달러 내외의 현금 장려금을 최대 4년간 지급하는 대신, 졸업 후 일정 기간 의무복무를 부과하는 제도
SMP	Special Mission Ships	특수임무선
SSP	Strategic Sealift Program	전략적 해상 수송 프로그램
T		
TSP	Tanker Security Program	탱커안보프로그램 (유조선 확보를 위한 보조금 제도)

약어	영문 명칭 (Full Name)	한글 의미 및 설명
U		
USCG	United States Coast Guard	미 해안경비대
USMHP	United States Marine Highway Program	미국 해상 고속도로 프로그램
USMMA	US Merchant Marine Academy	미국 연방 해사대학, 일명, King's Point
USSB	United States Shipping Board	미 연방해운위원회 (1916년 설립, MARAD/FMC의 전신)
	United States Transportation Command	미 수송사령부 (전시 물류 총괄)
V		
VISA	Voluntary Intermodal Sealift Agreement	자발적 복합 해상 수송 협약(비상시 민간 상선대가 군수물자를 수송하는 협정)
W		
WTO	World Trade Organization	세계무역기구

연표

연도	법률 및 조치	주요 내용
1775. 6. 12.	독립전쟁 시작	메인주 마키아스에서 시민들이 영국의 스쿠너 군함 HMS Margaretta 습격
1776. 3. 14.	대륙의회 사략선 허가 결정	미국 무장 상선대 설립, 해군이나 해안경비대 보다 먼저 설립
1775~1783	미국 독립전쟁	
1783	미국 독립	
1784	해적에게 석방 대가 지급 예산 배정	알제리 태수에게 석방대가 지급
1789	톤세법 및 관세법	
1790	관세-해양부(Revenue Cutter Service)	알렉산더 해밀턴 재무부 장관
1798	미국 의회 해군부 설립 인가	
1812~1815	미영전쟁	영국 선박 공격
1817	연안 무역 독점 법률	
1818	대서양 횡단 정기선 서비스	블랙 볼 라인, 미국과 영국 간 정기 운항 시행
1820	태평양 포경 본격화	미국 포경선, 태평양 진출
1832	해안경비대 겨울 순찰 시작	루이스 맥래인 재무장관
1837	해안경비대 구난 업무 시작	세계 최초
1840	우편 운송 보조금법	
1848	Pacific Mail Steamship Company 설립	SS California, 미국 동부와 서해안 연결 증기선 정기서비스 시작(1849)
1852	등대위원회 설립	Light List, Notice to Mariners 발간
1854	선원노조 설립	Marine Engineers' Beneficial Association
1859	미국 석유 발견,	상업 포경의 몰락 시작(완전 몰락 1920년대)
1861~1865	남북전쟁, 남부연합군 상선 공격	미국 상선의 중립국 선적 전환 250만 총 톤에서 150만 총 톤으로 감소
1866	대서양 횡단 전신 케이블 부설	
1870	대서양 항로, 스크루 프로펠러, 삼축 엔진 설치 선박 시작	
1873	항해 사관 면허 시험 필수화	
1875	선박 기관사 협회 설립	Marine Engineers' Benevolent Association 설립
1885	태평양 선원 노조 설립	Sailors' Union of the Pacific (SUP) 설립
1891	최초의 해기사 교육기관 설립	매사추세츠 선박 기관사 학교 개교
1904	화물 우선 적취법	미군 물자는 100% 미국 배로 실어 나른다로 규정
1910	제1차 파나무운하법 제정	해외 건조 선박의 미국 국적 등록 허용 미국 국적 선박에 사용 조선기자재 면세

연도	법률 및 조치	주요 내용
1912	선박 건조 의무 강화	연안무역 선박의 미국 내 건조 의무화
1912	Pacific Mail Steamship Company 매각 후 Dollar Shipping Company로 개명	
1914, 8. 15.	파나마운하 개통	
1914~1917	제1차 세계대전	외국 선박의 미국 항로 철수, 무역 차질
1915	선원법 제정	Seamen's Act of 1915
1915, 1.28.	해안경비대 창설	우드로 윌슨 대통령
1916	해운법 제정	
1916	미국 해운위원회(USSB) 설립	MARAD의 원조, 미국 상선을 육성하고 상업 해운을 규제하는 최초의 연방 기관
1917	긴급 선단 공사(Emergency Fleet Corporation, EFC) 설립	대 독일 선전 포고, 미군 병력과 보급품을 프랑스로 수송하는 데 필요한 상선 획득, 유지, 운영
1920	상선법(Merchant Marine Act of 1920) 제정	존스법, 미국 내항 간 수송 카보티지 적용
1921	상선 매각법 제정	Merchant Ship Sales Act
1925	EFC 독일 몰수 선박을 운영할 United States Lines 설립	
1928	상선법 개정	우편 보조금 승인
1928	EFC를 MFC(Merchant Fleet Corporation)로 명칭 변경	
1930	MFC와 해운위원회를 연방해사국(USSB, United States Shipping Board)으로 통합	후버 대통령, 상무부 산하 조직
1929	United States Lines 민간 매각	
1933	미국 해운위원회국(USSBB, United States Shipping Board Bureau) 설치	루즈벨트 대통령, SB 폐지, 상무부 산하 임시조직
1936	미국 해사위원회(U.S. Maritime Commission, USMC) 설립	루즈벨트 대통령, SBB 대체
1936	상선법 개정, 국 해운의 마그나 카르타	초대 위원장으로 조셉 케네디 취임
1936	건조 차액 보조금 지급 개시	CDS: Construction Differential Subsidy
1937	운항차액보조금 집행 개시	ODS: Operating Differential Subsidy
1938	Dollar Shipping Company를 American President Lines 로 개명	
1938	장기 선박 건조 프로그램(Long-Range Shipbuilding Program) 시작	10년간 매년 50척, 총 500척 건조 목표
1939, 4.7.	미국 해사 지원 근무단(U.S. Maritime Service) 창설	

연도	법률 및 조치	주요 내용
1939~1945	제2차 세계대전	
1939	비상건조계획(Emergency Shipbuilding Program) 실시	리버티선 건조
1939	현금결제 및 운반(Cash-and-Carry)" 조항 도입	교전국에 군수품 제외한 물품 판매 허용
1941	무기대여법 제정	총 510억 달러 물자 동맹국 으로 수송
1941, 12.7.		일본군 진주만 공습
1942, 2.7.	전시 해운 관리국(War Shipping Administration, WSA) 설립	루즈벨트 대통령, 사위원회를 선박설계 및 건조하는 USMC와 선박 취득 및 운영하는 WSA로 분리
1946	1946년 상선 us매각법 제정	Merchant Ship Sales Act of 1946
1946	국가방위 예비상선대(NDRF) 창설	National Defense Reserve Fleet
1946	WSA 해체 후 해사위원회로 기능 이양	트루먼 대통령
1949, 7.9.	군사 해상 수송 사령부(MSTS) 창설	미국 해군의 보급 및 군수 수송 통제 조직 Military Sea Transportation Service (MSTS)
1949	Ship Disposal Program 시작	
1954	해사위원회 폐지, 해사청(MARAD, 과 연방해사위원회(FMB)로 분리	상무부 산하Maritime Administrationd & Federal Maritime Board)
1954	화물 우선 적취법	국방부 이외의 정부 물자 수송의 50% 이상은 미국 선박으로 수송
1955	말콤 맥린, 해상 컨테이너 개발	
1956	말콤 맥린, 컨테이너 해상 운송 서비스 시작	
1960, 4.	Pan-Atlantic Steamship Corporation 의 사명을 Sea-Land로 개칭	
1961.8	FMB를 연방해사위원회(FMC)로 명칭 변경	Federal Maritime Commission
1962	텍사스주립대 해사대학 설치	Texas A & M establishes Texas Maritime Academy
1965	20만톤 슈퍼 탱커 취항	
1967	미국기업 소유 유조선 Torrey Canyon 호 침몰	당시 세계 최대의 해상 오염 사고
1970	1970 상선법	닉슨 대통령, 건조 차액 보조금 지급 결정
1970	MSTS를 MSC로 개칭	Military Sealift Command (MSC)
1973	제1차 석유위기	해운 시장 붕괴
1976	연방 상선대학과 주립 해사대학, 여성 입학 허가	

연도	법률 및 조치	주요 내용
1976	비상예비물자수송선대(RRF) 창설	
1978	유조선 Amoco Cadiz호 프랑스 연안 좌초	
1981	건조 차액 보조금 중단	레이건 대통령
1984	해운법 개정	규제 완화, 해운동맹의 붕괴
1986	United States Lines 파산	
1988	참전 선원, 재향군인 지위 인정	제2차 세계대전
1989	Exxon Valdez호 알래스카 연안 좌초	단일 선체 유조선 퇴출
1996	해사안보법(MSA) 제정, 해사 안보 프로그램(MSP) 신설	The Maritime Security Act of 1996 Maritime Security Program
1997	운항차액보조금 집행 중단	
1997	American President Lines 매각	싱가포르 Neptune Orient Lines (NOL) 매수
1997	Voluntary Intermodal Sealift Agreement (VISA) 신설	
1998	대양해운개혁법 제정	The Ocean Shipping Reform Act of 1998
1999, 3.	시랜드 외항 컨테이너 부문을 머스크 매수	미국 외항 정기선사의 퇴장 Maersk SeaLand로 명칭 변경
2001, 9. 11.	9.11 테러	
2001, 10. 22.	2001년 상선법 개정	RRF 선대 300척 건조
2002	해상운송 보안법(MTSA) 제정	9.11 테러 대응, Maritime Transportation Security Act of 2002
2004	포괄적인 국가 해상 안보 전략(National Strategy for Maritime Security) 수립 지시	조지 부시 대통령
2007	US Marine Highway Program (USMHP) 개시	
2021	Cable Security Fleet Program (CSF) 신설	
2021, 12	EMBARC (Every Mariner Builds A Respectful Culture) 도입	승선실습생과 선원의 안전을 보장하기 위한 규정 제정
2023, 8.16.	헤리티지 재단 해사 분야 경쟁력 재건 방안 보고서 발표	Rebuilding America's Maritime Strength: A Shipping Proof-of-Concept Demonstration

색인

150, 161, 164, 197, 232, 236, 241,
242, 277, 285, 287, 289, 290, 292,
294, 295, 299, 300, 301

K

Keppel AmFELS 233, 237, 240

L

Learning Curve 241
Lend-Lease Act 64
Letters of Marque 27
Liberty Maritime 235
Liberty Ships 68
Logistics War 138
Long-Range Shipbuilding Program 61,
308
Lykes Lines 94

M

Mail Subsidies 35, 41
MARAD 15, 80, 83, 94, 100, 108, 109,
128, 131, 132, 133, 135, 172, 174,
175, 177, 179, 181, 183, 185, 186,
188, 190, 191, 192, 203, 213, 214,
222, 225, 232, 233, 269, 287, 288,
289, 292, 293, 296, 297, 298, 300,
304, 306, 308, 309
Maritime Domain 104, 304
Maritime Education and Training 213,
296, 297
MASGA 21, 254, 261, 269, 276, 277,
278, 279, 280, 281, 282, 283, 304
Master Key Control 227
Matson 234, 236, 237, 239, 240, 242
MDA 104, 304
Merchant Marine 19, 27, 31, 54, 59, 83,
100, 120, 121, 125, 151, 153, 197,
202, 222, 284, 285, 286, 287, 288,

289, 290, 291, 292, 293, 294, 296,
297, 298, 304, 306, 308
Merchant Mariner 19, 222, 291, 296,
304
Merchant Ship Sales Act 56, 77, 183,
191, 288, 308, 309
MFC 57, 308
Midshipman X 226
MOTR Plan 104, 304
MR Tanker 136, 243
MSC 79, 90, 97, 130, 131, 132, 133,
174, 207, 218, 264, 265, 304, 309
MSP 15, 16, 18, 19, 20, 83, 92, 97, 100,
101, 109, 110, 111, 112, 114, 121,
122, 123, 124, 125, 131, 137, 139,
140, 142, 170, 172, 173, 174, 177,
178, 181, 182, 186, 187, 191, 192,
193, 198, 202, 203, 204, 205, 206,
207, 208, 210, 212, 216, 217, 218,
220, 221, 223, 227, 229, 233, 234,
236, 237, 239, 272, 277, 288, 304,
310
MTSA 102, 310
MWWG 222, 304

N

National Defense Reserve Fleet 56, 77,
131, 170, 183, 296, 304, 309
National Strategy for Maritime Security
104, 310
Navigation Acts 34
NDRF 18, 56, 77, 131, 170, 181, 182,
183, 184, 185, 186, 189, 191, 192,
193, 203, 296, 304, 305, 309
NDSF 130, 131
Neutrality Acts 63
NMU 57
NSS 사바나 188